기출은 합격

7·9급 임업직(산림자원) 공무원

조림(학)

단원별 기출문제집

서울고시각

Stand by
Strategy
Satisfaction

새로운 출제경향에 맞춘 수험서의 완벽서

1) 숲의 가치

현대의 인간사회는 눈으로 볼 수 없는 것을 형상화하여 있다고 믿게 되면서 고속으로 성장하였습니다. [사피엔스, 유발하라리] 인간은 보이지 않는 것을 있다고 공통적으로 있다고 믿으면서 사회를 만들게 되었고, 공통적으로 믿는 것을 서류화하고 제도화하면서 고도로 발전하게 되었습니다.

과거에 발달했던 문명이 붕괴한 것은 여러 가지 이유가 있지만, 외부 문명과 단절 그리고 자연자원의 고갈을 가장 큰 원인으로 들 수 있습니다. [붕괴, 제레드 다이아몬드]

우리는 과거의 역사가 최근에도 되풀이되고 있는 것을 발달한 통신문명 덕에 눈으로 보고 있습니다. 유럽연합에서 탈퇴한 영국과 탈퇴하지 않은 아일랜드의 발전상을 비교해 보면 알 수 있습니다. 영국보다 유럽 대륙에서 더 멀리 떨어진 아일랜드가 영국의 식민지에서 독립한 지 얼마 되지 않은 아일랜드가 발전을 거듭하고 있고, 영국의 경제가 쇠퇴하고 있는 것을 보고 있습니다.

이런 시대적 상황에도 불구하고, 원칙적으로 변하지 않는 것이 있습니다. 그것은 산림 즉 숲이라는 자원을 잘 가꾸고 활용해야 한다는 것입니다. 국가가 숲을 대하는 태도를 조금 어렵게 표현하면 산림정책입니다. 조림학은 산림정책을 숲에서 구현하는 방법입니다. 단순히 점수를 더 획득해서 공무를 수행하는 사람이 되기보다는 산림정책을 숲에서 구현한다는 자세가 중요합니다. 국가의 경제력은 부존 자원의 많고 적음으로 결정되는 것이 아니라, 부존 자원을 사용하는 사람들의 도덕성으로 결정된다는 것을 북유럽 국가들과 아프리카 국가들의 경우를 보면 알 수 있습니다. 도덕성의 시작은 자기가 할 일을 정확하게 아는 것입니다. 도덕성이 임업직, 녹지직에서 공무를 수행하실 분들에게도 필요합니다.

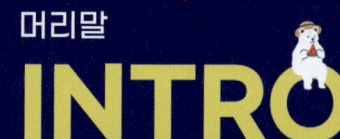
2) 시험공부방법

　　이러한 가치관을 가진 분들이라도 시험은 통과하셔야 합니다. 우리 시험에서는 가치관을 측정하지는 못하니까요. 시험이라는 관문을 통과하는 관문은 생각보다 어렵지 않습니다. 모든 부분을 자세하게 공부하기에는 시간이 많이 부족합니다. 꼭 기억해 두어야 할 시험에 임하는 자세는 다음과 같습니다. 많이 출제되는 부분을 반복적으로 학습하여 암기하고, 변별력을 구분하기 위한 난도 높은 문제에 대해 정확하게 이해해야 합니다. 난도가 높은 문제는 책에서 나오는 것 이상으로 상세하게 공부해야 합니다. 어쨌거나 시험으로 뽑을 수 있는 사람의 수는 한계가 있으니까 더 많은 득점을 하려면 이렇게 해야 합니다.

정리하면
1 많이 출제되는 부분은 반복하여 암기합니다. 숲 가꾸기, 산림갱신에서 문제가 많이 출제됩니다.
2 난도가 높은 문제는 상세하게 공부합니다. 수목생리학과 산림보호학 문제가 어렵게 출제됩니다.

3) 수험생을 위한 기도

숲을 지키는 일을 하려는 분들께
자연을 품고, 사람을 섬기는
아름다운 마음이 깃들이게 하소서!

공직은 권리가 아닌 봉사이며,
녹지는 후손에게 물려 줄 유산임을
늘 마음에 새기게 하소서

흔들리는 마음을 다잡고
합격의 길로 걸어가게 하소서

그렇게 이루어 주소서!

2025년 초겨울

임업직(산림자원) 공무원 공개경쟁채용시험 안내

1 응시자격(국가직 기준)

① 응시결격사유 등 : 해당 시험의 최종시험 시행예정일(면접시험 최종예정일) 현재를 기준으로 「국가공무원법」 제33조(외무공무원은 「외무공무원법」 제9조, 검찰직공무원은 「검찰청법」 제50조)의 결격사유에 해당하거나, 「국가공무원법」 제74조(정년)·「외무공무원법」 제27조(정년)에 해당하는 자 또는 공무원임용시험령 등 관계법령에 따라 응시자격이 상실되거나 정지된 자는 응시할 수 없다.

② 응시연령(2025년 시험 기준)

18세 이상(2007.12.31. 이전 출생자)

※ 단, 교정 및 보호직렬은 20세 이상(2005.12.31. 이전 출생자)

③ 학력 및 경력 : 제한 없음

④ 장애인 구분모집 응시대상자

• 「장애인복지법 시행령」 제2조에 따른 장애인 또는 「국가유공자 등 예우 및 지원에 관한 법률 시행령」 제14조제3항에 따른 상이등급기준에 해당하는 자

• 응시하고자 하는 자는 응시원서 접수마감일까지 장애인으로 유효하게 등록 또는 상이등급 기준에 해당하는 자로서 유효하게 등록·결정되어 있어야 한다.

• 장애인 구분모집 직렬(직류) 외의 다른 직렬(직류)에도 비장애인과 동일한 조건으로 응시 가능

⑤ 저소득층 구분모집 응시대상자 : 다음 조건 중 한 가지에 해당하는 기간(이 기간의 시작은 급여 또는 지원을 신청한 날로 봄)이 응시원서 접수일 또는 접수마감일까지 계속하여 2년 이상인 자

• 「국민기초생활보장법」에 따른 수급자(생계·주거·교육·의료급여 중 한 가지 이상의 급여를 받는 자)

• 「한부모가족지원법」에 따른 지원대상자

2 시험과목 및 방법

구분			과목	방법
공채	7급	1차	언어논리영역/자료해석영역/상황판단영역(PSAT), 영어(영어능력검정시험으로 대체), 한국사(한국사능력 검정시험으로 대체)	• 제1차 시험 : 선택형 필기 • 제2차 시험 : 선택형 필기 • 제3차 시험 : 면접
		2차	생물학개론, 조림학, 임업경영학, 조경학	
	9급		국어, 영어, 한국사, 조림, 임업경영	• 제1 · 2차 시험(병합실시) : 선택형 필기 • 제3차 시험 : 면접

3 가산점 적용

임업	산림조경	기술사 : 조경, 시설원예, 산림, 자연환경관리 기사 : 조경, 시설원예, 산림, 식물보호, 자연생태복원 산업기사 : 조경, 산림, 식물보호, 자연생태복원 기능사 : 산림, 조경
	산림자원	기술사 : 조경, 종자, 산림, 농화학 기사 : 조경, 종자, 산림, 임업종묘, 식물보호, 임산가공 산업기사 : 조경, 종자, 산림, 식물보호, 임산가공 기능사 : 조경, 종자, 산림, 임업종묘, 임산가공
	산림보호	기술사 : 종자, 산림, 농화학 기사 : 산림, 임업종묘, 식물보호, 토양환경 산업기사 : 산림, 식물보호, 농림토양평가관리 기능사 : 산림
	산림이용	기술사 : 산림 기사 : 산림, 임산가공 산업기사 : 산림, 임산가공 기능사 : 산림, 임산가공

4 하는 일

주로 산림청에 임용이 되고 산림 · 생태계 파괴 등 산림의 보존과 유지를 하는 중요한 일을 하며 기타 행정업무 인허가와 각종 사무업무 등을 담당한다.

산림기사시험 안내

1 시험주관

한국산업인력공단

2 2026년 시험일정

회별	필기시험			응시자격 서류제출 (필기합격자 결정)	응시자격 심사기준일	실기시험		
	원서접수 (휴일제외)	시험시행	합격 (예정)자 발표			원서접수 (휴일제외)	시험시행	합격자발표
제1회	1. 12(월)~ 1. 15(목)	1. 30(금)~ 3. 3(화)	3. 11(수)	1. 30(금)~ 3. 20(금)	3. 3(화)	3. 23(월)~ 3. 26(목)	4. 18(토)~ 5. 6(수)	1차 6. 5(금) 2차 6. 12(금)
제2회	4. 20(월)~ 4. 23(목)	5. 9(토)~ 5. 29(금)	6. 10(수)	5. 11(월)~ 6. 19(금)	5. 29(금)	6. 22(월)~ 6. 25(목)	7. 18(토)~ 8. 5(수)	1차 9. 4(금) 2차 9. 11(금)
제3회	7. 20(월)~ 7. 23(목)	8. 7(금)~ 9. 1(화)	9. 9(수)	8. 7(금)~ 9. 18(금)	9. 1(화)	9. 21(월)~ 9. 23(수), 9. 28(월)	10. 24(토)~ 11. 13(금)	1차 12. 11(금) 2차 12. 18(금)

3 시험과목

필기	조림학, 산림보호학, 임업경영학, 임도공학, 사방공학
실기	산림경영 계획편성 및 산림토목 실무

4 시험방법

필기	• 객관식 4지 택일형, 과목당 20문항(과목당 30분) • 100점을 만점으로 하여 과목당 40점 이상, 전과목 평균 60점 이상
실기	• 복합형[필답형(2시간, 100점, 20문항) + 작업형(2시간30분, 40점)] • 100점을 만점으로 하여 60점 이상

※ 2026.1.1.부터 산림산업기사, 산림기능사 실기시험의 시험방법 등이 일부 변경되니 큐넷 공지사항에서 확인을 요합니다.

2025년 국가직/지방직 9급 기출문제 분석(중요도에 따른 분석)

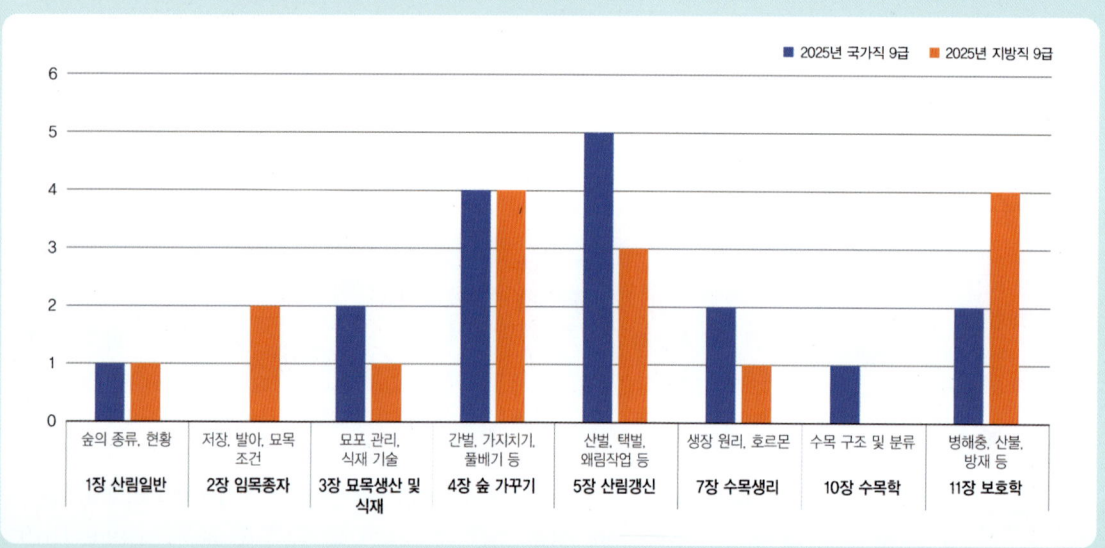

총평 및 학습대책

1 전반적인 난이도

전체적으로 시험의 난이도는 **'하'부터 '상'까지** 다양하게 분포되어 있습니다. 단순 암기만으로 풀 수 있는 문제(**난이도 '하'**)도 나오지만, 합격의 당락을 가르는 **고난도(난이도 '상')** 문제는 주로 복잡한 과학적 원리나 세부적인 내용까지 파악해야 하는 분야에서 출제되었습니다.

난이도	출제된 문제의 경향	주요 출제 분야
하	정의, 절차, 시기, 장단점 등 **기본적인 지식** 확인	• 갱신 작업종의 정의, 방법 • 묘목 가식 순서와 방법 • 숲 가꾸기 순서와 방법, 시기 등
상	**세부적인 과학적 원리, 복잡한 분류 체계, 심화된 생리 현상**을 확인	• 수목의 직경 생장과 호르몬의 관계 • 특정 병해충의 생태 • 종자 발아 기작의 순서 • 산림 생태와 천이의 특징

최근 경향은 '하' 난이도의 문제를 통해 기초를 확인하고, '상' 난이도의 문제를 통해 수목의 생리 및 보호학 분야에서 수험생의 변별력을 높이려 하고 있음을 알 수 있습니다.

2 주요 출제 단원

구분	세부 항목	주요 내용
숲 가꾸기 및 갱신	갱신 작업종	• 산벌, 택벌, 모수, 왜림작업 • 양수, 양수 등의 수종 선택 • 이령림과 동령림 등의 구분
	간벌 및 밀도	• 정성간벌, 하층간벌, 도태간벌 • 완만재와 초살재, 간벌의 영향
	가지치기	• 시기와 방법
묘목생산 및 식재	종자 처리	• 노천매장법 등 시기와 수종 • 전분질 및 유지 종자 등 종자 종류별 저장법
	번식 방법	• 삽목 쉬운 수종 : 은행나무, 주목 등 • 삽목 어려운 수종 : 소나무, 상수리나무 등
	직파 조림	• 용이한 수종 : 소나무, 참나무류 • 어려운 수종 : 전나무, 낙엽송 등
수목생리 및 생태	생장 원리	• 직경 생장의 원리 • 옥신과 지베렐린의 역할
	수종 특성	• 내음성 : 음수는 광보상점·광포화점 낮음 • 수분 적응 : 뿌리 발달, 지하부 비율
산림 보호학	산불	• 산불 종류(지표화, 수관화, 지중화) • 내화성 수종과 산불 이후 재생능력 등 속성변화
	병해충	• 해충 가해 형태(식엽성, 흡즙성, 천공성) • 병원균 및 매개충(솔수염하늘소)

문제편

정답 및 해설 : 119p

1. 회독수(틀린 빈도 수)의 제시

문제마다 틀린 빈도 수를 확인할 수 있는 박스를 제시해서 어떤 문제에 취약한지를 확인할 수 있게 구성하였다.

2. 출처의 제시

시험이 출제되었던 연도와 출처를 제시함으로써 문제의 출제 흐름을 파악할 수 있게 구성하였다.

01 　　　　　　　　　　　　　　　　25. 국가직 7급

숲의 종류에 대한 설명으로 옳지 않은 것은?

① 교림은 일반적으로 종자에서 발생한 치수가 기원이 되어 이루어진 숲이다.

② 순림은 보호관리에 많은 경비가 소요되어 경제성이 낮다.

③ 동령림은 흉고직경급별 본수가 정규분포를 이룬다.

④ 침엽수림은 수목의 줄기가 곧고 재질이 좋아 목재 생산에 유리하다.

02 　　　　　　　　　　　　　　　25. 지방직 9급

숲에 대한 설명으로 옳지 않은 것은?

① 종자에서 발생한 치수가 기원이 되어 이루어진 숲은 교림이다.

② 맹아가 기원이 되어 이루어진 숲은 왜림이다.

③ 침엽수와 활엽수가 혼합되어 있는 숲은 중림이다.

④ 단일 수종의 개체들로 구성된 숲은 순림이다.

03 　　　　　　　　　　　　　　　　25. 지방직 9급

우리나라 산림자원 현황에 대한 설명으로 옳은 것은?

① 최근 10년간 산림면적과 임목축적은 모두 꾸준히 증가하였다.

② 임상별 산림면적의 경우, 2003년 이후 침엽수림은 증가하고 활엽수림은 감소하는 추세이다.

③ 소나무림은 천연림보다 인공조림지 면적이 더 넓다.

④ 영급별 산림면적은 Ⅳ영급이 가장 넓다.

04 　　　　　　　　　　　　　　　　23. 국가직 7급

우리나라의 산림에 대한 설명으로 옳은 것은?

① 소나무는 산 능선 부위와 북동·북서 사면에 순림을 형성하고 있다.

② 소나무-활엽수 혼효림은 활엽수림보다 해발고가 낮은 곳에 많이 나타난다.

③ 천연활엽수림은 남쪽 사면이 북쪽 사면보다 구성 수종이 다양한 경향이 있다.

④ 천연활엽수림은 서어나무가 거의 모든 지역에서 가장 높은 우점도를 나타낸다.

제1장 산림일반 **5**

정답 및 해설

1. 난이도의 제시

해설마다 난이도를 제시함으로써 문제의 수준을 파악할 수 있게 구성하였다.

2. 상세한 해설 등을 제시

해설은 물론, 필요한 부분에는 오답풀이, 보충, 팁을 수록하여 이해도를 높일 수 있게 구성하였다.

---

5 상중**하** | ②

참나무류, 가시나무류의 도토리와 가래나무와 호두나무의 열매는 전분질을 많이 함유한 종자로 건조상태로 보관하면 종자가 활력을 잃는다. 건사저장법으로 종자의 수분을 유지할 수 있도록 해야 한다.

오답풀이

① 소나무, 해송, 리기다소나무, 낙엽송의 종자는 유지로 쌓여 있기 때문에 건조하여 실온에 저장한다. 파종 1개월 전에는 노천매장으로 휴면타파를 한 후 파종한다.

③ 밤, 도토리와 같은 함수량이 많은 전분종자는 종자가 활력을 잃지 않도록 겨울 동안 보호저장한다. – 종자는 동결저장하지 않는다.

④ 층층나무, 피나무, 신나무, 물푸레나무, 삼나무는 11월 하순이나 얼음이 얼기 전에 노천매장 한다.

보충

※ 종자의 보관방법
• 건조저장
  종자를 건조하여 저온 또는 상온에 보관하는 저장법
  → 상온저장
    ㉮ 혁질의 종피를 가진 콩과식물의 종자
  → 저온저장 : 5℃ 이하, 장기저장 황화칼륨
    ㉮ 유지(기름성분)로 싸여 건조해도 활력을 유지할 수 있다.
    ㉯ 소나무, 해송, 리기다, 삼나무, 편백, 낙엽송 등 침엽수의 소립종자
• 보습저장
  종자가 마르지 않게 하여 종자의 활력을 유지하는 저장법
  → 보호저장 = 건사저장, 온도 영상유지
    함수량 많은 전분질 종자
    → 칠엽수, 호두, 밤, 참, 은단풍, 밀감류
  → 냉습저장(cold moist storage)
    ㉮ 노천매장
      양지 바르고, 배수 잘되는 곳에 빗물과 지하수가 잘 빠질 수 있도록 배수하고, 과습방지와 호흡을 위해 공기가 유통할 수 있도록 종자를 모래와 섞거나, 모래 층 사이에 보관한다.
    ㉯ 냉습적법
      종자를 수분을 함유할 수 있는 재료에 싸서 3~5℃ 정도의 저온상태에서 보관한다.

TIP

종자보관과 관련된 문제는 반드시 출제되는 문제이므로 꼭 암기한다. 출제방향은 종자의 일반적인 저장방법이나, 노천매장 하는 수종이다. 단순암기보다는 전체 내용을 각각의 문장으로 만들어 출제한다.

---

6 상중**하** | ②

난핵(자성배우체)은 웅성배우체와 결합하여 개체가 될 배를 만든다.

보충

배는 개체가 되고, 배젖은 배의 성장에 필요한 양분을 공급하여 계란의 흰자에 있는 것과 같은 것이고, 배젖은 계란의 노른자와 같은 역할을 한다.

---

7 상중**하** | ①

생장촉진 호르몬은 휴면의 원인에 해당하지 않는다. 아브시스산과 에틸렌 같은 생장억제 호르몬이 휴면의 원인에 해당한다.

보충

식물생장 촉진호르몬은 옥신, 지베렐린, 사이토키닌이다.

---

8 **상**중하 | ②

ㄱ. 노천매장 – 은행나무, 잣나무, 들메나무
  모두 후숙이 필요한 수종으로 종자 정선 후 곧바로 노천매장 한다. [맞는 지문]
ㄴ. 건조저장 – 일본잎갈나무, 상수리나무, 칠엽수
  상수리와 칠엽수는 전분질 종자로 건사저장 (보호저장)해야 한다. [틀린 지문]
ㄷ. 조파(줄뿌림) – 물푸레나무, 느티나무, 옻나무
  모두 소립종으로 조파에 적합한 수종이다. [맞는 지문]
ㄹ. 직파조림(파종조림) – 전나무, 분비나무, 단풍나무
  직파조림이 어려운 수종들이다. [틀린 지문]

보충

난이도	침엽수	활엽수
잘되는 것	해송, 소나무	벚나무, 밤나무, 참나무류, 가래나무, 옻나무, 서나무, 물푸레나무
중간정도 (실행상 주의)	잣나무	박달나무, 물박달나무, 느티나무, 고로쇠, 들메나무
어려운 것 (성과부진)	낙엽송, 분비나무, 전나무, 가문비나무, 이깔나무	단풍나무

126 정답 및 해설

11

CONTENTS

문제편

정답 및 해설

조림(학) 단원별 기출문제집

문제편

CHAPTER

01

산림일반

정답 및 해설 : 119p

01 ☐☐☐ 　　　　　　　　　　25. 국가직 7급

숲의 종류에 대한 설명으로 옳지 않은 것은?

① 교림은 일반적으로 종자에서 발생한 치수가 기원이 되어 이루어진 숲이다.

② 순림은 보호관리에 많은 경비가 소요되어 경제성이 낮다.

③ 동령림은 흉고직경급별 본수가 정규분포를 이룬다.

④ 침엽수림은 수목의 줄기가 곧고 재질이 좋아 목재 생산에 유리하다.

02 ☐☐☐ 　　　　　　　　　　25. 지방직 9급

숲에 대한 설명으로 옳지 않은 것은?

① 종자에서 발생한 치수가 기원이 되어 이루어진 숲은 교림이다.

② 맹아가 기원이 되어 이루어진 숲은 왜림이다.

③ 침엽수와 활엽수가 혼합되어 있는 숲은 중림이다.

④ 단일 수종의 개체들로 구성된 숲은 순림이다.

03 ☐☐☐ 　　　　　　　　　　25. 지방직 9급

우리나라 산림자원 현황에 대한 설명으로 옳은 것은?

① 최근 10년간 산림면적과 임목축적은 모두 꾸준히 증가하였다.

② 임상별 산림면적의 경우, 2003년 이후 침엽수림은 증가하고 활엽수림은 감소하는 추세이다.

③ 소나무림은 천연림보다 인공조림지 면적이 더 넓다.

④ 영급별 산림면적은 Ⅳ영급이 가장 넓다.

04 ☐☐☐ 　　　　　　　　　　23. 국가직 7급

우리나라의 산림에 대한 설명으로 옳은 것은?

① 소나무는 산 능선 부위와 북동·북서 사면에 순림을 형성하고 있다.

② 소나무-활엽수 혼효림은 활엽수림보다 해발고가 낮은 곳에 많이 나타난다.

③ 천연활엽수림은 남쪽 사면이 북쪽 사면보다 구성 수종이 다양한 경향이 있다.

④ 천연활엽수림은 서어나무가 거의 모든 지역에서 가장 높은 우점도를 나타낸다.

(가)~(다)에 들어갈 내용으로 옳은 것은?

> 냉한대 침엽수림대의 대표적인 토양은 [(가)]로, 유기물 분해 속도가 열대림보다 [(나)], 토양 pH는 강한 [(다)]을 띤다.

	(가)	(나)	(다)
①	포드졸	느리고	산성
②	포드졸	빠르고	알칼리성
③	라테라이트	느리고	알칼리성
④	라테라이트	빠르고	산성

한반도에서 기후대별로 분포하는 수종이 바르게 연결된 것은?

	난대림	온대림	한대림
①	*Quercus myrsinaefolia*	*Carpinus laxiflora*	*Picea jezoensis*
②	*Camellia japonica*	*Ilex rotunda*	*Cephalotaxus koreana*
③	*Betula costata*	*Quercus mongolica*	*Euonymus japonica*
④	*Picea koraiensis*	*Larix kaempferi*	*Abies koreana*

인공조림과 천연갱신에 대한 설명으로 옳지 않은 것은?

① 인공조림은 우량종자를 적극적으로 도입할 수 있어 조림할 수종과 종자의 선택 폭이 넓다.
② 인공조림 시 묘목의 뿌리를 절단하여 심는 경우 근계 발육이 부자연스럽고 해를 받기 쉽다.
③ 천연갱신은 때로는 여러 해가 걸리기도 하고, 실행이 인공조림에 비해 기술적으로 어렵다.
④ 천연갱신은 좋은 형질의 유전자를 가진 개체로부터 종자가 공급되는 장점이 있다.

생물군계의 특성에 대한 설명으로 옳지 않은 것은?

① 툰드라의 식물생장기간은 1년 중 약 4개월이다.
② 열대우림은 연강우량이 2,000mm 이상인 적도 주변 지역에 형성된다.
③ 온대활엽수림의 식생은 계절적인 변화가 뚜렷하다.
④ 사막은 보통 연강우량이 250mm 이하이며, 증발량이 강우량보다 많다.

09 ☐☐☐ 22. 국가직 7급

제6차 산림기본계획기간 중 지역과 경제림 조성용 중점 조림수종의 연결이 옳지 않은 것은?

지역	수종
① 강원, 경북	소나무, 일본잎갈나무, 잣나무
② 경기, 충남, 충북	소나무, 일본잎갈나무, 백합나무
③ 전남, 전북, 경남	편백, 전나무, 후박나무
④ 남부해안 및 제주	편백, 삼나무, 가시나무류

10 ☐☐☐ 22. 지방직 7급

우리나라 숲에 대한 설명으로 옳은 것은?

① 화강암과 화강편마암을 모암으로 하여 생성된 갈색산림토양에는 참나무류가 우점한다.
② 소나무림은 건조척박지에서 잘 견디는 생태적 특성 때문에 극상림으로 구분되기도 한다.
③ 소나무-활엽수 혼효림은 유기물 축적 등으로 토양조건이 개선되면서 활엽수가 침입하는 과도기적 유형이다.
④ 천연활엽수림은 전체 산림의 약 27%를 차지하며, 종다양성은 산복 부위가 계곡 부위보다 높다.

11 ☐☐☐ 22. 지방직 9급

수목의 부위를 표시한 그림이다. (가)~(다)에 들어갈 명칭을 바르게 연결한 것은?

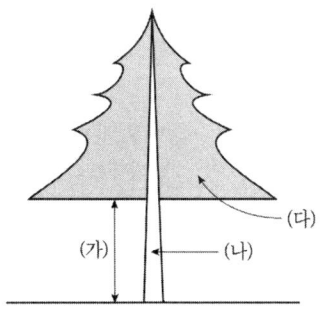

	(가)	(나)	(다)
①	지하고	수간	수관
②	수간	지하고	수관
③	지하고	수관	수간
④	수간	수관	지하고

12 ☐☐☐ 21. 국가직 9급

숲(임분)의 종류에 대한 설명으로 옳지 않은 것은?

① 동령림은 일반적으로 나이의 범위가 평균 나이의 20% 이내로 이루어진 숲이다.
② 혼효림은 주 수종이 임목수, 재적 등에서 80% 이상을 점유하여 이루어진 숲이다.
③ 교림은 종자에서 발생한 치수가 기원이 되어 이루어진 숲이다.
④ 천연림은 인간이 적극적으로 경영관리를 하지 않은 숲이다.

13

우리나라의 산림에 대한 설명으로 옳지 않은 것은?

① 소나무림은 주로 모래질이 많은 갈색 산림토양에 분포
한다.

② 활엽수림은 남쪽 사면보다 북쪽 사면에서 구성수종이
다양하다.

③ 혼효림은 주로 활엽수림에 비해서 해발고가 낮은 곳에
분포한다.

④ 혼효림을 구성하는 활엽수는 천이 후기에 나타나는 수
종의 구성비율이 높다.

14

다음 중 지리산에서 가장 높은 고도까지 분포하는 수종은?

① *Quercus variabilis*

② *Quercus mongolica*

③ *Quercus serrata*

④ *Quercus acutissima*

CHAPTER

02

임목종자

CHAPTER
02 임목종자

정답 및 해설 : 125p

01

25. 지방직 9급

임목종자의 저장에 대한 설명으로 옳은 것은?

① 종자 내 함수량이 많은 밤나무, 칠엽수 등은 수분 조건을 유지하는 것이 중요하기 때문에 습한 상태에서 저장온도 0~5℃를 유지하는 냉습저장을 한다.

② 종자저장에는 광선이 필요하므로 대부분의 종자는 저장 시 알맞은 광조건을 유지해야 한다.

③ 백합나무, 단풍나무, 느티나무의 성숙한 종자는 즉시 파종하는 것보다 수명 연장을 위해 함수율을 4~6% 정도로 유지하도록 건조하여 밀봉 저장하는 것이 좋다.

④ 소나무, 편백, 삼나무는 종자를 건조한 상태로 저온저장하는 냉건저장이 적합하다.

02

23. 국가직 7급

종자 발아촉진 방법에 대한 설명으로 옳지 않은 것은?

① 냉습적 저장을 하면 종자의 이중 휴면을 타파할 수 있다.

② 참나무류 종자의 수분 함량을 5~12%로 보호저장하면 발아가 촉진된다.

③ 침수 처리를 하면 종피에 있는 발아 억제 물질이 감소하여 발아가 촉진된다.

④ 종피불투수성 종자는 건습조건을 반복하거나 주야간 변온 처리로 휴면을 타파할 수 있다.

03

23. 국가직 7급

소나무의 생식에 대한 설명으로 옳지 않은 것은?

① 종자구과 원기는 화분구과의 원기보다 일찍 형성된다.

② 수정 과정에서 부계 세포질 유전이 이루어진다.

③ 배의 초기 발달 과정에서 다배현상이 흔히 관찰된다.

④ 암꽃의 난세포가 수정되어 2n의 배를 형성하고 자성 배우체는 독자적으로 자라서 양분 저장 조직이 된다.

04

23. 국가직 9급

종자저장법에 대한 설명으로 옳지 않은 것은?

① 주목, 느티나무는 파종 1개월 전에 노천매장을 하는 수종이다.

② 자귀나무, 아까시나무, 족제비싸리는 실온 저장이 가능한 수종이다.

③ 소나무, 일본잎갈나무와 같은 침엽수의 소립종자는 냉건상태로 저장한다.

④ 종자의 장기적 저온저장 시 실리카겔과 황화칼륨은 각각 종자 중량의 10% 정도 넣으면 적당하다.

05 ☐☐☐

종자저장과 관련된 설명으로 옳은 것은?

① 소나무, 해송, 리기다소나무, 낙엽송은 건조의 해를 막기 위해 습한 장소에 보관하여야 한다.

② 참나무류, 가시나무류, 가래나무의 종자는 건조로 생활력을 쉽게 상실하기 때문에 습도가 높은 조건에서 저장한다.

③ 밤, 도토리와 같은 함수량이 많은 전분종자는 부패하지 않도록 겨울 동안 동결하여 보관하여야 한다.

④ 층층나무, 피나무, 신나무, 물푸레나무, 삼나무는 종자를 정선한 후 곧바로 노천매장해야 한다.

06 ☐☐☐

피자식물의 꽃이 수정된 후, 화기 구조와 종자(또는 열매) 구조 사이의 관계가 옳지 않은 것은?

① 자방 – 열매로 발달

② 난핵 – 배유로 발달

③ 배주 – 종자로 발달

④ 주피 – 종피로 발달

07 ☐☐☐

수목 종자의 발아휴면 원인이 아닌 것은?

① 생장촉진 호르몬의 존재

② 종피의 기계적 작용

③ 가스교환의 억제

④ 종피의 불투수성

08 ☐☐☐

종자 저장방법·직파조림(파종조림)과 그에 관련된 적정 수종이 바르게 연결된 것만을 모두 고르면?

| ㄱ. 노천매장 – 은행나무, 잣나무, 들메나무 |
| ㄴ. 건조저장 – 일본잎갈나무, 상수리나무, 칠엽수 |
| ㄷ. 조파(줄뿌림) – 물푸레나무, 느티나무, 옻나무 |
| ㄹ. 직파조림(파종조림) – 전나무, 분비나무, 단풍나무 |

① ㄱ, ㄴ   ② ㄱ, ㄷ

③ ㄴ, ㄹ   ④ ㄷ, ㄹ

09 22. 지방직 7급

임목종자의 저장에 대한 설명으로 옳지 않은 것은?

① 건조저온저장 시 종자의 활력 억제제로서 황화칼륨이 이용된다.
② 밤이나 도토리는 보호저장법으로 저장한다.
③ 느티나무와 호두나무 종자는 정선 후 바로 노천매장해야 한다.
④ 종피가 두껍거나 폐쇄성인 종자는 수명이 수개월로 짧다.

10 22. 국가직 9급

종자 검사기준에 대한 설명으로 옳지 않은 것은?

① 상수리나무와 동백나무 종자는 순량률 측정을 대체로 하지 않는다.
② 효율은 종자의 발아율과 순량률의 합을 백분율로 나타낸 것이다.
③ 발아력은 공시종자수에 대한 발아립수를 백분율로 나타낸 것이다.
④ 용적중은 1리터에 대한 무게를 그램단위로 나타낸 것이다.

11 22. 국가직 9급

소나무의 유성생식에 대한 설명으로 옳지 않은 것은?

① 배유가 형성되지 않고 웅성배우체가 그 기능을 대신한다.
② 1개의 배주 안에 1개 이상의 장란기가 형성된다.
③ 수관 상부에 주로 암꽃이 달리고 수관 하부에 수꽃이 달린다.
④ 수꽃이 암꽃보다 먼저 형성된다.

12 22. 지방직 9급

낙엽활엽수 가지 눈의 생리적 휴면단계별 대사활동 및 성분 변화를 표시한 것이다. (가)~(라)에 들어갈 용어를 바르게 연결한 것은?

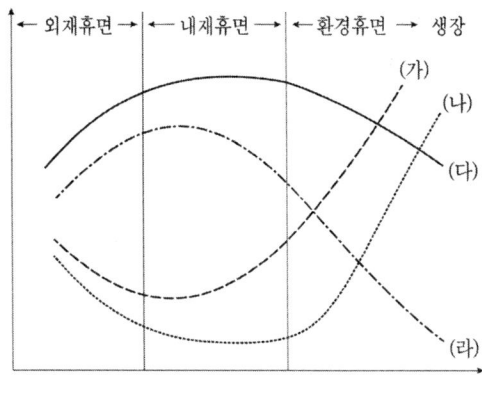

	(가)	(나)	(다)	(라)
①	옥신	ABA	수분	탄수화물
②	ABA	탄수화물	옥신	수분
③	옥신	수분	탄수화물	ABA
④	수분	옥신	ABA	탄수화물

13

봄이나 여름에 종자가 성숙하며 채종 직후 바로 파종하는 수종으로만 묶은 것은?

① 다릅나무, 호두나무
② 느릅나무, 회양목
③ 사시나무, 황벽나무
④ 난티나무, 이팝나무

14

종자 산포 기작과 수종을 옳게 짝 지은 것은?

① 중력 – 개암나무, 물푸레나무
② 바람 – 낙엽송, 자작나무
③ 동물 – 향나무, 소나무
④ 강물 – 버드나무류, 칠엽수

15

임목종자에 대한 설명으로 옳은 것은?

① 옻나무와 같은 열매를 정미기에 넣어 외피를 깎아 탈종시키는 방법을 유궤법이라 한다.
② 밤나무, 호두나무와 같은 대립종자를 한알 한알 눈으로 보고 선별하는 방법을 입선법이라 한다.
③ 전나무, 느티나무, 느릅나무, 편백은 발아시험에 소요되는 기간이 42일(6주)이다.
④ 종자저장에는 광선이 필요하므로 대부분의 종자는 밝은 곳에 저장하는 것이 바람직하다.

16

임목의 결실을 촉진시키는 방법으로 옳지 않은 것은?

① 간벌을 통해 결실량을 증가시킬 수 있으며, 그 효과는 대체로 2~3년째부터 나타난다.
② 접목을 하여 광합성 생성물인 탄수화물의 지하부 이동이 억제되어 결실 촉진이 유도된다.
③ 질소시비의 경우, 질산태(NO_3^-)보다는 암모늄태(NH_4^+) 질소가 결실량 증가에 더 효과적이다.
④ 인위적으로 화아분화기에 관수를 억제하거나 저온자극처리를 가해 개화 결실을 촉진할 수 있다.

17

21. 지방직 9급

임목종자의 결실과정을 순서대로 바르게 나열한 것은?

① 화아원기형성 → 배우자형성 → 개화 → 수분 → 수정
 → 결실
② 화아원기형성 → 배우자형성 → 수분 → 수정 → 개화
 → 결실
③ 개화 → 수분 → 화아원기형성 → 배우자형성 → 수정
 → 결실
④ 배우자형성 → 화아원기형성 → 개화 → 수분 → 수정
 → 결실

18

21. 국가직 7급

수분을 충분히 흡수한 종자의 발아 단계를 순서대로 바르게 나열한 것은?

ㄱ. 효소 생산	ㄴ. 세포분열
ㄷ. 기관의 분화	ㄹ. 식물호르몬 생산
ㅁ. 저장물질의 분해와 이동	

① ㄱ → ㄹ → ㅁ → ㄴ → ㄷ
② ㄱ → ㅁ → ㄹ → ㄷ → ㄴ
③ ㄹ → ㄱ → ㅁ → ㄴ → ㄷ
④ ㄹ → ㅁ → ㄱ → ㄷ → ㄴ

19

21. 지방직 7급

매년 종자를 결실하는 수종으로만 묶은 것은?

① 상수리나무, 들메나무, 느티나무
② 소나무, 자작나무, 오동나무
③ 잣나무, 아까시나무, 전나무
④ 버드나무, 사시나무, 오리나무

묘목생산 및 식재

03 묘목생산 및 식재

정답 및 해설 : 133p

01 ☐☐☐ 25. 국가직 9급

임목 종자 발아에 대한 설명으로 옳은 것은?

① 소나무는 빛이 있을 때보다 없을 때 발아가 촉진된다.
② 아브시스산은 지베렐린 생산을 촉진하여 발아율을 높인다.
③ 잣나무와 목련은 가을에 파종하면 발아가 촉진된다.
④ 박달나무는 상수리나무보다 발아율과 효율이 높다.

03 ☐☐☐ 25. 지방직 9급

다음 파종상의 대상수종이 아닌 것은?

> 묘상을 고랑보다 약 10cm 정도 높이고, 상의 윗면을 체로
> 친 흙으로 균일하게 덮은 후 평탄하게 다진 것

① 오리나무
② 일본잎갈나무
③ 전나무
④ 소나무

02 ☐☐☐ 25. 국가직 9급

활엽수종의 열매 분류에 대한 설명으로 옳은 것만을 모두 고르면?

> ㄱ. 견과는 2개 또는 여러 개의 심피가 유합하여 1실 또는
>   여러 실로 된 자방을 만들고 각 심피에 종자가 붙어 있다.
> ㄴ. 삭과는 과피가 목질 또는 혁질로 되어 있으며, 그 안에
>   1개의 종자가 들어 있으나 과피와 종자가 밀착하지 않
>   는다.
> ㄷ. 시과는 과피가 발달하여 날개처럼 된 것을 말하며, 물푸
>   레나무가 이에 해당된다.
> ㄹ. 장과는 과피가 3개의 층으로 뚜렷이 나누어진다.

① ㄷ   ② ㄱ, ㄴ
③ ㄷ, ㄹ   ④ ㄱ, ㄴ, ㄹ

04 ☐☐☐ 25. 지방직 9급

우량한 묘목의 조건에 해당하지 않는 것은?

① 잎의 색이 선명하고 조직이 충실한 것
② 원줄기가 곧고 가지가 사방으로 잘 뻗은 것
③ 지상부와 지하부의 발달이 균형을 이룬 것
④ 곧은뿌리가 잔뿌리에 비하여 잘 발달한 것

다음 중 뿌리의 나이가 2년생인 묘목만을 모두 고르면?

ㄱ. C1/1묘	ㄴ. 1-1묘
ㄷ. 0/2묘	ㄹ. 2-2묘
ㅁ. 2/3묘	

① ㄱ, ㄴ   ② ㄴ, ㄷ

③ ㄷ, ㄹ   ④ ㄹ, ㅁ

다음 조건을 가진 소나무 파종상 1,000㎡당 파종량[kg]은?

○ 단위면적당 잔존본수 : 800본/m^2
○ 1g당 종자수 : 200개
○ 발아율 : 80%
○ 종자효율 : 80%
○ 득묘율 : 50%

① 1.0   ② 1.25

③ 10.0   ④ 12.5

다음 중 파종 시 조파(줄뿌림)하는 수종만을 모두 고르면?

ㄱ. *Quercus acutissima*
ㄴ. *Alnus japonica*
ㄷ. *Zelkova serrata*
ㄹ. *Larix kaempferi*
ㅁ. *Fraxinus mandshurica*

① ㄱ, ㄷ   ② ㄴ, ㄹ

③ ㄷ, ㅁ   ④ ㄹ, ㅁ

다음 중 삽목 발근이 상대적으로 어려운 수종만을 고르면?

① 향나무, 은행나무

② 비자나무, 버드나무

③ 삼나무, 낙엽송

④ 전나무, 자작나무

시설양묘와 용기묘에 대한 설명으로 옳은 것은?

① 용기묘의 현지 수송과 묘목 운반은 노지묘에 비해 비교적 용이하다.

② 용기묘는 순화과정을 생략하고 조림지로 바로 반출해야 한다.

③ 시설온실 내에서 용기묘를 월동시킬 경우에는 관수를 실시하지 않는다.

④ 시설양묘는 노지양묘에 비해 단기에 대량생산이 가능하고 묘목의 굴취가 생략된다.

다음 중 직파조림이 용이한 수종만을 모두 고르면?

ㄱ. 소나무
ㄴ. 전나무
ㄷ. 가래나무
ㄹ. 분비나무
ㅁ. 상수리나무

① ㄱ, ㄴ, ㄹ

② ㄱ, ㄷ, ㅁ

③ ㄴ, ㄷ, ㄹ

④ ㄴ, ㄹ, ㅁ

다음 설명에 해당하는 식재 방법은?

배수가 불량한 습지나 자갈 등이 많아 구덩이를 파기 어려워 구덩이를 파는 대신 주변 지표면 흙을 모아 심는 방법

① 보식

② 치식

③ 대묘식재

④ 봉우리식재

묘목식재 작업에 대한 설명으로 옳지 않은 것은?

① 굴취는 일반적으로 봄에 하지만, 가을에도 할 수 있다.

② 선묘는 굴취한 묘목을 묘목규격에 따라 나누는 것을 말한다.

③ 곤포는 굴취한 묘목을 선묘를 위해 다발로 묶는 것을 말한다.

④ 가식은 심기 전 일시적으로 도랑을 파서 뿌리를 묻는 작업을 말한다.

파종 후의 관리에 대한 설명으로 옳지 않은 것은?

① 시비 시 덧거름은 지효성 퇴비나 무기질 비료를 공급
한다.

② 솎기는 본엽이 출현할 때 시작하며 불량한 묘목을 제
거한다.

③ 측근이 잘 발달하는 1년생 산출묘는 단근작업을 하지
않아도 된다.

④ 파종상에서의 입고병은 주로 *Fusarium* 속, *Rhizoctonia*
속의 균에 의해 발생한다.

묘목 생산을 위한 상체작업에 대한 설명으로 옳은 것은?

① 시기는 가을이 가장 알맞고 봄은 한해 또는 건조의 해
를 받기 쉽다.

② 상체한 직후에는 뿌리 부패를 막기 위해 관수를 하지
않는 것이 바람직하다.

③ 상체 시 묘목 근계가 일부 절단되나 상체상에서 세근
이 많이 발생할 수 있다.

④ 소나무는 파종상에서 되도록 오래 두고 천천히 옮겨
심는 것이 측근 발달에 유리하다.

채종원에 대한 설명으로 옳지 않은 것은?

① 동일 클론이 서로 인접하는 경우가 없어야 한다.

② 천연림과 인공림에서 선발된 수형목의 클론이나 차대
로 조성한다.

③ 클론채종원의 수형목은 2m 이내 간격으로 정방형 식
재를 한다.

④ 간벌 후에도 같은 클론 간의 교배 빈도를 되도록 적게
한다.

묘목관리 방법에 대한 설명으로 옳지 않은 것은?

① 내음성이 강한 수종은 파종상의 짚을 제거한 후 바로
해가림을 해야 한다.

② 묘목 솎기작업은 본엽이 나온 때 시작하며 8월 하순경
까지 2~3회 한다.

③ 상체작업은 뿌리가 절단되지 않게 하고, 가을에 하는
것이 효과적이다.

④ 단근 작업은 측근과 세근의 발달을 촉진시켜 식재하였
을 때 활착률을 높여 준다.

17 ☐☐☐ 23. 국가직 7급

임목의 식재밀도에 대한 설명으로 옳지 않은 것은?

① 소경재의 생산이 유리하다는 경영목표가 서면 밀식하는 것이 유리하다.
② 소나무는 양수이지만 밀식해야 목재의 질이 좋아진다.
③ 임분밀도는 수고생장보다 직경생장에 더 크게 영향을 미친다.
④ 척박한 임지에서는 지력 향상을 위해 소식하는 것이 좋다.

18 ☐☐☐ 23. 국가직 7급

묘목의 품질과 나이에 대한 설명으로 옳지 않은 것은?

① 이태리포플러 조림용 묘목은 보통 1년간 키운 1/1 삽목묘를 사용한다.
② 종자산지와 종자출처를 통해 묘목의 우수한 유전성을 확인할 수 있다.
③ 일반적으로 우량한 묘목은 주지의 세력이 강하고 정아가 측아보다 우세하다.
④ 소나무, 해송 조림용 묘목은 파종상에서 2년간 키운 1-1 실생묘를 심는다.

19 ☐☐☐ 23. 국가직 7급

수목의 균근에 대한 설명으로 옳지 않은 것은?

① 외생균근의 기주 범위는 내생균근보다 훨씬 넓다.
② 내생균근은 균투를 형성하지 않으며 뿌리털이 발달한다.
③ 내생균근과 관련된 접합자균 중 *Glomus*와 *Scutellospora*가 가장 흔하게 발견된다.
④ 내생균근 균사는 뿌리의 피층세포 안으로 침투하여 자라지만 내피 안쪽으로는 들어가지 않는다.

20 ☐☐☐ 23. 지방직 7급

우량한 묘목이 갖추어야 할 조건으로 옳지 않은 것은?

① 종자 산지나 출처를 확인할 수 있고 우량한 유전적 품질을 지닌 것
② 근계의 발달이 충실하면서 측근, 세근이 사방으로 균형있게 발달한 것
③ 정아가 측아보다 우세하여 주지가 곧게 자라면서 하아지(夏芽枝) 형태로 발달한 것
④ 주지를 압도하지 않는 범위 내에서 측지가 사방으로 고르게 잘 발달한 것

노지묘와 비교하여 용기묘 생산의 장점으로 옳은 것은?

① 묘목을 굴취하여 식재하는 것이므로 조림 활착률이 높다.
② 묘목의 현지 수송과 조림 현장에서의 묘목 운반이 용이하다.
③ 척박한 임지에도 식재가 용이하며, 봄부터 가을까지 식재시기를 조절할 수 있다.
④ 제초작업, 병해충 방제 등에 대한 인건비가 절감되어 노지묘보다 생산비용이 적다.

파종상 사후관리에 대한 설명으로 옳지 않은 것은?

① 묘포가 건조하여 관수할 때는 상토가 물을 충분히 흡수할 때까지 지속한다.
② 기비(밑거름)는 종자 발아 후 또는 묘목의 생육 도중에 주는 비료이다.
③ 이식 없이 파종상에서 바로 산출되는 2년생 이상의 묘목은 단근을 해주는 것이 좋다.
④ 제초작업은 양묘에서 노동력과 비용이 가장 많이 소요되고, 화학적 제초는 선택성 제초제를 사용한다.

묘목의 판갈이 작업에 대한 설명으로 옳은 것은?

① 초기 생장이 느린 잣나무는 3년을 거치한 후 4년차에 실시하는 것이 좋다.
② 봄철 생리적 활동이 빨리 시작되는 낙엽송과 편백은 소나무와 전나무보다 먼저 시작한다.
③ 가시나무는 파종당년에 세근이 왕성하게 발달하므로 1년 만에 실시하는 것이 좋다.
④ 일반적으로 서리 피해가 없는 한, 아직 눈이 트지 않은 이른 봄에 실시하는 것이 좋다.

나무의 열매에 대한 다음 설명 중, (가)~(다)에 해당하는 수종을 바르게 연결한 것은?

(가) 하나의 심피(carpel)로부터 만들어진 꼬투리가 성숙하면 열린다.
(나) 열매 껍질이 발달해서 날개처럼 된다.
(다) 2개 또는 여러 개의 심피가 유합해서 1실(室) 또는 여러 실로 된 자방을 만들고 각 심피에 종자가 붙어 있다.

	(가)	(나)	(다)
①	주엽나무	물푸레나무	동백나무
②	굴참나무	단풍나무	아까시나무
③	자귀나무	느릅나무	오리나무
④	박태기나무	사시나무	오동나무

묘목의 식재밀도에 대한 설명으로 옳은 것만을 모두 고르면?

> ㄱ. 느티나무는 소식하는 것이 바람직하다.
> ㄴ. 비옥한 임지에서는 밀식하는 것이 유리하다.
> ㄷ. 고급재 생산을 위해서는 밀식하는 것이 좋다.
> ㄹ. 임분밀도는 수고생장보다 직경생장에 더 크게 영향을 미친다.

① ㄱ, ㄴ
② ㄱ, ㄷ
③ ㄴ, ㄹ
④ ㄷ, ㄹ

묘포 적지 선정에 대한 설명으로 옳지 않은 것은?

① 지하수위가 높은 곳은 적지가 아니다.
② 토심이 깊고 부식질이 많은 비옥한 사양토가 좋다.
③ 일반적으로 관수와 배수를 고려하여 평탄지보다는 5° 이하의 완경사지가 좋다.
④ 사방이 높은 산으로 막힌 산간지역의 좁은 계곡부는 묘포장으로 최적지이다.

삽목방법에 대한 설명으로 옳은 것은?

① 휴면지삽목은 봄에 1차 생장을 한 후 초여름 장마기에 삽수를 채취하여 삽목한다.
② 근삽은 늦겨울이나 초봄에 저장양분이 많고 휴면상태인 뿌리를 절취하여 삽목한다.
③ 반숙지삽목은 신초의 생장이 활발히 진행되는 초봄에 유연한 가지를 채취하여 삽목한다.
④ 녹지삽목(미숙지삽목)은 전년도에 자란 가지를 겨울이나 이른 봄에 채취하여 보관하거나 바로 삽목한다.

(가)~(다)에 해당하는 직파조림 수종을 바르게 연결한 것은?

> (가) 성과가 용이한 수종
> (나) 성과가 중간 정도인 수종
> (다) 성과가 부진한 수종

	(가)	(나)	(다)
①	굴참나무	잣나무	벚나무
②	물푸레나무	소나무	구상나무
③	분비나무	고로쇠나무	느티나무
④	가래나무	박달나무	전나무

29 □□□

삽목에 대한 설명으로 옳은 것은?

① 휴면지삽목은 삽수가 휴면 중인 초봄에 실시하는 것이 좋다.

② 어린 나무에서 채취한 삽수보다 성숙목에서 얻은 삽수가 발근이 잘된다.

③ 삽목상은 대기습도를 일반적으로 낮게 유지하여야 한다.

④ 2,4-D는 고농도에서 발근 촉진 효과를 보이지만 저농도에서 강력한 제초 효과가 있다.

31 □□□

그림과 같은 접목 방법에 해당하는 것은?

① 박접 ② 절접

③ 복접 ④ 할접

30 □□□

교잡육종으로 개발된 현사시나무의 모수와 화분수로 옳은 것은?

① *Populus alba* × *Populus glandulosa*

② *Populus alba* × *Populus grandidentata*

③ *Populus nigra* × *Populus koreana*

④ *Populus nigra* × *Populus tremula*

32 □□□

노지양묘 및 종자 특성에 대한 설명으로 옳지 않은 것은?

① 전나무, 낙엽송은 발아 과정에서 짚걷기를 하고 해가림을 하면 생장에 도움이 된다.

② 용적중은 1리터의 종자 무게를 그램단위로 표시한다.

③ 소나무 종자의 크기는 전나무 종자에 비하여 작다.

④ 버드나무류처럼 종자수명이 짧은 것은 상파(床播)한다.

33

파종상에 대한 설명으로 옳지 않은 것은?

① 묘포가 장기간 건조할 때는 주기적으로 관수가 필요하다.
② 입고병이 문제가 되며, 탄저병이나 토양선충에 의한 피해도 발생한다.
③ 판갈이 작업은 일반적으로 눈이 트지 않은 늦은 가을에 실시한다.
④ 시비는 파종 이전에 하는 밑거름과 묘목 이식 후 주는 덧거름으로 구분된다.

34

용기묘에 대한 설명으로 옳지 않은 것은?

① 단기에 대량생산이 가능하고, 조림지 식재시기를 봄부터 가을까지 융통성 있게 조절할 수 있다.
② 제초작업의 인건비를 경감할 수 있으며, 병충해의 피해 발생도 대폭 줄일 수 있다.
③ 생산된 묘목의 현지 수송과 조림현장에서의 묘목운반이 나근묘보다 용이하다.
④ 일정 기간 노지에서 경화처리 과정을 거쳐서 조림지로 반출하는 것이 필요하다.

35

(가)~(다)에 해당하는 수종을 바르게 연결한 것은?

(가) 삽수의 발근이 잘 되는 수종
(나) 종자 품질 검사에서 1L 이상의 시료가 필요한 수종
(다) 종자의 결실 시기가 10월인 수종

	(가)	(나)	(다)
①	삼나무	비자나무	참느릅나무
②	단풍나무	칠엽수	귀룽나무
③	주목	가문비나무	황칠나무
④	팽나무	동백나무	난티나무

36

파종상의 면적이 100m²일 때, 다음 조건을 가진 수종의 파종량[g]은?

○ 발아율 : 50%
○ 순량률 : 80%
○ 1g당 종자 수 : 200립
○ 단위면적(m²)당 가을 잔존 묘목 수 : 600본
○ 득묘율 : 50%

① 750
② 1,000
③ 1,250
④ 1,500

37

식재밀도에 대한 설명으로 옳지 않은 것은?

① 밀식을 할 경우, 조림지 준비에 소요되는 비용, 묘목 대 및 식재비용 등이 증가된다.

② 밀식 상태를 방치하면 줄기가 가늘어지고 뿌리의 발달이 약화되어 나무의 활력이 떨어진다.

③ 소식을 할 경우, 경쟁식생의 발생을 억제하여 풀베기 작업 비용을 줄일 수 있다.

④ 임분밀도는 수고생장보다 직경생장에 더 크게 영향을 미친다.

38

실생묘 생산용 파종상 관리에 대한 설명으로 옳지 않은 것은?

① 음수수종은 발아가 진행되는 과정에서 짚을 걷으면 바로 해가림을 해줄 필요가 있다.

② 단근을 하면 측근이나 세근 발달이 촉진되어 산지 조림 시 활착률을 높일 수 있다.

③ 밑거름은 속효성 무기질 비료를 파종 이전에 뿌리는 것이 일반적이다.

④ 파종상에서 병원균의 피해를 막기 위해서는 토양소독과 종자소독이 중요하다.

39

지존작업에 대한 설명으로 옳은 것은?

① 제초제를 이용한 화학적 방법은 대면적 임지를 대상으로 하며 인력과 비용이 많이 소요된다.

② 화입법은 지력향상에 도움이 되기 때문에 우리나라에서 주로 이용한다.

③ 식재에 방해되는 경쟁식생과 벌채 잔해물 제거를 포함한다.

④ 낫 등의 소도구는 사용하고 트랙터 등의 중장비는 사용하지 않는다.

40

묘목의 나이에 대한 설명으로 옳지 않은 것은?

① 1/1묘는 뿌리의 나이가 1년, 줄기의 나이가 1년인 삽목묘이다.

② 1/2묘는 뿌리의 나이가 2년, 줄기의 나이가 1년인 삽목묘이다.

③ 1-1묘는 파종상에서 1년, 그 뒤 한 번 상체되어 1년을 지낸 2년생 실생묘이다.

④ 2-1-1묘는 파종상에서 1년, 그 후 두 번 상체된 일이 있고, 각 상체상에서 1년을 경과한 4년생 실생묘이다.

41

삽목에 대한 설명으로 옳지 않은 것은?

① 삽수의 C/N율이 높을 때 발근이 더 잘되는 경향이 있다.
② 생식지보다 영양지에서 채취한 삽수의 발근이 더 잘 된다.
③ 늙은 나무보다 어린 나무에서 채취한 삽수의 발근이 더 잘된다.
④ 리기다소나무 등 자람이 왕성한 주지는 측지보다 발근율이 일반적으로 높다.

42

조직배양에 대한 설명으로 옳은 것만을 모두 고르면?

> ㄱ. IBA(Indole-butyric acid)는 기내발근에 효과가 없다.
> ㄴ. 기내에서 만들어진 체세포배 식물체는 외부에 식재하기 전에 순화과정이 필요하다.
> ㄷ. 배배양은 미성숙된 배를 배양하여 식물체를 만드는 방법이다.
> ㄹ. 약배양은 생식기관을 이용하는 증식 방법이다.

① ㄱ, ㄴ
② ㄴ, ㄷ
③ ㄱ, ㄷ, ㄹ
④ ㄴ, ㄷ, ㄹ

43

산림묘포와 실생묘 양성에 대한 설명으로 옳지 않은 것은?

① 파종묘포는 종자를 뿌려 실생묘 양성을 주목적으로 하는 묘포이다.
② 물푸레나무는 조파하고 가문비나무는 산파한다.
③ 파종상에서 빈번하게 발생하는 입고병은 주로 *Rhizoctonia*와 *Fusarium* 속에 의해 발생한다.
④ 불량한 묘목의 최초 솎음작업은 발아된 유묘의 자엽이 출현할 때 시행한다.

44

식재밀도에 대한 설명으로 옳지 않은 것은?

① 임분밀도가 높아지면 수간의 초살도가 낮아진다.
② 밀도가 높아지면 총생산량이 증가하고 총생산량 중 가지의 비율이 높아진다.
③ 활엽수는 밀식을 통해 수간이 굽는 것을 예방할 수 있다.
④ 토양이 비옥하면 임목 간 간격을 넓혀 식재한다.

45

식재 방법에 대한 설명으로 옳지 않은 것은?

① 봉우리식재는 심근성으로 직근이 발달하는 참나무류에 적용한다.

② 치식은 배수가 불량한 습지나 자갈이 많아 구덩이를 파기 어려운 장소에 적용한다.

③ 용기묘 식재 시 뿌리 주변의 배양토가 파손되지 않도록 한다.

④ 대묘를 식재할 때에는 굴취 과정에서 흙덩이가 파손되지 않도록 해야 한다.

47

묘목의 나이에 대한 설명으로 옳은 것은?

① 1/2묘는 파종상에서 1년간 키운 후에 지상부를 잘라 이식하여 2년간 키운 실생묘이다.

② 파종시기를 봄과 가을로 구분하여 S 또는 F를 묘목의 나이 맨 앞에 표기하기도 한다.

③ 2-1묘는 삽목한 지 2년이 경과하고 상체 이식하여 1년 키운 3년생 삽목묘이다.

④ 0/2묘는 줄기의 연령이 2년생으로 뿌리를 절단 제거한 근주묘(rooted stump)이다.

46

임목의 접목 방법에 대한 설명으로 옳지 않은 것은?

① 복접은 대목의 측면부에 비스듬히 삭면을 만들어 쐐기 모양의 접수를 삽입하는 방법이다.

② 박접은 주로 유실수에 적용하며, 대목의 목질부 내부로 접수를 삽입하는 방법이다.

③ 할접은 대목의 절단면의 중심부를 가로지르는 틈을 내어 접수를 삽입하는 방법이다.

④ 교접은 상처난 줄기의 상부와 하부를 연결하여 통도기능을 회복시키는 방법이다.

48

삽목묘 양성에 대한 설명으로 옳지 않은 것은?

① 삽수의 저장은 일반적으로 20~25°C로 저장하는 것이 좋다.

② 좋은 삽목상은 무균적이고 보수력과 통기성이 좋아야 한다.

③ 어린 나무에서 채취한 삽수는 성숙목에서 얻은 삽수보다 발근이 잘된다.

④ 휴면지삽수는 겨울이나 이른 봄 휴면상태에 있는 가지를 잘라서 보관하거나 바로 삽목한다.

49

묘목의 식재에 대한 설명으로 옳은 것은?

① 소경재 생산을 목표로 한다면 작업을 생력화하기 위해 소식한다.

② 봄 가식을 할 때는 가지의 끝부분이 남쪽으로 향하게 한 후 뿌리를 잘 펴서 묻어준다.

③ 일반적으로 소나무와 같은 양수는 밀식하고, 전나무 같은 음수는 소식한다.

④ 봉우리 식재법은 천근성이고, 측근이 발달하고 직근성 이 아닌 묘목 식재에 적합하다.

50

실생묘 양성에 있어 단근작업에 대한 설명으로 옳지 않은 것은?

① 일반적으로 측근이 잘 발달하는 1년생 산출묘는 단근 작업이 필요 없다.

② 일부 수종에서는 가을 늦게 도장하는 것을 막아주는 효과를 기대할 수 있다.

③ 산지에 재식하였을 때 활착률을 높이기 위하여 실시 한다.

④ 단근작업은 1년에 1~2회 실시하나, 보통 생장휴지기 인 12월에 한 번 실시한다.

51

다음의 묘목 식재본수 계산공식에 해당하는 식재망으로 옳은 것은? (단, w_1은 묘간거리, w_2는 열간거리, A는 식 재지 총면적, a는 묘목 1본의 점유면적, N은 묘목 총본수 이다)

묘목 1본당 면적	묘목본수
$a = \frac{1}{2} w_1 w_2$	$N = \frac{2A}{w_1 w_2}$

① 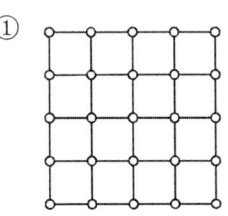   ②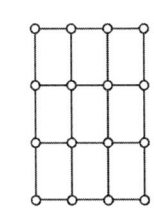

③ 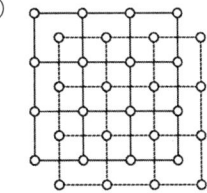   ④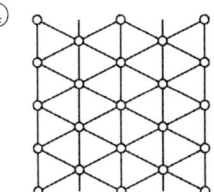

52

파종 방법과 이에 적합한 수종을 바르게 연결한 것은?

	흩어뿌림(산파)	줄뿌림(조파)	점뿌림(점파)
①	오리나무	물푸레나무	옻나무
②	자작나무	느티나무	밤나무
③	오리나무	낙엽송	호두나무
④	소나무	신갈나무	가래나무

53

묘목식재에 대한 설명으로 옳지 않은 것은?

① 상수리나무 1년생 묘목의 1속당 본수는 30본이다.

② 천근성이며 직근이 빈약하고 측근이 잘 발달하는 수종은 봉우리식재를 한다.

③ 느티나무와 해송은 밀식하는 것이 좋다.

④ 상록수종은 가을 식재를 피하는 것이 좋다.

54

조림지 준비작업(정지작업)에 대한 설명으로 옳지 않은 것은?

① 식재 전에 묘목의 활착이나 생육에 방해되는 장애요인을 제거하는 작업이다.

② 줄베기 중 토양침식 방지효과가 있는 것은 수평식 작업이다.

③ 낫 등의 소도구나 트랙터 등 중장비를 이용하는 기계적 방법과 제초제를 사용하는 화학적 방법 등이 있다.

④ 작업방법이 간편하고 인력과 비용이 적게 드는 화입법은 우리나라에서 많이 사용하는 방법이다.

55

산림용 묘포의 적지에 대한 설명으로 옳은 것은?

① 한랭한 지역에서는 북쪽 사면에 설치한다.

② 온난한 지역에서는 동남쪽 사면에 설치한다.

③ 북반구에서는 조림할 장소보다 북쪽에 설치한다.

④ 사방이 높은 산으로 막힌 곳에서는 기류가 정체되는 장소에 설치한다.

56

임목 종자의 파종량을 계산하는 데 필요한 항목으로 옳지 않은 것은?

① 함수율　　　　② 발아율

③ 순량률　　　　④ 득묘율

57 ☐☐☐ 21. 국가직 7급

삽목발근이 용이한 수종은?

① *Pinus densiflora*
② *Abies holophylla*
③ *Zelkova serrata*
④ *Salix koreensis*

59 ☐☐☐ 21. 지방직 7급

묘목의 상체작업에 대한 설명으로 옳지 않은 것은?

① 파종상에서 기른 1~2년생 실생묘의 근계를 발달시켜 산지에 식재하기 위함이다.
② 참나무류는 일반적으로 측근이 발달하기 전인 1년생일 때 상체한다.
③ 묘목이 클수록, 토양이 비옥할수록 소식한다.
④ 퇴비나 톱밥을 넣어 보수력을 높여주면 측근 발달을 촉진할 수 있다.

58 ☐☐☐ 21. 지방직 7급

식물조직배양에 대한 설명으로 옳지 않은 것은?

① 조직배양은 배양 기간 동안 감염의 우려가 없다.
② 클론의 대량증식이 가능하여 단기간에 개량효과를 높일 수 있다.
③ 식물세포의 개체형성능(totipotency)으로 완전한 식물체로 발달이 가능하다.
④ 조직 외에 기관의 일부나 세포를 배양하여 식물체를 유도할 수 있다.

60 ☐☐☐ 21. 지방직 7급

그림과 같은 무성번식 방법은?

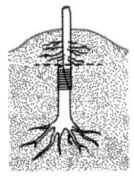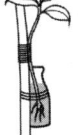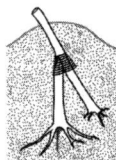

① 유대접 ② 매간취목
③ 접삽목 ④ 근삽

61 ☐☐☐

삽목에 대한 설명으로 옳지 않은 것은?

① 삽목은 개체형성능을 이용하여 식물체를 생산하는 방법이다.

② 측지보다 주지에서 삽수를 채취하는 것이 삽목 발근에 유리하다.

③ 옥신은 삽수의 발근 촉진에 영향을 주는 대표적인 식물호르몬이다.

④ 이태리포플러와 버드나무는 삽목 발근이 비교적 용이한 수종이다.

62 ☐☐☐

묘포장 묘목의 보호 및 관리에 대한 설명으로 옳지 않은 것은?

① 해가림은 소립종자에서 생긴 어린 묘가 강한 햇빛을 받고 건조될 우려가 있을 경우 소나무, 해송, 전나무 등에 실시한다.

② 솎기작업은 묘목이 밀립하면 허약묘, 기형묘, 피해묘, 도장묘 등을 제거하여 묘목의 생육공간을 확보하기 위해 실시한다.

③ 단근작업은 묘목의 철늦은 자람을 억제하여 도장을 막아주고 측근과 세근을 고르게 발달시킨다.

④ 시비는 토양에 양료를 보급하는 것이며, 기비는 부숙한 퇴비와 무기질비료를 사용하고, 추비는 속효성비료를 사용한다.

CHAPTER

04

숲 가꾸기

04 숲 가꾸기

정답 및 해설 : 149p

01
25. 국가직 9급

삽목묘 양성에 대한 설명으로 옳은 것은?

① 수목의 가지, 뿌리, 잎, 눈의 일부를 완전한 개체로 발달시키는 방법이다.
② 아까시나무, 포플러류, 동백나무는 발근이 어려운 수종이다.
③ 소나무, 상수리나무, 팽나무는 발근이 용이한 수종이다.
④ 줄기 삽수의 기극에서는 줄기가 발생한다.

02
25. 국가직 9급

무성번식에 대한 설명으로 옳은 것은?

① 암·수 배우자 간의 접합을 통해 번식한다.
② 같은 개체 내의 암술과 수술 사이에서 수분이 일어난 것이다.
③ 피자식물은 중복수정하고, 나자식물은 단일수정한다.
④ 하나의 모체에서 번식된 개체들은 동일한 유전정보를 갖는다.

03
25. 국가직 9급

덩굴제거(vine cutting)에 대한 설명으로 옳지 않은 것은?

① 덩굴식물이 수관을 덮어 생육에 장애를 주고, 줄기를 감아 잘록해지면 목재가치가 떨어진다.
② 산림 내 덩굴식물에는 다래, 머루, 마삭줄, 으아리 등이 있다.
③ 칡의 경우 주두부나 줄기에 약제를 주입하여 처리한다.
④ 임관이 형성된 후에는 실시하지 않는다.

04
25. 국가직 9급

묘포 적지 선정 기준에 대한 설명으로 옳은 것은?

① 일반적으로 토심이 깊고, 부식질이 많은 사질양토가 좋다.
② 침엽수종을 위한 토양은 알칼리성(pH 7.0 이상)이 적당하다.
③ 관수와 배수를 고려하면 10° 이상의 경사지가 좋다.
④ 따뜻한 남쪽 지방에서는 남향이 적합하다.

25. 국가직 9급

자연전지에 대한 설명으로 옳은 것은?

① 임분밀도가 높을수록 자연적으로 고사하는 가지가 굵어진다.

② 소나무는 한랭 건조한 북부 지역보다 온난 다습한 남부 지역에서 고사지의 탈락이 빠르다.

③ 잔지의 매입은 줄기의 직경 생장속도보다 잔지의 굵기와 상관이 높다.

④ 밑가지의 고사 속도는 주로 임분의 후기 밀도와 관련이 깊다.

06

25. 지방직 9급

숲가꾸기에 대한 설명으로 옳지 않은 것은?

① 풀베기는 조림목이 활착하기 전에 시행한다.

② 덩굴제거는 어린 나무 가꾸기를 할 때 실시할 수 있다.

③ 형질불량 조림목은 어린 나무 가꾸기의 제거 대상목이다.

④ 솎아베기를 하면 임목의 직경생장을 촉진할 수 있다.

25. 지방직 9급

정성간벌에 대한 설명으로 옳지 않은 것은?

① 수형급을 바탕으로 간벌목을 선정한다.

② 하층간벌은 가장 낮은 수관층에서부터 점차 높은 층의 순서로 나무를 벌채해 나가는 방법이다.

③ 수관간벌은 가장 잘 자란 우세목을 벌채하여 그 아래 자라는 나무의 생육을 촉진하는 방법이다.

④ 도태간벌은 형질이 우량한 미래목의 생장에 방해가 되는 나무들을 벌채하는 방법이다.

25. 지방직 9급

가지치기에 대한 설명으로 옳은 것은?

① 살아 있는 가지를 제거할 때는 생장휴지기 중 수액 이동이 없는 기간에 실시한다.

② 침엽수는 절단면이 줄기와 수직이 되도록 가지를 제거한다.

③ 목표 생산재가 펄프인 임목의 가지치기는 11월부터 이듬해 2월 사이에 실시한다.

④ 활엽수의 죽은 가지를 제거할 때는 지융부도 같이 제거한다.

어린 나무 가꾸기에 대한 설명으로 옳은 것만을 모두 고르면?

ㄱ. 조림 후 5년 내에 실시한다.
ㄴ. 보육 대상목에 대한 수형교정을 실시한다.
ㄷ. 조림지 내 군상으로 발생한 우량 천연림도 작업대상이다.
ㄹ. 하층식생은 모두 제거한다.

① ㄱ, ㄴ   ② ㄱ, ㄹ
③ ㄴ, ㄷ   ④ ㄷ, ㄹ

간벌(솎아베기) 작업에 대한 설명으로 옳지 않은 것은?

① Hawley의 택벌식 간벌은 우세목을 벌채하여 그 아래에 자라는 나무의 생육을 촉진하는 간벌형식이다.
② 데라사끼(寺崎)의 간벌은 수관급 구분에 의하지 않고 임목 간 거리를 대상으로 한 간벌 방법이다.
③ 정성간벌은 줄기의 형태와 수관의 특성으로 구분되는 수관급 또는 수형급을 바탕으로 간벌목을 선정하는 방법이다.
④ 도태간벌은 조림수종 외에 다른 수종이 많이 혼효되어 정량간벌이나 열식간벌이 어려운 산림에도 적용할 수 있다.

다음 중 풀베기에 대한 설명으로 옳은 것만을 모두 고르면?

ㄱ. 모두베기는 주로 음수에 적용된다.
ㄴ. 둘레베기는 현장에서 가장 흔히 적용되는 방법이다.
ㄷ. 줄베기는 묘목을 한풍해(寒風害)로부터 보호할 수 있다.
ㄹ. 한해·풍해의 위험성이 있는 지역에서는 9월 이후 풀베기를 하지 않는 것이 좋다.

① ㄱ, ㄴ   ② ㄱ, ㄹ
③ ㄴ, ㄷ   ④ ㄷ, ㄹ

가지치기에 대한 설명으로 옳지 않은 것은?

① 산 가지의 제거는 생장휴지기인 11월~2월에 실시하는 것이 좋다.
② 소나무, 잣나무, 낙엽송, 편백 등의 목재생산 수종을 대상으로 실시한다.
③ 아랫부분부터 수관의 30~70%까지 제거해도 수고생장에는 큰 영향이 미치지 않는다.
④ 생산력이 떨어지는 아랫가지가 줄기생장을 감소시키지 않는다면 가지치기를 생략하는 것이 좋다.

13

가지치기 후 남은 줄기와 가지의 부후위험성에 대한 설명으로 옳은 것은?

① 포플러류는 역지 아래 작은 생가지를 치더라도 부후위험성이 낮다.

② 느릅나무, 물푸레나무는 상처유합이 잘 되어 부후위험성이 낮은 수종이다.

③ 소나무류, 낙엽송, 편백은 생가지치기의 부후위험성이 매우 높은 수종이다.

④ 단풍나무류, 벚나무류는 굵은 생가지를 끊지 않는 한 부후위험성이 거의 없다.

14

다음 설명에 해당하는 간벌 방법은?

○ 주로 준우세목을 벌채한다.
○ 같은 층을 구성하는 우량개체의 생장을 촉진하는 데 목적을 둔다.
○ 프랑스법(French method) 또는 덴마크법(Danish method)이라고도 한다.

① 도태간벌   ② 상층간벌
③ 하층간벌   ④ 기계적간벌

15

임분밀도에 대한 설명으로 옳지 않은 것은?

① 밀도가 높으면 지름은 가늘지만 완만재가 되고 밀도가 낮으면 초살형이 된다.

② 밀도는 수고생장에는 큰 영향을 끼치지 않고 직경생장에 더 큰 영향을 끼친다.

③ 밀도가 지나치게 높은 임분은 단목의 생활력이 약해지고 임분의 안정성이 감소한다.

④ 밀도가 낮을수록 총생산량 중 가지가 차지하는 비율이 낮아지고 간재적의 점유 비율이 높아진다.

16

숲가꾸기에 대한 설명으로 옳지 않은 것은?

① 솎아베기는 일반적으로 인공조림된 동령임분에 적용되는 조림기술이다.

② 정량간벌은 수관급이나 수형급을 바탕으로 간벌목을 선정하는 방법이다.

③ 한해, 풍해 등이 예상되는 조림지에서 풀베기를 할 경우 줄베기 방법을 적용한다.

④ 풀베기작업 중 모두베기는 소나무, 낙엽송, 편백 등 양수수종의 조림지에 적용한다.

17 ☐☐☐

24. 지방직 9급

가지치기에 대한 설명으로 옳지 않은 것은?

① 활엽수는 가급적 밀식으로 자연낙지를 유도하고, 죽은 가지를 제거한다.

② 침엽수는 절단면이 줄기와 평행하게 제거하고, 활엽수는 지융부가 상하지 않도록 제거한다.

③ 솎아베기작업 대상목에 대한 가지치기는 최종수확 대상목의 50~60% 내외의 높이까지 실시한다.

④ 도태간벌에서는 미래목이 선정되기 전까지는 형질에 관계없이 모든 나무에 대하여 가지치기를 실시한다.

18 ☐☐☐ 23. 국가직 7급

(가)~(다)에 해당하는 수형급을 바르게 연결한 것은?

○ 데라사끼의 수형급 중 │ (가) │은 다른 나무에 의하여 다소 피압되거나 모양이 불량한 것 또는 알맞은 공간을 갖지 못한 나무를 말한다.

○ 활엽수에 대한 덴마크의 수형급에서 │ (나) │은 곧은 수간과 정상적인 수관을 가진 것으로 남겨서 생장을 촉진시키는 대상이다.

○ 우리나라 천연림 숲가꾸기에 적용하는 수형급 중 │ (다) │은 미래목과 충분한 거리로 떨어져 있어 미래목에 영향을 주지 않으며 임분 구성에 필요한 예비목이다.

	(가)	(나)	(다)
①	2급목	주목	중용목
②	3급목	주목	중용목
③	2급목	중립목	보호목
④	3급목	준우세목	보호목

19 ☐☐☐ 23. 지방직 7급

간벌형식에 대한 설명으로 옳은 것만을 모두 고르면?

ㄱ. 상층간벌은 수관간벌이라고도 하며, 주로 우세목이 벌채되고 피압된 가장 낮은 수관층의 나무도 일부 벌채될 수 있다.

ㄴ. 택벌식 간벌은 우세목을 벌채하여 그 아래에서 자라는 나무의 생육을 촉진함과 동시에 목재생산을 하는 방법이다.

ㄷ. 기계적 간벌은 불량 품종이나 개체를 제거하고 형질이 우량한 나무를 미래목으로 남기는 방법이다.

ㄹ. 도태간벌은 숲가꾸기를 실행하지 않았더라도 상층입목 간의 우열이 현저한 우량 임분에서 실행 가능하다.

① ㄱ, ㄴ   ② ㄱ, ㄷ
③ ㄴ, ㄹ   ④ ㄷ, ㄹ

20 ☐☐☐ 23. 지방직 7급

수목의 가지치기에 대한 설명으로 옳지 않은 것은?

① 가지치기를 하면 수간 상부의 연륜폭이 넓어져 수간의 완만도가 향상된다.

② 침엽수는 절단면이 줄기와 평행하도록 가지를 제거하고 활엽수는 지융부가 상하지 않도록 제거한다.

③ 가지치기는 수령이 많을수록 효과가 커지므로, 어린 나무일 때는 약도의 가지치기가 효과적이다.

④ 산 가지의 제거는 가급적 생장휴지기 중 수액이동이 없는 기간에 실시한다.

21

접목법에 대한 설명으로 옳은 것만을 모두 고르면?

> ㄱ. 할접에 이용되는 대목은 가늘고 접수는 굵다.
> ㄴ. 설접은 접수와 대목의 굵기가 비슷하며 조직이 유연하고 굵지 않을 때 알맞다.
> ㄷ. 박접은 대목의 줄기에 비스듬히 칼을 넣어 삭면을 만든다.
> ㄹ. 교접은 귀중한 나무의 줄기가 상처를 입었을 때 상처 부위 상하부를 연결해 주는 방법이다.

① ㄱ, ㄴ   ② ㄱ, ㄷ
③ ㄴ, ㄹ   ④ ㄷ, ㄹ

22

풀베기에 대한 설명으로 옳지 않은 것은?

① 풀베기작업으로 병해충 발생을 방지할 수 있다.
② 일본잎갈나무와 소나무에는 둘레베기를 적용한다.
③ 일반적으로 9월 이후의 풀베기는 피하는 것이 좋다.
④ 조림목의 자람에 지장을 주는 잡초 및 쓸모없는 수목을 제거하는 작업이다.

23

어린 나무 가꾸기에 대한 설명으로 옳지 않은 것은?

① 폭목의 벌채 후 빈 자리가 크면 보식을 한다.
② 보육 대상목의 생장에 지장이 되는 피해목과 덩굴류는 제거한다.
③ 조림목이 침엽수일 경우 형질 우량목은 가지치기를 하지 않는다.
④ 조림목 생장이 불량하면 천연적으로 발생한 우량목을 보육 대상목으로 선정한다.

24

도태간벌에 대한 설명으로 옳은 것만을 모두 고르면?

> ㄱ. 지위가 중 이상인 임분에 적용한다.
> ㄴ. 미래목 사이의 거리는 최소 5m 이상으로 임지 내에 고르게 분포하도록 한다.
> ㄷ. 우세목의 평균 수고가 10m 이상이고 임령이 15년생 미만인 임분에 적용한다.
> ㄹ. 미래목의 생장에 방해가 되지 않는 중·하층목의 대부분을 벌채한다.

① ㄱ, ㄴ   ② ㄱ, ㄷ
③ ㄱ, ㄴ, ㄹ   ④ ㄴ, ㄷ, ㄹ

25

다음에서 설명하는 동령림의 생육단계는?

> 흉고직경 10cm 이상인 우세목이 50% 이상을 차지하는 임분으로, 형질조정의 목적을 달성하기 위해 미래목의 선정 및 보육, 생장촉진, 가지치기, 경합목 솎아베기 등의 숲가꾸기 작업을 실시한다.

① 치수림   ② 유령림

③ 장령림   ④ 성숙림

26

가지치기의 장점이 아닌 것은?

① 우량한 무절재를 생산한다.

② 산불 발생 시 수관화를 경감시킨다.

③ 연륜폭을 조절하여 수간의 완만도를 높인다.

④ 부정아 발생이 감소한다.

27

간벌(솎아베기)에 대한 설명으로 옳지 않은 것은?

① Hawley 간벌방법은 실행기준을 간벌량에 두는 정량 간벌에 속한다.

② 기계적 간벌은 밀도가 높은 어린 임분의 초기 간벌법이며 작업이 용이하다.

③ 정량간벌은 실행기준을 간벌량에 두고 임목밀도를 조절하는 것이다.

④ 도태간벌은 미래목의 맹아 형성 억제와 임분의 복층구조 유도가 용이하다.

28

다음 그림의 숲가꾸기 작업에 대한 설명으로 옳지 않은 것은?

<작업 전>

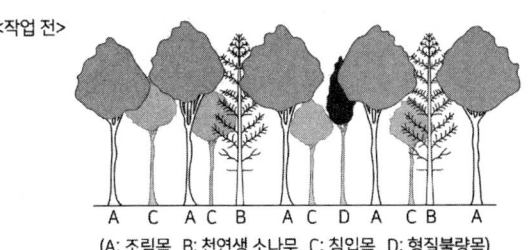

A C A C B   A C D A C B   A

(A: 조림목, B: 천연생 소나무, C: 침입목, D: 형질불량목)

<작업 후>

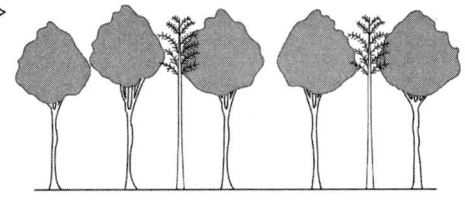

① 보육 대상목의 생장에 피해를 주지 않는 하층식생은 작업에 지장이 없을 경우 제거하지 않는다.

② 작업은 6~9월에 실시한다.

③ 보육 대상목의 생장에 피해를 주는 나무는 가급적 지표면에 가깝게 잘라낸다.

④ 폭목은 인접목의 피해 유무와 상관없이 모두 제거한다.

29

(가)~(다)에 해당하는 풀베기 방법을 바르게 연결한 것은?

> (가) 햇빛을 다량 요구하는 양수수종의 조림지에 일반적으로 적용한다.
> (나) 현장에서 가장 일반적으로 실시하는 방법으로 한해, 풍해 등이 예상되는 지역에 적용한다.
> (다) 군상식재지 등 조림목의 특별한 보호가 필요한 경우 적용한다.

	(가)	(나)	(다)
①	줄베기	모두베기	둘레베기
②	모두베기	줄베기	둘레베기
③	둘레베기	줄베기	모두베기
④	모두베기	둘레베기	줄베기

30

(가)~(다)에서 설명하는 우리나라 천연림 숲가꾸기에서 적용하고 있는 수관급을 바르게 연결한 것은?

> (가) 미래목과 함께 선발되지는 않았으나, 미래목과 충분한 거리로 떨어져 있어 미래목에 영향을 주지 않으며, 임분 구성에 필요한 예비목이다.
> (나) 형질불량목, 피해목이지만 임분구성상 남겨 두는 나무이며 차후 간벌대상이 된다.
> (다) 하층임관을 이루고 있는 유용한 임목으로 미래목 생육에 지장을 주지 않고 수간 하부 가지의 발달을 억제하는 나무이다.

	(가)	(나)	(다)
①	중립목	무관목	주목
②	중용목	방해목	중립목
③	중용목	무관목	보호목
④	중립목	유해부목	무관목

31

데라사키의 B종 간벌 방법은?

① 4급목과 5급목을 제거하고 2급목의 소수를 벌채하는 방법

② 상층수관을 강하게 벌채하고 3급목을 남겨서 수간과 임상이 직사광선을 받지 않도록 하는 간벌 방법

③ 최하층의 4, 5급목 전부와 3급목의 일부, 그리고 2급목의 상당수를 벌채하는 방법

④ 우세목을 벌채하여 그 아래에 자라는 나무의 생육을 촉진하는 간벌 방법

32

가지치기에 대한 설명으로 옳지 않은 것은?

① 침엽수는 절단면이 줄기와 평행하도록 가지를 절단한다.

② 활엽수는 지융부가 상하지 않도록 가지를 제거한다.

③ 가문비나무와 자작나무는 부후위험성이 있으므로 죽은 가지와 쇠약한 가지를 잘라 준다.

④ 느티나무와 가시나무는 가지 기부에 잔지를 남기지 않고 생가지를 자른다.

33

㉠~㉢에 들어갈 내용을 바르게 연결한 것은?

> 어린 나무 가꾸기는 (㉠)이 끝난 후, 수관경쟁이 시작되고 조림목의 생육이 방해를 받는 숲을 대상으로 실시한다. 맹아력이 왕성한 수종은 절단 높이를 (㉡) 하여 맹아의 발생 및 생장을 약화시킨다. 일반적으로 작업시기는 (㉢)에 실시하면 작업효과를 높일 수 있다.

	㉠	㉡	㉢
①	풀베기작업	1m 이상으로	여름철
②	풀베기작업	1m 이상으로	이른 봄
③	가지치기작업	1m 미만으로	겨울철
④	가지치기작업	1m 미만으로	가을철

34

자연전지(自然剪枝)에 대한 설명으로 옳지 않은 것은?

① 지상부에 가까이 있는 수간의 하부 가지로부터 시작되어 위로 진전된다.
② 아랫가지의 고사속도는 주로 임분의 초기밀도와 관련이 깊다.
③ 고사한 가지는 부후균과 곤충에 의해 추가로 부패하면서 바람과 적설에 부러지게 된다.
④ 잔지의 매입 속도는 잔지의 굵기에 반비례한다.

35

수관급에 대한 설명으로 옳지 않은 것은?

① 수관급은 질적 솎아베기(간벌)의 대상이 되는 나무를 선정하는 기준으로 이용된다.
② Hawley는 측방광선을 받는 양이 비교적 적고 수관의 크기는 평균에 가까운 것을 중간목으로 정의했다.
③ 데라사끼(寺崎)의 수형급은 우세목을 1, 2급목으로, 열세목은 3, 4, 5급목으로 정의했다.
④ 가와다(河田)와 덴마크 수형급은 활엽수림에 적용한다.

36

고밀도 임분에서 나타나는 임목 형질이 아닌 것은?

① 좁은 연륜폭
② 낮은 지하고
③ 완만한 수간형
④ 작은 단목평균간재적

21. 지방직 9급

보식에 대한 설명으로 옳지 않은 것은?

① 국부적으로 묘목이 모두 고사했을 때 실시하고, 산점적(散點的)으로 고사한 경우에는 실시하지 않는다.

② 초기의 식재밀도가 높으면 고사율이 높아도 보식할 필요성이 거의 없다.

③ 일반적으로 낙엽송, 소나무와 같은 양수는 고사가 흔해서 보식용 묘목을 미리 준비한다.

④ 보식용 묘목은 신식(新植) 때 심은 것보다 묘령이 1~2년 더 많은 것이 좋다.

 21. 지방직 9급

수익성이 있는 우세목을 간벌해서 그 아래에 있는 나무의 생장을 촉진시키는 Hawley의 간벌방법은?

① 수관간벌 ② 택벌식 간벌
③ 하층간벌 ④ 기계적 간벌

 21. 지방직 9급

생가지치기로 생긴 상처의 부후 위험성이 가장 큰 수종은?

① *Picea jezoensis*
② *Pinus thunbergii*
③ *Cryptomeria japonica*
④ *Chamaecyparis obtusa*

 21. 지방직 9급

숲가꾸기에 대한 설명으로 옳지 않은 것은?

① 덩굴식물 제거 시기는 뿌리 속의 저장 양분을 소모한 7월 경이 좋다.

② 성숙림은 흉고직경 10cm 이상인 우세목이 임분 내 50% 이상일 때의 임분이다.

③ 어린 나무 가꾸기는 간벌 전에 실시하며 시기는 6~9월에 하는 것이 원칙이다.

④ 풀베기는 일반적으로 5~7월에 실시한다.

41 □□□

도태간벌에 대한 설명으로 옳은 것은?

① 우량대경재 생산을 목적으로 형질이 우수한 나무를 선
발목으로 지정하여, 주변의 생장방해목들은 우량목이
든 불량목이든 모두 제거하는 방법이다.
② 후보목은 인접목보다 우수하지만, 후일 다시 평가하여
최종수확목으로 남기거나 벌채되는 나무이다.
③ 상층임관의 소개(疏開)로 지피식생과 중·하층목이
발달되어, 임분의 복층구조 유도가 쉽고 간벌재 이용
에 유리하다.
④ 미래목은 유령림단계에서 차후에 후보목으로 선택될
가능성이 있는 우량한 나무로서, 보육작업 시 선발하
여 특별히 보호한다.

42 □□□

**동령림의 발달단계와 숲가꾸기의 작업목적을 옳게 짝지은
것은?**

① 치수림 – 수확갱신
② 유령림 – 숲만들기
③ 장령림 – 형질조정
④ 성숙림 – 경쟁조정

43 □□□

숲가꾸기에 대한 설명으로 옳지 않은 것은?

① 솎아베기는 수액의 이동이 정지된 시기가 적합하다.
② 풀베기는 왕성한 영양생장을 나타내는 시기가 적합하다.
③ 덩굴치기는 뿌리의 저장양분을 소모한 시기가 적합
하다.
④ 가지치기는 비대생장이 활발하게 이루어지는 시기가
적합하다.

44 □□□

**우리나라의 천연림보육 도태간벌 수형급 분류 모식도에서
Ⓑ의 수형급은? (단, Ⓐ는 미래목이다)**

① 개재목   ② 보호목
③ 방해목   ④ 중간목

우리나라 천연림 숲가꾸기에서 적용하는 수형급의 중용목에 해당하는 것은?

① 건전하고 형질이 우수하여 최종 수확목으로 남겨지는 나무
② 하층 임관을 구성하는 유용한 임목으로 임지보호가 목적인 나무
③ 우세목과 준우세목으로 임분밀도가 과밀해지면 간벌재로 이용되는 나무
④ 불량목과 피해목 등으로 임분 구성상 남겨 두고 추후 간벌 대상이 되는 나무

수관급(수형급)에 대한 설명으로 옳은 것만을 모두 고르면?

> ㄱ. Hawley는 수관급을 우세목, 준우세목, 중간목, 피압목으로 구분하였다.
> ㄴ. 데라사끼의 수형급에서 폭목은 2급목에, 고사목은 5급목에 속한다.
> ㄷ. 활엽수에 대한 덴마크의 수형급에서 유요부목은 주목의 지하간장을 길게 하기 위해 남겨 둘 나무이다.
> ㄹ. 우리나라 천연림 숲가꾸기에서 적용하고 있는 수형급은 미래목, 보호목, 방해목의 3단계로 구분한다.

① ㄱ, ㄷ   ② ㄴ, ㄹ
③ ㄱ, ㄴ, ㄷ   ④ ㄴ, ㄷ, ㄹ

숲가꾸기작업 중 간벌의 목적으로 옳은 것만을 모두 고르면?

> ㄱ. 조림한 나무는 보통 20~30년생부터 수관경쟁이 생겨 임목의 생장이 방해를 받기 때문에 실시한다.
> ㄴ. 임목의 직경생장보다는 수고생장을 촉진하고 유전적 형질을 개량하여 임분의 가치를 높인다.
> ㄷ. 관리 대상인 경쟁목, 형질불량목, 폭목 등을 제거하여 생육이 왕성한 임목들이 집중 육성되도록 하기 위함이다.
> ㄹ. 우량한 개체를 남겨 임분의 벌기 수확이 양적, 질적으로 향상되는 효과를 거두기 위하여 실시한다.
> ㅁ. 하층식생의 발달을 촉진하여 하층림을 유도하고 숲의 생물 다양성 증진효과를 얻을 수 있다.

① ㄱ, ㄴ, ㄷ   ② ㄱ, ㄷ, ㅁ
③ ㄴ, ㄹ, ㅁ   ④ ㄷ, ㄹ, ㅁ

CHAPTER

05

산림갱신

CHAPTER 05 산림갱신

정답 및 해설 : 163p

01 25. 국가직 9급

모수림작업에 대한 설명으로 옳지 않은 것은?

① 토양 침식과 표토 유실 등이 우려된다.
② 모수 수종 선택에 제한을 받는다.
③ 벌채가 까다롭고 어린 나무에 손상을 줄 수 있다.
④ 벌채가 일시에 집중되어 경비가 절약된다.

02 25. 국가직 9급

산림갱신 작업종에 대한 설명으로 옳은 것은?

① 교호대상개벌법은 전임분을 3개의 조로 나누고, 다시 각 조는 3개의 대로 구분한다.
② 군상개벌천연하종갱신은 지형이 불규칙하고 험준하며, 일제성이 없는 동령림에 적용한다.
③ 산벌작업에서 예비벌은 1회, 하종벌은 3회의 벌채로 목적을 달성하는 것이 바람직하다.
④ 보잔모수법은 모수림작업법보다 모수의 수를 적게 남겨 품질 좋은 대경재 생산을 목적으로 한다.

03 25. 국가직 9급

산벌작업의 장점만을 모두 고르면?

ㄱ. 갱신되는 임분의 유전적 형질을 개량할 수 있다.
ㄴ. 성숙한 임목의 보호 아래에서 동령림이 갱신될 수 있는 방법이다.
ㄷ. 천연갱신으로 진행할 때 갱신기간이 길어진다.
ㄹ. 윤벌기가 끝나기 전에 갱신이 이미 시작되어 윤벌기간을 단축할 수 있다.

① ㄱ, ㄴ   ② ㄷ, ㄹ
③ ㄱ, ㄴ, ㄹ   ④ ㄱ, ㄷ, ㄹ

04 25. 국가직 9급

다음 순환택벌 모식도에 적용된 회귀년(가)과 윤벌기(나)를 바르게 연결한 것은? (단, 모식도의 숫자는 수령을 의미한다)

임분 A	임분 B	임분 C	임분 D	임분 E
1, 6, 11, 16, 21, 26	2, 7, 12, 17, 22, 27	3, 8, 13, 18, 23, 28	4, 9, 14, 19, 24, 29	5, 10, 15, 20, 25, 30

   (가)   (나)
① 5년   5년
② 5년   6년
③ 5년   30년
④ 30년   30년

05 [ ][ ][ ]

모수림작업에 대한 설명으로 옳지 않은 것은?

① 임분 상층의 모수를 제외한 후계림은 동령림이 조성된다.

② 작업이 용이하고 갱신경비가 적게 드는 편이다.

③ 개별작업보다 갱신임분의 종구성을 조절하기 어려우나, 모수 수종 선택의 제한을 받지 않는다.

④ 임지에 잡초와 관목이 발생하여 갱신에 지장을 주는 일이 일어날 수 있다.

06 [ ][ ][ ]

「친환경벌채 운영요령」상 친환경벌채 운영요령이 적용되는 것은?

① 숲가꾸기를 위한 벌채

② 피해목 제거를 위한 벌채

③ 유실수 수종갱신을 위한 벌채

④ 불량림의 수종갱신을 위한 벌채

07 [ ][ ][ ]

벌채작업에 대한 설명으로 옳지 않은 것은?

① 산벌작업은 종자가 커서 멀리 날아가지 못하는 수종에는 부적합하다.

② 왜림작업은 기상, 병해충 등 외부인자에 대한 저항력이 비교적 크다.

③ 중림작업의 하층임목은 소경재 생산을 목적으로 한다.

④ 택벌작업은 면적이 작은 숲에서 보속생산을 하는 데 적당하다.

08 [ ][ ][ ]

그림과 같은 중림작업에서 줄기에 가로선을 친 나무들에 적용하는 작업법은?

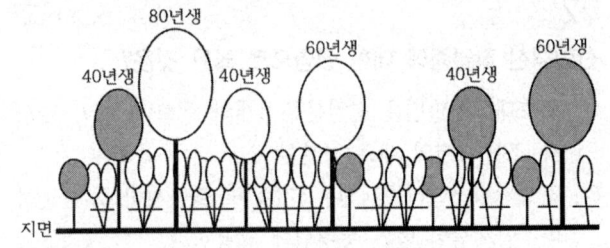

① 교림작업

② 산벌작업

③ 왜림작업

④ 택벌작업

09 ☐☐☐ 24. 지방직 9급

이상적인 택벌림에 대한 설명으로 옳지 않은 것은?

① 음수 성격을 지닌 수종이 포함되어야 한다.

② 직경분포는 지수감소형(역J자형)으로 나타난다.

③ 경급별 재적 비율은 소경급 : 중경급 : 대경급=1 : 2 : 7이다.

④ 어린 나무부터 윤벌기에 이르는 모든 영급의 임목이 서 있게 된다.

11 ☐☐☐ 23. 국가직 7급

모수림작업에 대한 설명으로 옳은 것은?

① 음수갱신에 적합한 천연하종갱신법이다.

② 과숙한 임분에 적용하는 천연하종갱신법이다.

③ 종자의 착상과 발아를 위해 임지에 지피물을 남겨 둔다.

④ 보잔모수법에서 보잔목의 수가 많으면 복층임분의 구조를 갖는다.

10 ☐☐☐ 24. 지방직 9급

모수작업에 대한 설명으로 옳은 것만을 모두 고르면?

> ㄱ. 벌채가 집중되므로 경비가 절약된다.
> ㄴ. 모수가 풍도에 대한 해를 받기 쉽다.
> ㄷ. 토양침식이 적어 임지보호에 효과적이다.
> ㄹ. 양수수종보다 음수수종 갱신에 더 적합하다.

① ㄱ, ㄴ   ② ㄱ, ㄹ

③ ㄴ, ㄷ   ④ ㄷ, ㄹ

12 ☐☐☐ 23. 국가직 7급

교호대상개벌법에 대한 설명으로 옳은 것은?

① 한 개의 조는 3개의 대로 나누어지도록 한다.

② 갱신기간 단축을 위해 소개벌(疏開伐)로 결실을 촉진하기도 한다.

③ 모든 대의 갱신은 측방천연하종에 의해서 이루어진다.

④ 모든 대의 갱신은 20~30년 정도에 완료되는 것이 바람직하다.

13

다음 중 목재 수확과정에서 나무를 베는 데 사용하는 임업 기계는?

① 스키더
② 소형원치
③ 타워야더
④ 펠러번처

15

산림작업종에 대한 설명으로 옳은 것은?

① 개벌작업 후 갱신된 숲은 동령림으로 되어 각종 병과 해충에 대한 저항력이 강해진다.
② 산벌작업은 양수성 수종의 갱신에 유리하고, 개벌작업 보다 높은 수준의 기술을 필요로 하지 않는다.
③ 택벌작업에서 생산된 목재는 동령림에서 생산된 것과 비교하여 대체로 우량하다.
④ 모수림작업은 벌채작업이 집중되어 경비가 절약되나, 모수는 수종의 제한을 받는다.

14

산벌작업에 대한 설명으로 옳지 않은 것은?

① 중력종자를 가진 수종과 음수수종 갱신에 잘 적용될 수 있다.
② 성숙한 임목의 보호 아래에서 동령림이 갱신될 수 있는 방법이다.
③ 동령교림을 만드는 데 개벌작업보다 갱신의 안전성과 확실성이 낮은 편이다.
④ 윤벌기가 끝나기 전에 갱신이 이미 시작되므로 윤벌 기간을 단축할 수 있다.

16

왜림작업에 대한 설명으로 옳은 것은?

① 참나무류, 오리나무류, 단풍나무류에 적용할 수 있다.
② 생장이 왕성한 시기(4~5월)에 벌채하는 것이 맹아발 생에 유리하다.
③ 단위면적당 임목의 생산량이 낮아서 단벌기작업에 적 당하다.
④ 지력이 좋지 않은 곳에도 실행하기 용이하다.

17

다음 글에서 설명하는 갱신작업법은?

> ○ 벌채 경비가 절약된다.
> ○ 풍도의 해가 우려된다.
> ○ 갱신수종의 조절이 자유롭다.
> ○ 과숙 임분에는 적용하기 어렵다.

① 산벌작업　　　　　② 왜림작업
③ 모수작업　　　　　④ 택벌작업

19

산벌작업에 대한 설명으로 옳은 것만을 모두 고르면?

> ㄱ. 윤벌기간을 단축시킬 수 있다.
> ㄴ. 성숙목이 많은 불규칙한 숲에 적용할 수 있다.
> ㄷ. 갱신되는 임분의 유전형질은 개량되지 않는다.
> ㄹ. 음수를 제외한 대부분의 수종 갱신에 유리하다.

① ㄱ, ㄴ　　　　　② ㄱ, ㄹ
③ ㄱ, ㄴ, ㄹ　　　　④ ㄴ, ㄷ, ㄹ

18

왜림작업에 대한 설명으로 옳은 것만을 모두 고르면?

> ㄱ. 산불 발생의 위험성이 낮다.
> ㄴ. 단위면적당 임목의 생산량이 매우 높다.
> ㄷ. 지력이 나쁘면 맹아의 생장과 형질이 불량해진다.
> ㄹ. 환경보호 및 생태적 안정이라는 측면에서 유리하다.

① ㄱ, ㄴ　　　　　② ㄴ, ㄷ
③ ㄱ, ㄷ, ㄹ　　　　④ ㄴ, ㄷ, ㄹ

20

산림작업종에 대한 설명으로 옳은 것만을 모두 고른 것은?

> ㄱ. 개벌작업은 동령일제림이 형성되어 각종 보육작업이 편리하다.
> ㄴ. 산벌작업으로 천연갱신을 유도하면 갱신기간이 단축된다.
> ㄷ. 예비벌을 할 때 작업에 방해가 되는 불량목을 함께 제거한다.
> ㄹ. 종자 발아력이 오래 유지되는 수종은 개벌 후 천연하종 갱신에 적합하다.
> ㅁ. 모수림작업에서 모수로 남겨야 할 임목은 전임목에 대하여 본수는 2~3%, 재적은 약 10%이다.

① ㄱ, ㄴ
② ㄴ, ㄷ, ㄹ
③ ㄴ, ㄷ, ㅁ
④ ㄱ, ㄷ, ㄹ, ㅁ

21 ☐☐☐

모수림작업에 대한 설명으로 옳지 않은 것은?

① 종자의 결실량과 비산력이 있는 수종이어야 한다.
② 벌채목의 반출비용이 적게 든다.
③ 갱신수종의 조절이 자유롭다.
④ 하층의 어린 나무 생장에 유리하다.

23 ☐☐☐

다음 그림은 산벌작업에 의해 작업되고 있는 동령임분의 특정 작업기간의 관계를 나타낸 것이다. (가), (나)에 해당하는 용어를 바르게 연결한 것은?

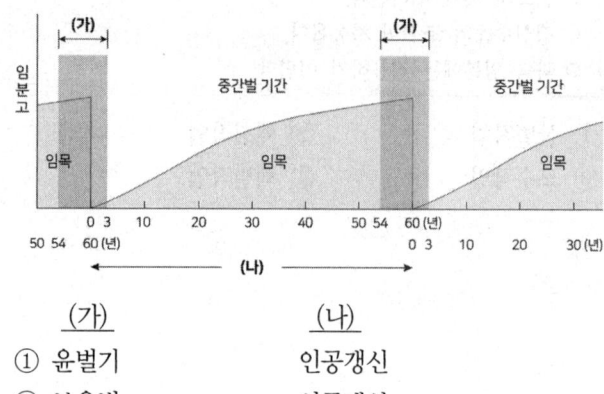

	(가)	(나)
①	윤벌기	인공갱신
②	보육벌	인공갱신
③	갱신기간	윤벌기
④	윤벌기	갱신기간

22 ☐☐☐

그림과 같이 3개의 벌채단위에서 북쪽에서 남쪽으로 벌채가 진행되는 갱신방법은? (단, 그림은 높이를 확대한 것이며, 한 벌채단위의 각 측면도에는 계층이 없고 유선적임)

① 군상산벌   ② 연조작업
③ 설형산벌   ④ 대상초벌

24 ☐☐☐

적지적수에 대한 설명으로 옳지 않은 것은?

① 지위지수란 임지가 가진 생산 능력의 지표를 말하며, 일정한 기준 임령에서 우세목의 수고로 표현한다.
② 상수리나무, 느티나무, 삼나무는 얇은 토심에서 생육이 양호하다.
③ 호두나무와 회양목은 염기성 토양에서 생육이 양호하다.
④ 전나무와 비자나무는 상층 수관 아래에도 생육이 가능하다.

25
22. 국가직 7급

중림작업에 대한 설명으로 옳은 것은?

① 광물질요구량이 적어 지력이 향상된다.
② 상층목과 하층목은 다른 수종으로 구성하는 것이 원칙
이다.
③ 상층목으로부터 천연하종갱신이 가능하다.
④ 상층목은 지하고와 수관밀도가 높은 수종이 알맞다.

26
22. 국가직 7급

산림의 갱신방법에 대한 설명으로 옳은 것만을 모두 고르면?

> ㄱ. 왜림작업은 양료의 요구도가 낮고, 맹아의 생장속도가
> 빠르다.
> ㄴ. 모수림작업은 주로 과숙임분을 대상으로 한다.
> ㄷ. 산벌작업이 실시된 임분은 우량한 임목들이 남아 있어
> 임분의 유전형질 개량에 유리하다.
> ㄹ. 택벌작업이 실시된 임분은 수고가 다양한 나무들로 뒤섞
> 인 다층구조를 이룬다.

① ㄱ, ㄴ   ② ㄱ, ㄷ
③ ㄴ, ㄹ   ④ ㄷ, ㄹ

27
22. 국가직 9급

헥타르(ha)당 재적이 350m³인 택벌림이 이상적인 경급별 재적비율을 가질 때, ha당 대경목의 재적[m³]은?

① 70   ② 105
③ 175   ④ 235

28
22. 지방직 9급

대면적 개벌 천연하종갱신에 대한 설명으로 옳은 것만을 모두 고르면?

> ㄱ. 동령일제림이 형성되기 어려우므로 보육작업이 쉽지 않다.
> ㄴ. 개벌로 지피식생이 파괴되고 지력이 약화될 수 있다.
> ㄷ. 벌채작업이 집중되기 때문에 비용이 절감된다.
> ㄹ. 음수수종 또는 중력종자 수종의 갱신은 적당하지 않다.

① ㄱ, ㄷ   ② ㄴ, ㄹ
③ ㄱ, ㄷ, ㄹ   ④ ㄴ, ㄷ, ㄹ

29

모수의 유전형질을 유지시키는 데 가장 적합한 갱신방법은?

① 산벌작업법
② 모수작업법
③ 보잔모수법
④ 개벌왜림작업법

30

모수작업법에서 모수의 조건으로 옳은 것만을 모두 고르면?

ㄱ. 소나무와 같은 양수가 적합하다.
ㄴ. 천근성보다는 심근성 수종이 적합하다.
ㄷ. 맹아 발생력이 우수한 수종이어야 한다.
ㄹ. 이가화(자웅이주) 수종은 모수가 될 수 없다.

① ㄱ, ㄴ
② ㄱ, ㄹ
③ ㄱ, ㄴ, ㄷ
④ ㄴ, ㄷ, ㄹ

31

택벌림 조성을 위한 조건에 대한 설명으로 옳지 않은 것은?

① 음수와 반음수 수종을 위주로 하여 다층으로 구성해야 한다.
② 크고 작은 나무들이 혼재되어 있어 보속적 수확이 가능하다.
③ 이상적인 택벌림의 소경급 : 중경급 : 대경급 본수비율은 2 : 3 : 5이다.
④ 이령림 특유의 지수감소형 분포(역 J자형 분포)를 유지해야 한다.

32

갱신방법에 대한 설명으로 옳은 것만을 고르면?

ㄱ. 천연갱신은 인공조림에 비해 숲을 조성하는 데 실패할 확률이 낮다.
ㄴ. 개벌작업은 동령림을 형성할 수 있으며, 음수수종의 갱신에 유리하다.
ㄷ. 산벌작업은 모수림작업에 비하여 갱신이 안전하고 확실하다.
ㄹ. 모수림작업에서 종자 비산력이 낮은 수종은 모수를 ha 당 30본 남긴다.

① ㄱ, ㄴ
② ㄱ, ㄷ
③ ㄴ, ㄹ
④ ㄷ, ㄹ

33

21. 국가직 7급

이단림작업에 대한 설명으로 옳지 않은 것은?

① 임관의 상층부를 구성하는 임목은 고급 대경재의 생산에 적합하다.

② 개벌작업에 비하여 지력의 감소를 막아준다.

③ 교림과 왜림을 동일한 임지에 조성하여 동시에 가꾸어 나가는 작업법이다.

④ 상층부의 수관이 닫혀 하층목의 발생과 생장이 억제되기 쉬운 작업법이다.

34

21. 국가직 7급

천연갱신에 대한 설명으로 옳은 것은?

① 천연갱신은 인공조림에 비하여 실행하기가 쉽고 빠르게 성림시킬 수 있다.

② 천연갱신은 채종원이나 채종림에서 생산된 우량 종자를 적극적으로 도입할 수 있다.

③ 측방 천연하종갱신은 참나무류처럼 중력에 의하여 산포된 종자가 발아해서 후계림이 되는 것이다.

④ 울폐된 임분을 상방 천연하종으로 갱신하기 위해서는 임관을 소개해서 임상(forest floor)에 광선이 도달하도록 하여야 한다.

35

21. 국가직 7급

그림은 임분의 갱신작업을 나타낸 것이다. 이에 대한 설명으로 옳은 것은?

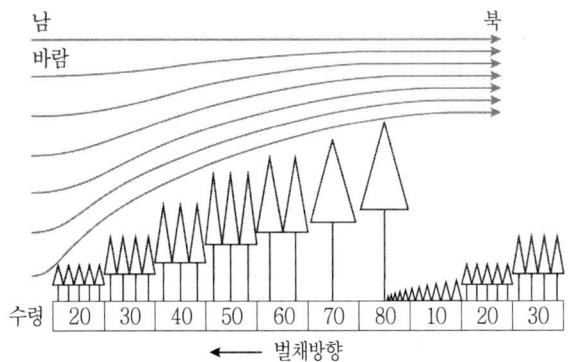

① 작업종은 대상산벌작업이다.

② 작업급의 윤벌기는 10년이다.

③ 작업구의 회귀년은 80년이다.

④ 임분은 연속된 영급 구조를 갖는다.

MEMO

산림토양

06 산림토양

정답 및 해설 : 173p

01 ☐☐☐   25. 국가직 9급

열대우림의 특성으로 옳지 않은 것은?

① 많은 강우량이 지속되며 연중 고온으로 순생산성이 높다.

② 상관은 단조로우나 종 다양성이 매우 높다.

③ 만경식물과 착생식물의 비율이 높다.

④ 유기물 분해 속도가 빠르고 토양의 비옥도가 높다.

02 ☐☐☐   25. 국가직 9급

우리나라 산림토양에 대한 설명으로 옳은 것은?

① 산림토양은 농경지토양에 비해 용적밀도가 높다.

② 갈색산림토양군은 화강암과 사암 모재에서 유래한다.

③ 토양 내 식물유효수분 함량은 사토보다 양토에서 높다.

④ 주요 분포 토양은 미숙 토양인 엔티솔(Entisols)과 알피솔(Alfisols)이다.

03 ☐☐☐   25. 지방직 9급

토양수에 대한 설명으로 옳은 것은?

① 토양용액 중 순수한 물을 의미한다.

② 포장용수량과 영구위조점 사이의 수분량을 식물유효수분이라고 한다.

③ 모세관수(capillary water)와 흡습수(hygroscopic water)는 식물 생장에 유효한 토양수이다.

④ 양토 계열 토양보다 사질 토양의 유효수분 함량이 더 높다.

04 ☐☐☐   24. 지방직 9급

산림토양에 대한 설명으로 옳지 않은 것은?

① 식물생장에 가장 유효한 토양수는 모세관수이다.

② 냉한대 침엽수림대의 대표적인 토양은 포드졸 토양이다.

③ 균근의 형성률 또는 감염률은 토양의 비옥도가 낮을수록 높다.

④ 토양 pH 7.0~8.0이 양분유효도와 생산력에 가장 적합한 범위이다.

산림의 양분순환에 대한 설명으로 옳은 것은?

① 토양 내 Ca^{2+}, Mg^{2+}, NO_3^- 등과 같은 수용성 이온은 토양수 중의 농도가 높아 주로 확산에 의해 뿌리에 공급된다.

② 낙엽 분해율은 1년 동안 생산된 낙엽량을 임상에 축적된 낙엽량으로 나누어서 추정할 수 있다.

③ 칼슘은 식물조직의 구성 성분이 아니고 세포에 용해된 이온 형태로 존재하며 질산 이온 및 황산 이온과 대응하여 이온 균형을 유지하는 기능을 한다.

④ 산림토양의 표토층은 심토층보다 부식 함량이 많아 부식산이 방출되므로 표토층의 pH가 심토층보다 높다.

수목에 필요한 무기원소의 기능과 결핍 증상에 대한 설명으로 옳지 않은 것은?

① 철은 엽록체에 많이 존재하며 결핍 증상은 마그네슘 결핍 증상과 유사하다.

② 산림토양이 산성비로 산성화되면 수목에 칼슘 결핍 증상이 나타날 수 있다.

③ 황은 아미노산의 구성 성분이며 결핍되면 성숙한 잎에 먼저 결핍 증상이 나타난다.

④ 칼륨은 효소활성제 역할을 하며 결핍되면 저항성이 약해져 뿌리썩음병이 잘 걸린다.

수목의 질소대사에 대한 설명으로 옳은 것은?

① 질산환원과정의 첫 단계는 색소체에서 일어난다.

② 오리나무는 *Clostridium* 속 세균과 공생관계를 맺어 뿌리혹을 형성한다.

③ 산성 산림토양에서는 주로 질산 이온 형태로 흡수한다.

④ 모르핀과 카페인은 2차 대사 질소화합물이다.

산림토양에 대한 설명으로 옳지 않은 것은?

① 침엽수종이 자라는 토양은 활엽수종이 자라는 토양보다 pH가 낮다.

② 산림토양의 공극률은 비슷한 토성의 경작지 토양보다 낮은 것이 일반적이다.

③ 산림토양의 입단형성이 비교적 잘 되는 이유는 매년 낙엽·낙지가 토양으로 환원되기 때문이다.

④ 토양의 점토함량이 많을수록 포장용수량이 증가하는데, 이는 소공극이 많아지고 공극률이 커지기 때문이다.

09

질소고정균인 프랑키아(*Frankia*)의 기주식물로 옳지 않은 것은?

① 콩과식물
② 오리나무류
③ 보리수나무
④ 소귀나무속

11

다음에서 설명하는 토양 생성작용은?

○ 춥고 습윤한 산성토양에서 발생한다.
○ 철, 알루미늄, 유기물 등이 용탈되고, 석영이 토양의 A층에 남는다.
○ 토양 표층에 유기물층의 분해가 느리다.
○ 토양의 B층은 집적된 철과 알루미늄산화물이 풍부하다.

① 포드졸화 작용
② 라테라이트화 작용
③ 염류화 작용
④ 석회화 작용

10

산림 내 수목의 질소고정 및 관련된 미생물에 대한 설명으로 옳은 것은?

① 산림토양에서 질산화작용이 활발하므로, 수목뿌리는 주로 질산태 질소의 형태로 질소를 흡수한다.
② *Clostridium*은 *Azotobacter*보다 질소고정량이 많다.
③ *Rhizobium*은 오리나무류와 공생하는 질소고정균이다.
④ 시아노박테리아는 소철류와 내생공생하면서 질소를 고정한다.

12

토양 유기성분의 변화를 주도하는 토양생성작용은?

① 점토생성작용
② 석회화작용
③ 포드졸화작용
④ 부식축적작용

13

다음 중 토양 입자와의 결합력이 가장 높은 양이온은?

① Al^{3+}
② Ca^{2+}
③ K^+
④ Na^+

15

임지능력급수를 판정하는 산림토양 인자로만 묶인 것은?

① 토심, 지형, 건습도, 경사, 퇴적양식, 침식, 견밀도, 토성
② 토심, 양분보유력, 침투성, 경사, 풍화정도, 침식, 토양산도, 토성
③ 토심, 토양배수, 건습도, 경사, 퇴적양식, 사면방위, 견밀도, 토성
④ 토심, 견지성, 토양구조, 용적밀도, 표고, 침식, 견밀도, 토성

14

산림생태계의 질소순환에 대한 설명으로 옳지 않은 것은?

① 산림토양에서 낙엽 등에 함유된 유기태 질소는 미생물에 의해 분해되어 무기태 질소가 된다.
② 산림토양에서는 질산화균의 활동이 왕성하여 무기태 질소가 주로 NO_3^-의 형태로 존재한다.
③ 대기권에 있는 질소는 불활성 상태이며 뿌리혹박테리아의 질소고정을 통해 수목이 이용할 수 있게 된다.
④ 미생물과의 공생으로 질소를 고정하는 식물에는 콩과식물 외 보리수나무류와 같은 비콩과식물도 있다.

16

산림토양에 대한 설명으로 옳지 않은 것은?

① 불포화상태의 토양에서 토양수 이동은 주로 기질포텐셜에 의해 일어난다.
② 우리나라의 토양 구성목 중 Entisols의 비율이 가장 높다.
③ 토양의 공극률은 입자밀도와 용적밀도를 파악하여 구할 수 있다.
④ 오리나무와 공생하는 토양 내 *Frankia* 질소고정균은 소귀나무와도 공생한다.

17
21. 지방직 9급

다음 (가)~(라)에 들어갈 용어를 바르게 연결한 것은?

> (가) 이란 수분의 흡착력 기준으로 보았을 때 물로 가득 차 있는 토양에서 (나) 가 빠져나가고 (다) 로 포화된 상태의 토양수분량을 말하며, (라) 는 수목이 사용하지 못한다.

	(가)	(나)	(다)	(라)
①	포장용수량	모세관수	중력수	결합수
②	최대용수량	모세관수	결합수	중력수
③	최대용수량	중력수	모세관수	결합수
④	포장용수량	중력수	모세관수	결합수

18
21. 국가직 7급

토양 내 유기물 함량이 매우 적고 라테라이트화 작용으로 토양이 주로 적색을 띠는 생물군계는?

① 한대림 ② 온대림
③ 열대우림 ④ 온대초원

19
21. 지방직 7급

산림토양의 질소순환과정 중 (가)~(다)에 들어갈 질소형태는?

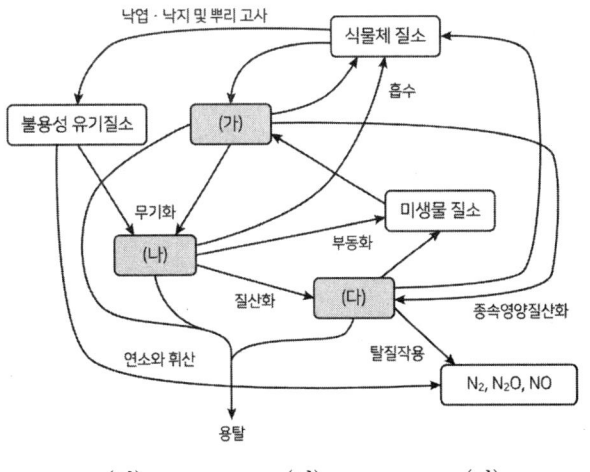

	(가)	(나)	(다)
①	암모늄태 질소	질산태 질소	용해성 유기질소
②	질산태 질소	암모늄태 질소	용해성 유기질소
③	용해성 유기질소	질산태 질소	암모늄태 질소
④	용해성 유기질소	암모늄태 질소	질산태 질소

MEMO

수목생리

07 수목생리

정답 및 해설 : 181p

01 ⬜⬜⬜ 25. 국가직 9급

수목의 근계에 대한 설명으로 옳은 것은?

① 낙우송과 자작나무는 심근성이기 때문에 건조에 강하다.
② 건조한 지역에 자라는 수목은 지하부에 대한 지상부의 비율이 낮다.
③ 일본잎갈나무와 소나무는 천근성이기 때문에 건조에 약하다.
④ 일반적으로 사토보다 식토에서 근계가 깊게 발달하는 경향이 있다.

02 ⬜⬜⬜ 25. 지방직 9급

천근성 수종에 해당하는 것은?

① 느티나무
② 일본잎갈나무
③ 소나무
④ 곰솔

03 ⬜⬜⬜ 24. 국가직 9급

수목의 구조와 직경생장에 대한 설명으로 옳지 않은 것은?

① 형성층은 세포분열을 통하여 바깥쪽으로 2차사부, 안쪽으로 2차목부를 생산한다.
② 사세포는 나자식물의 사부조직을 구성하는 기본세포로서 탄수화물을 운반하는 기능을 한다.
③ 생리적으로 체내 옥신 함량이 높고 지베렐린 농도가 낮으면 사부를 생산하는 것으로 알려져 있다.
④ 늦가을이 되면 제일 먼저 수간의 밑동에서부터 끝부분을 향해 형성층이 활동을 멈춘다.

04 ⬜⬜⬜ 24. 지방직 9급

수목의 수고생장형에 대한 설명으로 옳은 것은?

① 겉씨식물 중 테다소나무와 낙엽송은 자유생장을 하는 수종이다.
② 고정생장을 하는 잣나무는 가을 늦게까지 수고생장이 이루어지는 것이 특징이다.
③ 자유생장을 하는 포플러는 봄에 일찍 줄기생장을 끝마쳐 수고생장량이 적고 느리다.
④ 참나무류는 춘엽과 하엽을 생산함으로써 형태가 다른 잎이 나는 이엽지를 만든다.

수분포텐셜에 대한 설명으로 옳지 않은 것은?

① 불포화 토양의 압력포텐셜은 0이다.

② 세포액의 삼투포텐셜은 음(−)의 값이다.

③ 증산작용을 하는 도관세포의 압력포텐셜은 양(+)의 값이다.

④ 포화된 토양에서 물의 이동은 주로 압력포텐셜과 중력포텐셜에 의하여 일어난다.

수목의 생장에 대한 설명으로 옳은 것은?

① 고정생장 수종과 자유생장 수종 모두 봄이 되면 전년도에 만들어진 눈에서 잎과 줄기가 자란다.

② 온대지방에서 뿌리는 이른 봄 줄기와 같이 생장을 시작하고, 가을에 줄기 생장이 멈추면 동시에 뿌리도 생장을 정지한다.

③ 일반적으로 형성층은 목부 조직을 더 많이 생산하지만, 수종별로 환경조건에 따라 사부 생산량이 목부보다 많은 경우도 있다.

④ 형성층 분열은 봄에 나무꼭대기의 눈 바로 아래 줄기부터 시작하고, 가을에 옥신 공급이 줄어들면 이 부위부터 분열이 중단된다.

산림의 인(P) 순환에 대한 설명으로 옳은 것은?

① 인 화합물은 식물체 내에서의 이동성이 매우 낮다.

② 산성 산림토양에서는 인이 주로 PO_4^{3-} 형태로 존재한다.

③ 임목의 잎 내에서 인산염의 주된 형태는 HPO_4^{2-}이다.

④ 토양의 총인 함량은 임목이 흡수할 수 있는 유효태 인의 함량과 관련이 없다.

수목의 무기염 흡수에 대한 설명으로 옳은 것은?

① 뿌리 세포의 세포질막을 통한 무기염의 흡수 과정은 선택적, 비가역적이며 에너지를 소비한다.

② 뿌리 세포의 세포벽은 섬유소로 인해 무기염이 자유로이 드나들 수 없다.

③ 무기염의 능동운반은 농도가 높은 곳에서 낮은 곳으로 이동하는 것이다.

④ 무기염의 자유로운 이동을 막는 카스파리안대(Casparian strip)는 뿌리의 피층에 존재한다.

09 23. 지방직 7급

수목의 물질 대사에 대한 설명으로 옳지 않은 것은?

① 전분은 저장탄수화물로서 체내에서 이동되지 않으며 주로 후벽세포 내에 축적된다.
② 수목 체내에서 질소함량은 잎, 분열조직, 형성층에서 많고 심재에서는 극히 적다.
③ 지질의 함량은 겨울철 월동기간에는 높아지고 여름철에는 낮아진다.
④ 단백질은 고등동물에서 조직의 주요 성분이지만, 식물에서는 함량이 극히 적다.

10 23. 지방직 7급

수목의 광합성에 대한 설명으로 옳지 않은 것은?

① 광합성의 기작은 빛에너지를 화학에너지로 전환하는 과정과 탄수화물을 합성하는 과정으로 나뉜다.
② 광합성으로 흡수하는 CO_2의 양과 호흡으로 배출되는 CO_2의 양이 같을 때의 광도를 광보상점이라고 한다.
③ 엽록소는 가시광선 영역에서 적색광과 청색광보다 녹색광을 더 많이 흡수한다.
④ 주목은 소나무보다 광보상점과 광포화점이 모두 낮다.

11 23. 지방직 9급

수목의 조직과 그 기능이 바르게 짝지어진 것은?

① 목부 – 탄수화물의 이동 및 지탱
② 후벽조직 – 표피조직을 대신하여 보호, 수분 증발 억제
③ 유조직 – 세포분열 및 탄소동화작용
④ 분비조직 – 코르크형성층의 기원

12 22. 국가직 7급

양수와 음수에 대한 설명으로 옳지 않은 것은?

① 양수는 음수보다 광보상점이 높다.
② 낮은 광도에서 음수의 광합성 효율이 양수보다 높다.
③ 햇빛을 좋아하는 정도에 따라 양수와 음수를 구분한다.
④ 음수는 어릴 때 그늘을 선호하며, 유묘 시기를 지나면 햇빛에서 더 잘 자란다.

22. 국가직 7급

균근에 대한 설명으로 옳지 않은 것은?

① 외생균근은 주로 목본식물에서 발견된다.
② 외생균근은 균사가 뿌리표면에 균투를 형성한다.
③ 균근이란 식물이 곰팡이에게 탄수화물을, 곰팡이는 식물에게 무기양분을 서로 교환하며 공생하는 형태이다.
④ 내생균근의 균사는 뿌리의 통도조직인 내피세포 안쪽으로 침투하는 것이 특징이다.

14

22. 국가직 7급

(가), (나)에 해당하는 무기양분을 바르게 연결한 것은?

| (가) |은(는) 엽록소의 구성성분이며, 광합성, 호흡작용 그리고 핵산 합성에 관여하는 효소의 활성제 역할을 하고, 체내에서 쉽게 이동되기 때문에 성숙잎에서 먼저 결핍증상이 나타난다. | (나) |은(는) 엽록소의 합성에 필수적이며 효소의 활성제이다. 또한, 광합성 시 광분해를 촉진시키고 체내에서 이동이 비교적 쉽지 않다.

	(가)	(나)
①	철(Fe)	황(S)
②	마그네슘(Mg)	망간(Mn)
③	칼슘(Ca)	칼륨(K)
④	철(Fe)	칼슘(Ca)

22. 지방직 7급

다음에서 설명하는 지질화합물은?

○ 주로 목부조직에서 발견됨
○ 세포벽의 구성성분임
○ 동물이 소화할 수 없는 화합물로서 초식동물로부터 수목을 보호하는 역할을 함

① 타닌   ② 수지
③ 리그닌   ④ 목전질

22. 지방직 7급

수목 생장에 영향을 미치는 빛에 대한 설명으로 옳지 않은 것은?

① 식물이 햇빛을 향해 자라는 현상은 옥신의 재분배에 의해 일어난다.
② 수목의 직경생장은 광주기의 영향을 받는다.
③ 울창한 숲 바닥의 종자는 파이토크롬이 불활성 상태로 존재하여 발아가 억제된다.
④ 숲속 지면 가까이 자라는 나무는 주로 녹색광과 청색광을 이용하여 생장한다.

17 ☐☐☐ 22. 지방직 7급

수목의 개화생리에 대한 설명으로 옳지 않은 것은?

① 피자식물은 자웅동주와 자웅이주로 구분된다.
② 완전화는 꽃받침, 꽃잎, 암술, 수술을 모두 갖춘 꽃이다.
③ 나자식물의 꽃은 완전화이며 1가화와 2가화가 있다.
④ 소나무의 화아 원기형성 시기는 수꽃이 암꽃보다 빠르다.

18 ☐☐☐ 22. 국가직 9급

수목 내 지질에 대한 설명으로 옳지 않은 것은?

① 지질은 세포막의 주요 구성성분이다.
② 종자의 경우 지질은 미토콘드리아에 저장된다.
③ 영양조직의 지질함량은 보통 건중량의 1% 미만이다.
④ 수피의 지질함량은 목부의 지질함량보다 높다.

19 ☐☐☐ 22. 국가직 9급

수분부족에 대한 수목의 반응과 내건성에 대한 설명으로 옳지 않은 것은?

① 은행나무와 상수리나무는 진정내건성 수종이 아니다.
② 건조회피를 위해 수목은 수분을 절약하거나 수분 흡수를 높이는 전략을 혼용한다.
③ 건조탈출형 식물은 뿌리/지상부 비율이 크다.
④ 체내 단백질 합성이 감소하고 ABA(Abscisic acid) 합성이 증가한다.

20 ☐☐☐ 22. 지방직 9급

임목의 생장에 대한 설명으로 옳지 않은 것은?

① 소나무, 잣나무, 전나무는 고정생장을 한다.
② 은행나무, 버드나무, 느티나무는 자유생장을 한다.
③ 추운 지역의 소나무과 수목들은 눈이 적게 쌓이도록 적응하여 진화하면서 원추형의 수관을 보인다.
④ 정아가 식물호르몬을 생산하여 측아 생장을 억제하면 구형의 수관이 형성된다.

21

수목의 생리기작으로 에너지를 소모하는 과정만을 모두 고르면?

> ㄱ. 기공의 개폐
> ㄴ. 옥신의 운반
> ㄷ. 뿌리의 무기염 흡수
> ㄹ. 뿌리에서 잎까지의 수분 이동

① ㄷ, ㄹ   ② ㄱ, ㄴ, ㄷ
③ ㄱ, ㄴ, ㄹ   ④ ㄱ, ㄴ, ㄷ, ㄹ

22

수목의 꽃눈(화아) 형성에 대한 설명으로 옳은 것은?

① 대부분의 수종에서 꽃눈의 형성 시기는 꽃이 피기 전 년도의 늦은 가을이다.
② 일반적으로 꽃눈 원기 형성 시기는 수꽃이 암꽃보다 빠르다.
③ 소나무류 화아원기가 발달하는 모양을 보면, 수꽃은 정단조직이 암꽃보다 크고 둥글다.
④ 꽃눈의 원기는 식물호르몬의 농도에 영향을 받고 외적 환경요인의 영향은 받지 않는다.

23

일가화(자웅동주)에 해당하는 수종들로만 묶은 것은?

① *Ginkgo biloba*, *Taxus cuspidata*, *Abies koreana*
② *Larix kaempferi*, *Alnus japonica*, *Ailanthus altissima*
③ *Picea jezoensis*, *Castanea crenata*, *Salix caprea*
④ *Pinus densiflora*, *Betula costata*, *Quercus mongolica*

24

식물의 자가수분 회피 또는 타가수분 촉진 기작으로 옳지 않은 것은?

① 자웅동주
② 이화주성
③ 자가불화합성
④ 자가수분장애

25

다음과 같은 균근(mycorrhizae)의 유형과 이것을 흔히 관찰할 수 있는 수종으로 옳게 짝지은 것은?

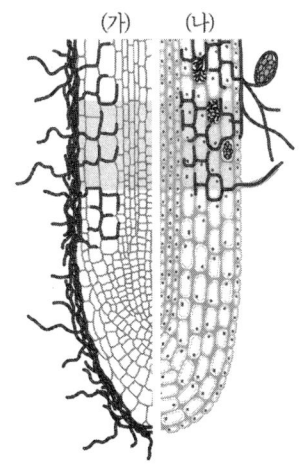

(가)　　(나)

	(가)	(나)
①	*Pinus koraiensis*	*Fraxinus mandshurica*
②	*Abies koreana*	*Quercus variabilis*
③	*Fraxinus mandshurica*	*Pinus koraiensis*
④	*Quercus variabilis*	*Abies koreana*

26

광합성의 광-비의존적 반응인 캘빈회로에 대한 설명으로 옳지 않은 것은?

① 초기 단계에서는 RuBP가 이산화탄소를 고정하여 PGA(3PG)로 전환된다.
② PGA(3PG)는 ATP와 NADPH를 사용하여 G3P(PGAL)로 전환된다.
③ 전환된 G3P(PGAL)의 반 이상은 탄수화물을 합성하는 데 사용된다.
④ 탄수화물 합성에 사용되지 않은 G3P(PGAL)는 ATP를 사용하여 RuBP로 재생된다.

27

수목의 영양생장에 대한 설명으로 옳지 않은 것은?

① 자유생장을 하는 수종은 이엽지(heterophyllous shoot)를 만든다.
② 고정생장을 하는 수종은 뿌리의 생장 활동 기간이 줄기의 것보다 길다.
③ 형성층의 시원세포는 수층 분열로 목부 또는 사부가 될 세포를 만든다.
④ 주근계를 갖는 수목은 내피의 안쪽에 있는 내초(pericycle)에서 측근이 만들어진다.

28

잎의 기공 개폐에 대한 설명으로 옳지 않은 것은?

① 엽육조직에 있는 CO_2의 농도가 높으면 기공이 닫힌다.
② 공변세포의 K^+과 유기산 농도가 상승하면 삼투포텐셜이 높아져 기공이 열린다.
③ 수분스트레스를 받으면 잎의 ABA 함량이 급격히 증가하여 기공이 닫힌다.
④ 기공이 열릴 때는 공변세포에 K^+이 들어온 만큼 H^+이 밖으로 이동하여 전기적 중성이 유지된다.

활엽수의 목부에서 방사계를 구성하는 세포의 종류는?

① 가도관   ② 유세포

③ 도관절   ④ 섬유세포

수목 생장의 필수원소에 대한 설명으로 옳은 것만을 모두 고르면?

ㄱ. 칼륨(K)은 기공의 개폐, 전분과 단백질 합성에 관여한다.
ㄴ. 마그네슘(Mg)은 엽록소의 구성 성분이고 핵산 합성 효소의 활성제 역할을 한다.
ㄷ. 인(P)은 당류와 결합하여 광합성과 호흡에 관여한다.
ㄹ. 붕소(B)는 엽록소 합성에 필수적이며, H_2O의 광분해를 촉진한다.
ㅁ. 아연(Zn)은 화분관의 생장촉진과 핵산의 합성에 관여한다.

① ㄱ, ㄴ, ㄷ   ② ㄱ, ㄷ, ㄹ

③ ㄴ, ㄹ, ㅁ   ④ ㄷ, ㄹ, ㅁ

수목의 지질대사에 대한 설명으로 옳은 것은?

① 납(wax)은 수피의 코르크세포를 둘러싸고 있어 수분의 증발을 억제한다.

② 수지(resin)는 병원균이나 곤충의 침입을 막고 목재의 부패를 방지한다.

③ 목전질(suberin)은 흔히 엽록체에서 관찰되고 일부 미토콘드리아에도 존재한다.

④ 불포화지방산(unsaturated fatty acid)은 추운 지방의 식물이 따뜻한 지방의 식물보다 함량이 적다.

식물호르몬에 대한 설명으로 옳지 않은 것은?

① 지베렐린은 주로 종자에서 생산되며, 목부와 사부를 통하여 위아래 양 방향으로 운반된다.

② 옥신의 생합성은 주로 어린 조직에서 일어나며, 운반은 유세포를 통해 이루어지고 에너지를 소모하는 과정이다.

③ 사이토키닌은 주로 뿌리 끝에서 생산되며, 사부보다 목부를 통하여 지상부 전체로 운반된다.

④ ABA는 색소체가 있는 식물의 여러 기관에서 생합성되며, 식물생장을 촉진한다.

산림환경 및 산림상태

01

25. 국가직 9급

Oliver(1981)는 교란 이후의 산림천이에 대해 4단계의 임분 발달 모델을 제시하였다. 다음 현상이 모두 나타나는 임분 발달 단계는?

○ 수관이 울폐됨
○ 피압된 치수는 고사함
○ 수목갱신은 제한되거나 정지함

① 임분 시작(임분 이입기)
② 수간 배제(수관 경쟁기)
③ 하층 재진입(하층 재형성기)
④ 노령림(장령기)

02

25. 국가직 9급

산림천이 용어에 대한 설명으로 옳지 않은 것은?

① 교란 : 산불, 바람, 병해충, 개벌 등 기존 생태계를 파괴하는 외부 요인에 의한 사건
② 천이계열 : 초기 식생이 극상군집까지 지속적인 변화 과정을 거치는 일련의 천이단계
③ 이차천이 : 식물군집이 있던 곳에 교란으로 식물군집이 훼손된 후 다시 시작되는 천이
④ 자발천이 : 생태계 내의 생물상이 없는 곳에서 외부 요인에 의해 유발되는 천이

03

25. 지방직 9급

수목의 뿌리에 대한 설명으로 옳지 않은 것은?

① 뿌리의 모양과 생장 양식은 수종별 고유한 특징을 갖지만, 토양 환경 변화에 따라 크게 바뀔 수 있다.
② 세근(fine root)은 토양 수분과 양분을 흡수한다.
③ 세근은 표토에 대부분 존재한다.
④ 건조하고 척박한 지역에서는 일반적으로 S/R율(shoot/root ratio)이 증가하는 경향이 있다.

04

25. 지방직 9급

광합성에 대한 설명으로 옳은 것만을 모두 고르면?

ㄱ. 암반응에서 CO_2를 고정하는 양식에 따라 식물을 C−3 식물, C−4 식물, CAM 식물로 분류한다.
ㄴ. 엽록체는 엽록소를 함유한 스트로마와 엽록소가 없는 그라나로 구분된다.
ㄷ. 명반응에서는 물 분자를 분해하여 산소를 발생시키면서 NADPH와 ATP를 생산한다.
ㄹ. 카로티노이드는 식물에서 노란색, 오렌지색, 적색 등을 나타내는 광합성 보조 색소이다.

① ㄱ, ㄷ
② ㄴ, ㄹ
③ ㄱ, ㄷ, ㄹ
④ ㄴ, ㄷ, ㄹ

다음 설명에 해당하는 식물체 내 필수원소의 생리작용은?

> ○ 식물체 건중량의 약 1%를 차지한다.
> ○ 결핍되면 잎에 검은 반점이 생기고 주변에 황화현상이 나타난다.
> ○ 체내 이동이 용이하여 결핍증이 성숙잎에서 먼저 관찰된다.

① 엽록소의 구성성분이며, ATP의 기능 활성화에 관여한다.
② 공변세포의 삼투압을 조절하면서 기공 개폐에 관여한다.
③ 핵산과 인지질을 구성하며, 에너지 생산과 전달에 관여한다.
④ 질소고정효소의 구성성분이며, 산화환원반응에 관여한다.

수목의 직경생장에 대한 설명으로 옳은 것은?

① 주로 관다발 형성층이 생산한 목부조직에 의해 이루어진다.
② 체내 옥신이 많고 지베렐린이 적으면 목부보다 사부를 우선적으로 생산한다.
③ 관다발 형성층의 병층분열은 형성층 자체의 세포 수를 증가시킨다.
④ 봄철 관다발 형성층의 활동은 나무 꼭대기보다 밑동 부분에서 먼저 시작된다.

숲의 천이에 대한 설명으로 옳은 것은?

① 전통적 관점에서 1차천이는 타발천이이고 2차천이는 자발천이이다.
② 극상 상태의 숲이라도 교란에 의해 퇴행천이가 발생할 수 있으며, 때로는 산림쇠퇴가 일어날 수 있다.
③ 천이가 진행됨에 따라 개체군의 생활사 전략 유형은 K–선택에서 r–선택으로 변한다.
④ 극상에 가까워지는 숲에서는 $\dfrac{광합성량}{호흡량}$ 의 비율이 1 보다 커지며, $\dfrac{생산량}{생체량}$ 의 비율은 증가한다.

우리나라 소나무림에 대한 설명으로 옳지 않은 것은?

① 화강암과 화강편마암을 모암으로 하여 생성된 모래질이 많은 토양에 주로 분포한다.
② 소나무 낙엽 분해 시 토양 산성화가 촉진되어 활엽수의 침입이 어려워진다.
③ 소나무는 발화온도와 발염온도가 다른 수종보다 높아 산불이 수관화로 번지는 경우가 많다.
④ 소나무 우점현상은 산 능선이나 암반 노출이 심한 남동과 남서 사면에서 더욱 뚜렷하다.

09

산림 생태천이에서 초기단계와 비교하여 성숙단계의 특징으로 옳은 것만을 모두 고르면?

> ㄱ. 유기물 총량이 감소한다.
> ㄴ. 총생산량과 군집호흡량의 비율(P/R 율)은 1에 가까워진다.
> ㄷ. 외부 교란에 대한 저항성이 높아진다.
> ㄹ. 순군집생산성은 감소한다.
> ㅁ. 양료순환이 개방적이다.

① ㄱ, ㄴ, ㄷ   ② ㄱ, ㄹ, ㅁ
③ ㄴ, ㄷ, ㄹ   ④ ㄷ, ㄹ, ㅁ

10

(가)와 (나)에 들어갈 내용을 바르게 연결한 것은?

> 산림생태계에서 상리공생은 두 생물 모두 생존이나 생식을 위하여 필수적으로 필요한 상호작용이다. 그 예로서 콩과식물과 공생하는 질소고정균인 ___(가)___, 소나무 성목과 공생하는 균류인 ___(나)___ 을 들 수 있다.

	(가)	(나)
①	*Rhizobium*	내생균근균
②	*Rhizobium*	외생균근균
③	*Frankia*	내생균근균
④	*Frankia*	외생균근균

11

화산 폭발 등에 의해 불모지로 변한 섬에서 예상되는 숲의 발달과 천이에 대한 설명으로 옳지 않은 것은?

① 여러해살이풀보다 한해살이풀이 먼저 나타난다.
② 관목이 들어온 다음 양수성의 교목이 들어온다.
③ 내음성이 강한 교목이 우점하게 된 산림을 극상림이라고 한다.
④ 숲의 발달과정에서 교란이 없이 진행되면 이차천이라고 할 수 있다.

12

생물 다양성 중 종 다양성에 대한 설명으로 옳은 것은?

① 여러 지역에 존재하는 다양한 생물의 종류를 의미한다.
② 노루귀의 꽃 색깔이 푸른 보라색, 붉은 보라색, 흰색 등으로 다양하게 나타난다.
③ 유전정보의 총칭으로 지구상에 생존하는 생물 개체의 세포 속에 들어 있는 유전자를 모두 포함한다.
④ 에너지와 물질의 순환, 그리고 시스템의 재생력 등 생태계의 평형 유지 기능을 하나의 통합된 개념으로 본다.

13

임목의 유전적 특성에 대한 설명으로 옳지 않은 것은?

① 상이한 유전자형 사이에 생존력과 생식력의 차이가 존재하면 임목집단의 유전적 구조는 변화한다.

② 임목집단의 유전적 조성은 집단을 구성하는 개체들이 생산되는 교배양식에 의해 기본적으로 결정된다.

③ 꽃가루의 비산능력이 우수한 수종에서는 지역이나 집단 사이의 유전자 이입이 활발한 것으로 알려져 있다.

④ 돌연변이의 대부분은 열성이고 곧 도태되기 때문에 임목집단의 유전적 조성에 미치는 영향이 매우 크다.

14

교란이 없는 경우, 산림생태계에서 유기물 분해에 대한 설명으로 옳은 것은?

① 분해속도가 빠른 경우에는 죽은 낙엽 같은 유기물 내에 양분이 대부분 포함되어 있다.

② 분해상수(k)는 죽은 유기물이 일정 비율만큼 분해되는 데 필요한 시간에 반비례한다.

③ 식생으로부터 낙엽에 의해 유입되는 유기물의 총량을 낙엽층의 유기물 총량으로 나눈 값을 체류기간이라 한다.

④ 일반적으로 위도가 낮은 열대지역 산림에서는 한대지역 산림보다 분해상수(k)가 낮다.

15

산림생태계에서 산불의 종류·역할과 주요 특성에 대한 설명으로 옳지 않은 것은?

① 지중화는 땅속에 공급되는 산소의 양이 충분할 때 진행된다.

② 수관화는 활엽수림보다 침엽수림에서 발생빈도가 높다.

③ 광물질토양이 노출되어 토양침식과 지표유수가 증가한다.

④ 임상의 잔존물을 제거하여 종자 발아에 유리한 환경을 만들어 준다.

16

밑줄 친 '다섯 가지 생태계 속성'에 해당하지 않는 것은?

> 훼손된 생태계를 성공적으로 복원했는가를 판단하는 가장 보편적인 기준은 단순히 원래 생태계에 얼마나 유사하게 접근하였는가 하는 것이다. 그러나 이러한 외양적인 비교는 장기적인 면에서 생태적 부작용과 불균형을 초래하는 경우가 많으므로 진정한 평가가 될 수 없다. 이러한 관점에서 성공적인 생태계 복원의 판단 요소인 다섯 가지 생태계 속성이 전체적으로 보조를 맞출 때 진정한 복원이라고 할 수 있다.

① 지속가능성(sustainability)

② 생태적 생산성(ecological productivity)

③ 생물학적 상호작용(biotic interaction)

④ 생태계 대체(ecosystem replacement)

17　□□□

안정된 천연림이 교란 후 2차 천이를 거쳐 다시 안정상태에 이르렀다고 가정할 때, 교란 발생 직후부터의 순생태계 생산(NEP) 변화 순서를 바르게 나열한 것은?

① NEP<0 → NEP>0 → NEP<0 → NEP=0

② NEP<0 → NEP=0 → NEP<0 → NEP>0

③ NEP>0 → NEP=0 → NEP>0 → NEP<0

④ NEP>0 → NEP<0 → NEP>0 → NEP=0

18　□□□

산림생물 다양성과 관련된 용어에 대한 설명으로 옳지 않은 것은?

① 생태지위(ecological niche)는 어떤 종의 생태계 내에서의 기능적 역할과 지리적 분포 등을 포함한다.

② β 다양성은 넓은 지역을 대상으로 하는 기후대 또는 대륙 수준의 생물 다양성이다.

③ 생태구배(ecocline)는 군집과 환경구배가 복합적으로 작용하여 나타나는 생태계 변화이다.

④ 생태지위 중 현실지위는 경쟁이 있을 때 그 종이 점유하는 기본지위의 일부분이라고 할 수 있다.

19　□□□

(가)~(다)에 들어갈 용어를 바르게 연결한 것은?

> 광합성을 통하여 대기 중의 탄소가 나무에 흡수되는 양이 [(가)]이고, 나무가 살아가기 위하여 탄수화물을 소모하는 과정에서 발생되는 손실이 [(나)]이며, 이 둘의 차이가 [(다)]이다.

	(가)	(나)	(다)
①	총2차생산량	생장량	순1차생산량
②	1차생산량	2차생산량	순생장량
③	순흡수량	호흡량	순생산량
④	총1차생산량	호흡량	순1차생산량

20　□□□

산림 관리와 관련된 생태계 변화의 모식도이다. (가)~(라)에 들어갈 용어를 바르게 연결한 것은?

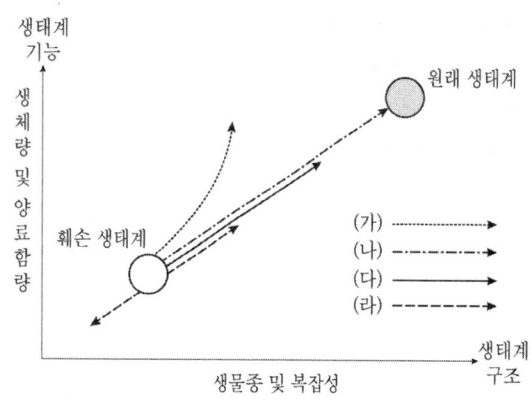

	(가)	(나)	(다)	(라)
①	복구	복원	대체	방치
②	복원	복구	방치	대체
③	대체	복원	복구	방치
④	방치	대체	복구	복원

21

산림생태계에서 종간 상호작용에 대한 설명으로 옳지 않은 것은?

① 두 생물종 간에 상호작용이 일어나면 양쪽 모두에게 이롭지만, 작용이 중단되면 서로 무관한 관계를 가지게 되는 것을 원시협동이라고 한다.

② 균근균은 수목과 상리공생하며 수목의 세근에 균근을 형성한다.

③ 한 식물체가 합성한 화학물질을 주변에 배출하여 자신은 아무런 영향을 받지 않은 채 다른 식물에 해를 끼치는 관계는 편리공생이다.

④ 풀베기, 덩굴치기, 제벌은 조림목과 기타 식생 사이에서 일어나는 경쟁을 완화하는 방법이다.

22

우리나라 온대 중북부 지방의 천연림에 자생하는 교목 수종으로 옳지 않은 것은?

① *Betula schmidtii*

② *Cinnamomum camphora*

③ *Juglans mandshurica*

④ *Ulmus laciniata*

23

다음 (가)와 (나)에 들어갈 용어를 바르게 연결한 것은?

어떤 식물종에 의해 다른 식물종의 생존자체가 저지당하는 __(가)__ 의 대표적인 예는 어떤 수목이 하층식생의 생장을 억제하는 물질을 분비하는 __(나)__ 이다.

	(가)	(나)
①	경쟁배제	맞교환
②	포식	피식
③	기생	생물적 방제
④	편해작용	타감작용

24

산림생태계의 탄소순환에 대한 설명으로 옳지 않은 것은?

① 산림토양은 지구생태계 중 가장 큰 탄소저장고이다.

② 뿌리와 균근의 자가호흡량은 토양호흡량에서 유기물 분해과정의 타가호흡량을 뺀 값이다.

③ 탄소는 동화작용과 이화작용을 거치면서 생물권과 대기 사이를 순환한다.

④ 산림생태계의 생산력은 단위면적당 고정되는 탄소의 무게로 표현하기도 한다.

25 ⬜⬜⬜ 21. 국가직 7급

천이의 진행에 따른 생태계의 속성 변화에 대한 설명으로 옳은 것은?

① 발달 단계에서는 총생산/현존생체량이 성숙 단계의 것보다 낮다.

② 발달 단계에서는 양분순환이 폐쇄적이지만 성숙 단계에서는 개방적이다.

③ 극상 단계에 진입하면 가용 유입에너지에 의해서 유지되는 생체량이 감소한다.

④ 발달 단계에서는 순1차생산이 빠르게 증가하지만 성숙 단계로 진행되면서 점차 감소한다.

26 ⬜⬜⬜ 21. 국가직 7급

다음은 생물종 간의 상호작용을 나타낸 것이다. ㉠~㉢에 들어갈 내용으로 모두 옳은 것은?

상호작용 유형	작동		중단		예
	종 A	종 B	종 A	종 B	
㉠	+	0	−	0	
	0, +	−	0	0	㉡
	+	+	㉢	㉢	균근

※ '+' : 상대 종으로부터 이로움을 받음
　'−' : 상대 종으로부터 해로움을 당함
　'0' : 무관함

	㉠	㉡	㉢
①	편리공생	타감작용	−
②	편리공생	비기생적 착생식물	−
③	편해공생	타감작용	0
④	편해공생	비기생적 착생식물	0

27 ⬜⬜⬜ 21. 국가직 7급

낙엽 분해에 대한 설명으로 옳은 것은?

① 낙엽의 분해상수(k)는 열대림보다 온대낙엽수림이 높다.

② 낙엽의 리그닌 : 질소 비율이 높을수록 분해속도는 빨라진다.

③ 낙엽이 분해되어 무게가 50% 감소하기까지 걸리는 시간은 $3/k$(분해상수)이다.

④ 죽은 유기물이 임상(forest floor)에 체류하는 시간은 죽은 유기물 총량을 매년 유입되는 죽은 유기물의 양으로 나눈 값이다.

28 ⬜⬜⬜ 21. 지방직 7급

Grubb가 설명한 다음의 지위는?

식물 종의 환경 내성과 토양, 햇빛, 공생생물 등 생물적, 물리적 요소가 포함되는 지위

① 생활형 지위　　　② 생물계절학적 지위
③ 서식지 지위　　　④ 갱신 지위

29 ☐☐☐
21. 지방직 7급

우리나라의 산림을 난대림, 온대림, 한대림으로 나누었을 때, 천연으로 분포하는 수종을 옳게 짝지은 것은?

	난대림	온대림	한대림
①	*Camellia japonica*	*Picea koraiensis*	*Abies holophylla*
②	*Quercus salicina*	*Juniperus chinensis*	*Picea jezoensis*
③	*Carpinus laxiflora*	*Cinnamomum camphora*	*Pinus koraiensis*
④	*Castanopsis sieboldii*	*Quercus mongolica*	*Cephalotaxus koreana*

30 ☐☐☐
21. 지방직 7급

다음은 우리나라 온대 중부지방에서 지형에 따른 천연림 교목수종의 분포도이다. 북사면의 계곡형 군집에서 경쟁 우위를 차지하는 수종이 아닌 것은?

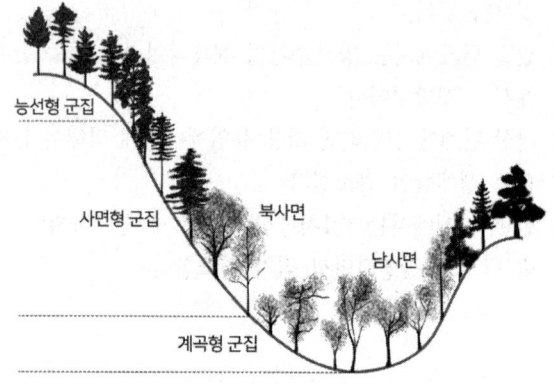

① *Fraxinus mandshurica*
② *Pinus densiflora*
③ *Ulmus laciniata*
④ *Juglans mandshurica*

임목육종

09 임목육종

정답 및 해설 : 203p

01
25. 지방직 9급

교잡육종으로 개발된 수종은?

① 편백
② 현사시나무
③ 백합나무
④ 테다소나무

03
24. 국가직 9급

임목의 교잡육종에 대한 설명으로 옳은 것은?

① 현사시나무는 은백양과 수원사시나무의 교잡종이다.
② 리기테다소나무는 생장이 빠른 리기다소나무와 내한성이 강한 테다소나무의 교잡종이다.
③ 잡종강세의 유도는 교잡육종의 목표가 될 수 없다.
④ 종 간 교잡을 의미하고 품종 간의 교잡은 의미하지 않는다.

02
24. 국가직 9급

채종원의 조성과 관리에 대한 설명으로 옳은 것은?

① 채종원 주위에 다른 수종으로 방풍림을 조성하는 것은 바람직하지 않다.
② 같은 클론을 이웃하여 식재하는 것은 바람직하지 않다.
③ 외부 화분과의 수정을 유도하기 위해 동종 임분과 가까운 거리에 위치해야 한다.
④ 채종원은 무성증식된 개체가 아닌 종자에 의한 실생묘로만 조성해야 한다.

04
24. 국가직 9급

임목의 유전과 육종에 대한 설명으로 옳지 않은 것은?

① 수형목은 임목의 표현형이 아닌 유전형을 바탕으로 선발해야 한다.
② 차대검정은 선발한 양친수의 유전적 특성을 자손의 형질 조사로 검정하는 것이다.
③ 유전획득량은 유전력과 선발차의 곱으로 나타낼 수 있다.
④ 산지시험은 조림 대상 지역의 기후, 풍토 등에 적합한 산지를 선택할 목적으로 실시한다.

24. 국가직 9급

산림유전자원의 보전 방법에 대한 설명으로 옳지 않은 것은?

① 자연보호구 지정은 현지 내 보전(*in situ* conservation)에 해당한다.
② 현지 외 보전(*ex situ* conservation)은 자연 생육지 이외의 장소에서 보전하는 방법이다.
③ 현지 내 보전 방법으로는 대규모의 종 내 다양성을 보전할 수 없다.
④ 유전자은행 운영은 현지 외 보전에 해당한다.

 24. 지방직 9급

우량종자 생산을 목적으로 조성된 채종원에 대한 설명으로 옳은 것은?

① 풍매종자로 조성된 것은 영양계 채종원이라 한다.
② 차대검정을 하지 않은 수형목으로는 조성할 수 없다.
③ 1세대 채종원에서 유전간벌한 후의 것을 1.5세대 채종원이라 한다.
④ 종자결실 촉진을 위해 수형목의 선발 위치보다 높은 고도에 조성한다.

 24. 지방직 9급

임목의 육종 방법에 대한 설명으로 옳지 않은 것은?

① 우리나라에서 개발한 현사시나무는 은백양과 수원사시나무의 교잡육종 사례이다.
② 유럽 원산인 백합나무는 우리나라에 대량으로 식재된 대표적 도입육종 사례이다.
③ 콜히친(colchicine) 처리에 의하여 만들어진 4배체 아까시나무는 돌연변이육종 사례이다.
④ 수형목 선발조건은 육종 목적에 따라 선발지역이나 숲의 종류 및 수종별로 달라질 수 있다.

 23. 국가직 7급

다음 중 잡종강세 획득을 목표로 하는 임목육종 방법은?

① 교잡육종
② 도입육종
③ 배수체육종
④ 돌연변이육종

09

채종림과 채종원에 대한 설명으로 옳은 것은?

① 채종림이란 유전적으로 우량한 종자를 생산하기 위한 자연림 또는 인공적으로 조성한 임분이다.
② 채종원 조성을 위해 선발된 우량한 형질의 수목을 미래목이라 한다.
③ 채종원은 외부 화분과의 수정을 잘 유도하기 위해 동종 임분과 가까운 거리에 위치해야 한다.
④ 채종원에서는 다른 클론 간에 교배기회를 차단할 수 있도록 무작위로 클론을 배치한다.

10

침엽수 인공림에서 수형목 선발기준이 아닌 것은?

① 심한 병해충 피해를 받지 않은 것
② 수관이 넓고 가지가 굵을 것
③ 생장이 왕성할 것
④ 상당량의 종자가 달릴 것

11

수목 형질에 대한 설명으로 옳은 것은?

① 꽃의 색은 연속적이며 질적형질이다.
② 수고는 질적형질로 단일 유전자에 의해 발현된다.
③ 흉고직경은 다수의 유전자에 의해 나타난다.
④ 양적형질은 보통 역J형의 분포를 나타낸다.

12

하디 – 바인베르크(Hardy – Weinberg) 평형집단의 조건이 아닌 것은?

① 소규모 집단
② 돌연변이가 없는 집단
③ 임의교배가 이루어지는 집단
④ 도태가 없는 집단

21. 국가직 9급

수형목과 채종원에 대한 설명으로 옳지 않은 것은?

① 수형목은 먼저 표현형을 보고 선발한 후 차대검정을 거친다.

② 채종원 조성 시에는 수형목 차대의 근친교배가 이루어지지 않게 하여야 한다.

③ 채종원은 통풍이 잘 되어 한해(寒害)가 없는 곳이어야 한다.

④ 수형목은 줄기가 곧고 가지가 굵으며 지하고가 낮아야 한다.

CHAPTER

10

수목학

10 수목학

정답 및 해설 : 209p

01 25. 국가직 9급

수목의 수분생리에 대한 설명으로 옳지 않은 것은?

① 팽압은 세포의 확장, 기공 개폐, 어린 잎의 모양을 유지하는 데 필요하다.
② 수분포텐셜은 물이 이동하는 데 사용할 수 있는 에너지의 양을 뜻한다.
③ 세포의 물은 삼투현상에 의해 용질의 농도가 낮은 곳에서 높은 곳으로 이동한다.
④ 수분포텐셜은 잎이 가장 높고, 줄기가 중간이고, 뿌리가 가장 낮다.

02 25. 지방직 9급

소나무과(*Pinaceae*) 수종이 아닌 것은?

① *Taxus cuspidata*
② *Cedrus deodara*
③ *Abies koreana*
④ *Tsuga sieboldii*

03 24. 국가직 9급

(가)와 (나)에 들어갈 내용을 바르게 연결한 것은?

하나의 꽃에 암술과 수술이 함께 있는 꽃을 ⎡(가)⎤라고 하며, 그 예로 ⎡(나)⎤가 있다.

(가)	(나)
① 단성화	소나무
② 단성화	벚나무
③ 양성화	벚나무
④ 양성화	소나무

04 24. 국가직 9급

우리나라 기후대별 조림수종으로 적합하지 않은 것은?

① 온대 북부 – *Abies holophylla*
② 온대 중부 – *Machilus thunbergii*
③ 온대 남부 – *Pinus densiflora*
④ 난대 – *Chamaecyparis obtusa*

24. 지방직 9급

엽속 내 침엽의 숫자가 가장 많은 종은?

① *Pinus densiflora S. et Z.*
② *Pinus koraiensis S. et Z.*
③ *Pinus rigida Mill.*
④ *Pinus thunbergii Parl.*

23. 국가직 7급

다음 중 잎차례가 기수1회우상복엽이 아닌 수종은?

① 들메나무
② 멀구슬나무
③ 소태나무
④ 합다리나무

23. 국가직 7급

신갈나무와 떡갈나무를 뚜렷하게 구분할 수 있는 형태적 특징만을 모두 고르면?

ㄱ. 각두의 형태
ㄴ. 잎의 치아상 톱니 수
ㄷ. 엽병의 털
ㄹ. 웅화서의 위치

① ㄱ, ㄴ
② ㄱ, ㄷ
③ ㄱ, ㄴ, ㄹ
④ ㄴ, ㄷ, ㄹ

23. 지방직 7급

암꽃과 수꽃이 각각 다른 개체에 달리는 수종은?

① *Quercus acutissima*
② *Alnus japonica*
③ *Juglans mandshurica*
④ *Salix caprea*

09 ☐☐☐

수목의 특성에 대한 설명으로 옳지 않은 것은?

① *Pinus densiflora*, *Betula pendula*는 내음성이 낮은 수종이다.

② *Ligustrum japonicum*, *Mallotus japonicus*는 상록성 수종이다.

③ *Alnus firma*, *Robinia pseudoacacia*는 사방조림에 적합한 수종이다.

④ *Cinnamomum camphora*, *Eurya japonica*는 난대림 기후대에 자생하는 수종이다.

11 ☐☐☐

다음에서 설명하는 참나무속 수종은?

> ○ 생육성상은 상록교목이다.
> ○ 잎의 길이는 7cm 이상이다.
> ○ 열매는 이듬해 가을에 성숙한다.
> ○ 잎 가장자리에 날카로운 톱니가 있다.

① *Quercus phillyreoides*

② *Quercus dentata*

③ *Quercus salicina*

④ *Quercus acutissima*

10 ☐☐☐

다음 특징을 갖는 수종은?

> ○ 잎은 긴 타원상 피침형이며, 잎의 톱니는 침처럼 발달함
> ○ 잎 뒷면에 단모와 별 모양의 털이 발생하여 흰색으로 보임
> ○ 열매 컵의 포린은 길게 발달하고 열매 성숙에 2년 소요

① *Quercus aliena*

② *Quercus mongolica*

③ *Quercus serrata*

④ *Quercus variabilis*

12 ☐☐☐

(가)~(다)와 같은 형태적 특징을 가진 진달래속 수종을 바르게 연결한 것은?

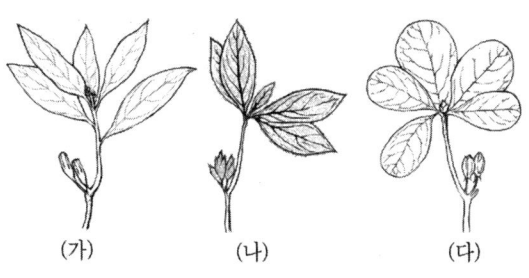

	(가)	(나)	(다)
①	산철쭉	진달래	철쭉
②	산철쭉	철쭉	진달래
③	진달래	철쭉	산철쭉
④	진달래	산철쭉	철쭉

13

다음에서 설명하는 목련과 수종은?

○ 낙엽활엽소교목이다.
○ 잎은 어긋나며 원저이다.
○ 5~6월에 백색의 양성화가 아래를 향해 핀다.
○ 어린 가지는 회갈색을 띠며 누운 털이 있다.

① 함박꽃나무   ② 태산목
③ 목련   ④ 백합나무

14

다음 느릅나무속 중 개화 시기와 열매 성숙 시기가 가장 늦은 수종은?

① 난티나무   ② 참느릅나무
③ 느릅나무   ④ 비술나무

15

우리나라 소나무의 생육 특성으로 옳지 않은 것은?

① 광량이 부족한 지역에서는 생육이 어렵지만 내공해성 수종이므로 가로수로서 적합하다.
② 대부분 갈색 산림토양군의 산도가 높은 사질 토양에 나타난다.
③ 척박하고 건조한 지역부터 비옥한 지역까지 분포 범위가 넓다.
④ 식생천이 과정에서 참나무류를 비롯한 활엽수와의 경쟁에서 뒤지고 있다.

16

산불의 진화방법에 대한 설명으로 옳지 않은 것은?

① 맞불은 간접진화 방법이다.
② 산소를 순간적으로 제거하는 것은 직접진화 방법이다.
③ 산불의 규모가 큰 경우 화두에서부터 신속히 진화를 시작한다.
④ 불이 난 임지의 뒷불정리는 광물질 토양이 노출되도록 한다.

17

22. 국가직 9급

다음에 해당하는 수종은?

○ 상록침엽교목
○ 음수
○ 종의가 종자를 완전히 둘러쌈

① *Taxus cuspidata*

② *Cephalotaxus harringtonia*

③ *Torreya nucifera*

④ *Thuja koraiensis*

18

22. 지방직 9급

무한화서에 해당하지 않는 것은?

① 원추화서   ② 미상화서

③ 단정화서   ④ 총상화서

19

21. 지방직 9급

*Pinus koraiensis*에 대한 설명으로 옳은 것만을 모두 고르면?

ㄱ. 심재는 홍색을 띠며 재질이 연하다.
ㄴ. 잎의 관속이 2개이다.
ㄷ. 종자는 날개가 없고 양면에 얇은 막이 있다.
ㄹ. 솔방울 끝이 두껍고 가시가 있다.
ㅁ. 춘추재의 전환이 점진적이다.

① ㄱ, ㄴ

② ㄱ, ㄷ, ㅁ

③ ㄴ, ㄷ, ㄹ

④ ㄴ, ㄷ, ㄹ, ㅁ

20

21. 지방직 9급

수목의 형질과 육종에 대한 설명으로 옳지 않은 것은?

① 수관이 좁고 줄기가 곧게 자라는 금강송은 소나무의 변종이다.

② 참나무류는 종간잡종을 만들기 쉽다.

③ 근친교배가 되면 생활력이 감퇴되고 결실량이 저하된다.

④ 수형목을 선발할 때 고립목이나 임연목(林緣木)은 제외한다.

21

다음 설명에 해당하는 수종은?

> ○ 낙엽 활엽 교목으로 잎이 기수1회우상복엽이고 소엽은 보통 5~13개이며 가장자리에 털이 많다.
> ○ 질이 좋은 코르크를 생산하며 내피를 건위제로 사용한다.
> ○ 열매는 흑색이며 구형으로 핵과이다.

① *Gleditsia japonica*
② *Phellodendron amurense*
③ *Ailanthus altissima*
④ *Fraxinus mandshurica*

22

다음 그림과 같은 형태적 특징을 갖는 수종은?

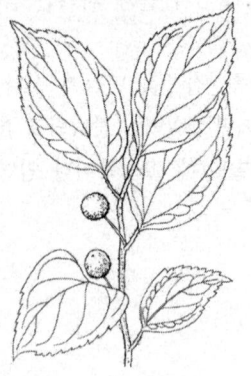

① *Celtis sinensis*
② *Aphananthe aspera*
③ *Ulmus laciniata*
④ *Hemiptelea davidii*

23

다음 내용에 해당하는 참나무속 수종은?

> ○ 코르크층이 두껍게 발달하며 잎의 뒷면에는 성모가 밀생한다.
> ○ 잎의 톱니는 바늘처럼 발달하며 잎자루가 길고 잎 뒷면은 흰색에 가깝다.
> ○ 열매가 성숙하는 데 2년 정도 소요되며 맹아를 통해 숲이 형성되기도 한다.

① *Quercus serrata*
② *Quercus variabilis*
③ *Quercus dentata*
④ *Quercus mongolica*

보호학

11 보호학

정답 및 해설 : 217p

01
25. 국가직 9급

산불이 산림식생에 미치는 영향에 대한 설명으로 옳지 않은 것은?

① 산불 발생 후 소생력은 참나무류보다 소나무가 강한 편이다.
② 줄기의 피해는 주로 형성층 조직이 상처를 입음으로써 발생한다.
③ 지표화로부터 임목의 밑가지에 불이 닿고 바람과 불길이 세어지면 수관화로 이어진다.
④ 수관화는 수목에 큰 피해를 주며, 임분이 전소할 수 있고 비화로 이어질 수 있다.

02
25. 국가직 9급

산림생태계 복원 관련 용어에 대한 설명으로 옳은 것은?

① 대체(replacement) : 현재의 상태를 개선하기 위하여 다른 생태계로 변화시키는 행위
② 향상(enhancement) : 환경 피해를 완화하기 위한 행위
③ 개조(remediation) : 최소 과거 50년 동안 산림이 없는 지역에 산림을 조성하는 것
④ 복원(restoration) : 환경의 피해를 멈추거나 교정하여 생태계를 좋게 만드는 행위

03
25. 지방직 9급

산림 해충과 가해 형태를 옳게 짝지은 것은?

① 솔껍질깍지벌레 – 천공성
② 솔수염하늘소 – 흡즙성
③ 잣나무넓적잎벌 – 식엽성
④ 박쥐나방 – 충영형성

04
24. 국가직 9급

나무가 병에 감염되었을 때 관찰되는 표징이 아닌 것은?

① 가지에 나타나는 마름 증상
② 잎에 형성된 자낭각
③ 가루 모양의 분생포자경
④ 흰색의 균사매트

05

다음에서 설명하는 수목병은?

○ 병원균 : *Raffaelea quercus-mongolicae*
○ 매개충 : 광릉긴나무좀
○ 병징 : 매개충의 침입을 받은 나무줄기 하단부에서 관찰되는 나무 부스러기
○ 방제법 : 고사목은 벌채 후 훈증 처리

① 참나무 시들음병
② 모잘록병
③ 밤나무 줄기마름병
④ 벚나무 빗자루병

06

숲의 인위적 피해에 대한 설명으로 옳은 것은?

① 산불이 발생하면 토양의 투수성이 증가하여 토양 침식이 심해진다.
② 산성비는 pH 5.6 이하의 빗물을 말하며, 토양 미생물의 유기물 분해 활동이 촉진된다.
③ 대기오염에 의한 수목의 불가시적 피해로 생장과 결실의 불량이 초래된다.
④ 지구온난화가 산림생태에 미치는 영향은 특히 열대림에서 가장 심할 것으로 예측된다.

07

우리나라 주요 산림해충에 대한 설명으로 옳지 않은 것은?

① 소나무좀이 대발생할 때는 건전한 나무도 말라 죽게 한다.
② 솔껍질깍지벌레는 곰솔의 가지 인피부 즙액을 흡입한다.
③ 미국흰불나방의 피해는 산림보다 가로수나 정원수에서 심하다.
④ 솔잎혹파리의 유충은 소나무의 목질부에 천공을 형성한다.

08

산림병해충 방제 및 관리 방안에 대한 설명으로 옳지 않은 것은?

① 중간기주를 제거하거나 격리하여 병 발생을 막는다.
② 전염원을 제거하고 전염경로를 차단하여 병 발생을 막는다.
③ 저항력이 강한 내병성 수목 개체나 집단을 선발 육종하여 심는다.
④ 잡초와 잡목이 많고 임분이 과밀화되면 병해에 대한 저항성이 증가한다.

수목이 산불에 견디거나 적응할 수 있는 능력에 대한 설명으로 옳지 않은 것은?

① 벚나무와 아까시나무는 내화력이 강한 수종이다.

② 굴참나무는 코르크층이 두꺼운 수피를 가진 수종으로 불에 강하다.

③ 사시나무, 떡갈나무는 맹아력이 강하여 산불 후 새로운 임분을 만든다.

④ 리기다소나무는 폐쇄성 구과를 가지고 있어 산불로부터 종자를 보호한다.

덩굴제거 작업에 대한 설명으로 옳지 않은 것은?

① 디캄바액제는 칡과 같은 콩과식물에 대해 고살효과가 있다.

② 글라신액제는 토양에 살포하여 덩굴의 뿌리부터 고사시키는 효과가 있다.

③ 풀베기, 어린 나무 가꾸기를 할 때는 물론 덩굴이 조림목의 생육에 지장을 줄 때는 언제든지 실시한다.

④ 주입기를 사용하여 약제를 처리할 때는 덩굴식물의 주두부에 처리하는 것이 효과적이다.

수목병의 발생에 대한 설명으로 옳지 않은 것은?

① 소나무와 아까시나무 혼효림에서 피압된 소나무는 잎떨림병과 피목가지마름병이 발생하기 쉽다.

② 표고 900m 이상의 잣나무림에서 발생하는 잣나무털녹병의 원인은 중간기주인 송이풀의 수직 분포와 밀접한 관련이 있다.

③ 수목 바이러스에 의한 병징은 일반적으로 봄에는 은폐되었다가 고온 건조한 여름철에 확실하게 나타나는 경향이 있다.

④ 오동나무와 대추나무의 빗자루병은 비교적 고온 건조한 해에 많이 발생하고, 일본잎갈나무의 가지끝마름병은 고온 다습한 해에 많이 발생한다.

산불이 산림생태계에 미치는 영향에 대한 설명으로 옳지 않은 것은?

① 산불 후에는 임상의 낙엽층이 제거되어 종자 발아에 유리한 상태가 되기도 한다.

② 산불 후에는 토양미생물에 의한 질소고정이 억제된다.

③ 산불 후에는 맹아를 내는 활엽수종이 소나무보다 소생할 가능성이 높다.

④ 산불 발생 극심지에서는 유기물층이 감소하여 산림토양의 보수력이 낮아진다.

13

우리나라 소나무재선충병에 대한 설명으로 옳은 것만을 모두 고르면?

> ㄱ. 리기다소나무는 소나무재선충병에 저항성 수종으로 알려져 있다.
> ㄴ. 매개충은 수목의 가해유형 중 흡즙성 해충에 속한다.
> ㄷ. 매개충은 수세가 약하거나 최근에 고사한 소나무에 산란한다.
> ㄹ. 소나무재선충의 2기(2령) 유충이 매개충을 통해 소나무에 침입한다.

① ㄱ, ㄴ
② ㄱ, ㄷ
③ ㄴ, ㄹ
④ ㄷ, ㄹ

14

산불에 대한 설명으로 옳지 않은 것은?

① 울폐된 가문비나무, 전나무 숲은 임내 습기가 많고 잎의 가연성이 낮아 산불 위험도가 낮다.
② 산불이 진행하는 전방에 방화선의 구축과 내화수림대 조성은 간접소화법에 속한다.
③ 산불 발생으로 낙엽층·부식층이 타면 지하저수능은 감퇴되나 토양의 이화학적 성질은 개선된다.
④ 폐쇄성 구과를 가지고 있는 방크스소나무는 산불 후 구과가 벌어지면서 종자가 산포되므로 갱신에 유리하다.

15

산림 야생동물 서식지에 대한 설명으로 옳지 않은 것은?

① 은신처(cover)에는 피난처, 둥지, 잠자리 등이 있다.
② 대부분의 동물은 몸의 수분 보충을 위해 지표수를 이용한다.
③ 육식동물이 먹이를 구하는 과정은 탐색, 추격, 포획, 죽임 등으로 구분된다.
④ 야생동물의 세력권은 다른 개체와 서식공간을 공유할 수 있지만, 행동권은 상호 배타적이다.

16

병에 걸린 수목의 병징이 아닌 것은?

① 감염된 조직부에 형성된 혹
② 균류와 바이러스에 감염된 잎의 황화
③ 파이토플라스마에 감염된 잎의 총생
④ 균류에 감염된 뿌리 또는 인접 줄기의 균사조직

17

23. 지방직 9급

수목병이 발생하는 생태적 환경에 대한 설명으로 옳지 않은 것은?

① 침엽수류에서 아밀라리아뿌리썩음병의 발생은 대기오염물질인 SO_2와 관계가 있다.

② 식물체로의 균류 침입은 높은 습도보다 낮은 습도 조건에서 용이하다.

③ 낙엽송 잎떨림병은 임목밀도가 높은 곳에서 발생하기 쉽다.

④ 파이토플라스마에 의한 수목병은 고온 건조한 해에 잘 발생하는 경향이 있다.

18

23. 지방직 9급

산불에 대한 설명으로 옳지 않은 것은?

① 산불의 3요소는 임내가연물, 경사, 산소이다.

② 수관화는 입목 밀도가 높으면 서로 연결된 수관을 따라 불이 번지는 것이다.

③ 지중화는 산소 공급량이 적어서 천천히 타지만 오랜 시간에 걸쳐 화재 면적이 확대된다.

④ 산불 발생 후에는 토양 pH가 증가할 수 있다.

19

23. 지방직 9급

다음에서 설명하는 수목병은?

○ 자낭균류로, 이 병원균의 포자가 발아하기 위해서는 비교적 높은 지중온도가 필요하기 때문에 모닥불 자리나 산불 피해지역에 주로 발생한다.

○ 병원균의 균사가 뿌리를 침해하며, 처음에는 지제부에 가까운 잔뿌리가 흑갈색으로 썩고 점차 굵은 뿌리로 번지면서 나무가 고사하는 증상을 나타낸다.

① 아밀라리아뿌리썩음병

② 파이토프토라뿌리썩음병

③ 자줏빛날개무늬병

④ 리지나뿌리썩음병

20

22. 국가직 7급

산림병해충의 생물학적 방제 및 관리 방안으로 옳은 것은?

① 병해충에 저항성이 높은 수종과 품종을 식재한다.

② 해충의 개체군 조절을 위해 기생자와 포식자를 투입한다.

③ 해충의 산란·번식 장소로 이용되는 벌채 잔여물, 산란목 등을 소각한다.

④ 과밀임분과 생장이 둔화된 임분은 솎아베기를 한다.

21 □□□

흡즙성 해충에 해당하는 것은?

① 솔껍질깍지벌레
② 매미나방
③ 오리나무잎벌레
④ 박쥐나방

23 □□□

천공성 해충으로만 묶인 것은?

① 소나무좀, 박쥐나방
② 솔나방, 매미나방
③ 솔잎혹파리, 솔수염하늘소
④ 솔껍질깍지벌레, 미국선녀벌레

22 □□□

산림병해충에 대한 설명으로 옳지 않은 것은?

① 솔나방은 송충이라고 불리는 유충이 소나무류의 잎을
   식해하는 해충으로 보통 연 1회 발생한다.
② 기생성 천적과 포식성 천적 등을 이용하여 솔나방을
   방제할 수 있다.
③ 소나무재선충병 감염목은 외부증상만으로 일반 고사
   목과 정확히 구별된다.
④ 솔잎혹파리는 국내에서 1929년 최초로 발견되었고,
   연 1회 발생하는 소나무 해충이다.

24 □□□

다음의 특징을 가진 산림해충은?

○ 유충과 성충이 모두 나뭇잎을 식해한다.
○ 월동한 성충은 4월 하순부터 어린 잎을 식해한다.
○ 유충은 엽육만 먹기 때문에 잎이 붉게 변한다.
○ 성충은 체장이 7mm 내외이고 체색은 남색이다.

① 오리나무잎벌레
② 잣나무넓적잎벌
③ 대벌레
④ 매미나방

25 ☐☐☐ 22. 지방직 9급

내화력이 약한 수종으로만 묶은 것은?

① 소나무, 아왜나무
② 벚나무, 삼나무
③ 황벽나무, 고로쇠나무
④ 녹나무, 굴참나무

26 ☐☐☐ 22. 지방직 9급

대기오염물질에 따른 활엽수의 피해 병징으로 옳은 것은?

① 질소산화물 : 잎 뒷면에 광택이 나며 청동색으로 변색
② 아황산가스 : 잎의 끝부분과 엽맥 사이의 조직이 괴사
③ 불소 : 주근깨 같은 반점이 나타나며 책상조직이 붕괴
④ 중금속 : 잎끝이 고사하고, 고사 부위와 건강한 부위의 경계선이 뚜렷함

27 ☐☐☐ 22. 지방직 9급

제초제의 특성에 대한 설명으로 옳은 것은?

① 헥사지논 : 비선택성이고 비호르몬형의 접촉성 제초제이다.
② 시마진 : 냄새가 없는 액체로 경엽에 살포하며 휘발성이 강하고 사람에게 아주 유독하다.
③ 메틸브로마이드 : 토양에서의 효력 기간이 2개월 이상이며, 토양수분에 서서히 용해되면서 흡수된다.
④ 근사미 : 토양에 살포한 즉시 불활성화되기 때문에 약제 처리 후에 발생하는 잡초의 억제 효과는 기대할 수 없다.

28 ☐☐☐ 22. 지방직 9급

우리나라 산림해충 중 가해 형태가 다른 것은?

① 솔나방
② 잣나무넓적잎벌
③ 대벌레
④ 버들바구미

29

산림보호에 대한 설명으로 옳지 않은 것은?

① 자연복원은 복원기간이 비교적 길지만, 생태림 조성에 유리하다.

② 임관이 울폐되면 하층식생의 종 다양성이 증대된다.

③ 산림 병해충 예방을 위해 과밀임분과 생장이 둔화된 임분은 솎아베기를 한다.

④ 방크스소나무와 같은 폐쇄성 구과는 산불이 오히려 종자산포에 도움이 된다.

30

다음은 소나무재선충병에 대한 설명이다. ㉠~㉢에 들어갈 내용을 바르게 연결한 것은?

> 우리나라에서는 1988년 (㉠)에서 최초로 소나무재선충 감염목이 발견되었으며, 그 후 여러 지역으로 확산하여 소나무류에 큰 피해를 주고 있다. 소나무재선충의 매개충은 (㉡)가 있으며, 매개충의 몸속에서 나온 소나무재선충(㉢)이 침입기에 해당한다.

	㉠	㉡	㉢
①	부산	솔수염하늘소	제2기 유충
②	인천	알락하늘소	제2기 유충
③	부산	솔수염하늘소	제4기 유충
④	인천	북방수염하늘소	제4기 유충

31

수목의 생장에 영향을 미치는 대기오염물질에 대한 설명으로 옳지 않은 것은?

① 아황산가스에 노출된 활엽수 잎은 가장자리와 엽맥사이의 조직이 먼저 괴사된다.

② 오존에 의한 일반적인 피해는 잎에 주근깨 같은 반점이 생기는 것이다.

③ 광화학산화물 중 독성이 매우 큰 PAN에 잎이 노출되면 뒷면이 광택화된다.

④ 기체상 오염물질 중 가장 독성이 강한 질소산화물은 체내에 축적되며 식물에 미치는 직접적 영향이 가장 크다.

32

수목의 가지에서 수피와 형성층을 고사시키며 곰팡이가 주요 병원체인 수목병은?

① 궤양병

② 목질부후병

③ 목질청변

④ 녹병

33 □□□ 21. 지방직 9급

수목의 저온 스트레스에 대한 설명으로 옳은 것은?

① 한대수종은 과냉각에 의한 동결현상으로 동해피해를 줄인다.
② 온대지방 수목의 냉해피해는 주로 영양생장의 저해로 나타난다.
③ 만상피해는 주로 눈과 줄기의 끝부분에서 나타난다.
④ 상렬피해는 활엽수보다 침엽수에서 더 자주 나타난다.

34 □□□ 21. 지방직 9급

다음과 같은 형태적 특징을 가진 단풍나무속 수종을 바르게 연결한 것은?

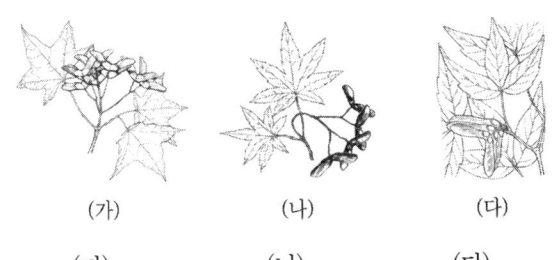

	(가)	(나)	(다)
①	고로쇠나무	단풍나무	복자기
②	청시닥나무	부게꽃나무	산겨릅나무
③	중국단풍	신나무	시닥나무
④	당단풍	은단풍	복장나무

35 □□□ 21. 지방직 7급

산불에 대한 설명으로 옳은 것은?

① 임목 줄기의 피해는 지표에 가까울수록, 바람이 부는 방향에서, 경사면의 아래쪽에서 심해지는 경향이 있다.
② 임분유지효과는 강한 산불로 대부분 식생이 소실된 후 2차 천이에 의해 산림군집으로 다시 복원되는 현상이다.
③ 산불피해지의 토양침식, 수질오염, 산사태 등 2차 피해를 예방하기 위해서는 자연복원 중심으로 복원해야 한다.
④ 산불이 발생한 초기에는 임분의 토양 pH가 증가한다.

36 □□□ 21. 지방직 7급

다음 설명에 해당하는 수목병은?

> ○ 병원균은 *Lophodermium maximum*이다.
> ○ 3~5월에 묵은 잎이 적갈색으로 변하면서 떨어진다.
> ○ 수관 하부에 주로 발생하므로 풀베기, 가지치기로 방제한다.

① 밤나무 흰가루병
② 은행나무 잎마름병
③ 향나무 녹병
④ 잣나무 잎떨림병

정답
및
해설

산림일반

01 산림일반

본문 : 5p

1 상중**하** | ②

• 대규모로 조성된 경제림은 관리방법이 단순하고 간편한 순림으로 조성된다.
• 혼효림은 보호관리에 많은 경비가 소요되어 경제성이 낮기 때문이다

2 상중**하** | ③

③ 침엽수와 활엽수가 혼합되어 있는 숲은 혼효림이다. 중림은 교림과 왜림이 한 장소에서 동시에 자라는 숲이다.

3 상**중**하 | ④

과거 집중적인 조림이 이루어진 시기(1970년대 전후) 이후의 나무들로 Ⅳ영급(41~50년생)과 Ⅲ영급(31~40년생)이 가장 많이 분포한다. 그 중 Ⅳ영급의 면적이 가장 넓다.

오답풀이

① 산림면적은 개발과 타용도사용으로 꾸준히 감소하고 있다.
  → 오답
② 활엽수림의 면적 증가, 침엽수림은 감소 추세임
  → 소나무-참나무 혼효림의 증가 등 자연천이의 과정과 활엽수 조림의 증가 → 오답
③ 소나무림은 인공조림지 면적보다 천연림이 훨씬 넓다.
  → 전국 산림 630만 ha 중 소나무 숲 면적은 158만 ha이며, 이 중 인공림은 약 7% 정도, 천연림은 93% 정도 된다. 2015년에는 소나무의 조림비중이 24% 정도였으나, 점차 활엽수의 조림비중이 증가하고 있음

4 상**중**하 | ②

• 고도가 높은 곳에 활엽수림, 그 아래에 소나무와 활엽수 혼효림, 그리고 소나무 단순림이 나타난다.

• 건조한 능선부에 소나무가 자라지만, 고도가 높은 곳은 신갈나무-졸참나무 군락이 우점한다.

오답풀이

① 소나무의 우점현상은 건조하기 쉬운 산 능선 부위, 암반노출이 심한 지역, 남동~남서 사면에서 더욱 뚜렷하게 나타난다.
③ 천연활엽수림은 남쪽 사면보다 북쪽 사면의 구성 수종이 다양하다.
④ 천연활엽수림은 신갈나무가 가장 많다. 그 다음은 졸참나무다.

보충

• 소나무림이 많이 분포하는 지역은 화강암과 화강편마암을 모암으로 하여 생성된 모래질이 많은 갈색 산림토양이다.
• 소나무 - 활엽수 혼효림은 대체로 급경사지에 많이 발달하며 활엽수림으로 천이되는 과도기의 산림형으로 판단된다.

5 상**중**하 | ①

냉한대 침엽수림대의 대표적인 토양은 포드졸 로, 유기물 분해 속도가 열대림보다 느리고 , 토양 pH는 강한 산성 을 띤다.
포드졸토양은 4.0에서 5.5 사이의 pH 값을 보이고 형성과정에서 비료나 유기물의 분해로 인한 산성 물질이 축적되기 때문이다.

보충

• 난대 및 열대림의 대표적인 토양은 라테라이트 로, 유기물 분해 속도가 한대림보다 빠르고 , 토양 pH는 약한 산성 을 띤다.
• 라테라이트 토양의 pH는 일반적으로 4.5에서 6.5 사이로 약산성에서 중성에 해당한다.
• 라테라이트 토양은 고온 다습한 기후에서 유기물이 빠르게 분해되면서 발생하는 산성 물질이 강수에 의해 용탈되면서 pH가 다소 높아진다.

※ 온량지수와 수림대의 관계

지수	기후 및 수림대	토양	
온량지수 55 이하	아한대 침엽수림	회백색 포드졸	성대토양
온량지수 55 이상 한랭지수 −10 이하	온대 낙엽광엽수림	회갈색 포드졸	성대토양
		갈색 산림토양	성대토양
한랭지수 −10 이상	난대 상록광엽수림	적색 라테라이트	성대토양
무관	기후대별로 다름	화산회토	간대토양

---

6 상**중**하 | ④

④ 좋은 형질의 유전자를 가진 개체로부터 종자가 공급되는 것은 인공조림의 장점이다.

---

7 **상**중하 | ①

① *Quercus myrsinaefolia* 난대(가시나무)
Carpinus laxiflora 온대(서어나무)
Picea jezoensis 한대(가문비나무)

오답풀이

② *Camellia japonica*	*Ilex rotunda*	*Cephalotaxus korean*
난대(동백나무)	난대(먼나무)	온대(개비자나무) : 한반도 특산종
③ *Betula costata*	*Quercus mongolica*	*Euonymus japonica*
온대 사스레나무	온대 신갈나무	온대 사철나무
④ *Picea koraiensis*	*Larix kaempferi*	*Abies koreana*
한대 종비나무	온대 낙엽송	한대 구상나무

---

8 **상**중하 | ①

툰드라지대의 식물생장기간은 주로 여름기간동안에 이루어지며 대체로 50~60일 정도가 여름이다.

• 툰드라의 연강우량은 150~250mm이며, 주로 겨울에 눈의 형태로 내리고, 여름에는 거의 오지 않는다.
• 연강우량은 사막보다 적거나 비슷하지만 증발량이 훨씬 적으며, 거의 얼음의 형태를 유지한다.

---

9 상**중하** | ③

• 전나무는 아한대와 고산지대가 적합한 수종이며, 후박나무는 목재생산보다는 약용으로 심는다.
• 전나무와 후박나무는 해당 지역의 조림 권장 수종이 아니다.
③ 전남, 전북, 경남 편백, 백합나무, 소나무, 참나무류

---

10 상**중하** | ③

소나무−활엽수 혼효림은 신갈나무, 졸참나무 등 참나무류의 군락으로 바뀌었다가 서어나무 등 음수의 군락으로 바뀌게 된다.

오답풀이

① 화강암과 화강편마암을 모암으로 하여 생성된 갈색산림토양에는 소나무가 우점한다.
② 극상림은 서어나무, 전나무 등 음수로 구성되며, 소나무림은 아극상림으로 구분할 수 있다.
④ 종 다양성은 계곡 부위가 산복 부위보다 높다.

---

11 상**중하** | ①

• (가)부분은 지하고이며, 역지(枝) 아래(下)의 높이(高)라는 뜻이다.
• (나)부분은 수간이며, 나무(樹)의 줄기(幹)라는 뜻이다.
• (다)부분은 수관으로 나무(樹)가 쓰고 있는 관(冠)이라는 뜻이다. 영어로는 crown(왕관)이라고 한다.

TIP

수관과 수간은 발음과 글자가 비슷해서 헷갈리기 쉬우므로 꼼꼼히 읽어야 한다.

---

12 상**중하** | ②

② 혼효림은 주 수종이 임목수, 재적 등에서 75% 이상을 점유하여 이루어진 숲이다.

---

④ 혼효림을 구성하는 활엽수는 주로 신갈나무와 졸참나무고, 이들 나무는 천이 중기에 나타나는 중용수다. 천이 후기에 나타나는 극음수의 비율은 낮다.

② *Quercus mongolica*(신갈나무)는 아주 추운 몽골(mongo-lica)지방에서도 자란다. 위도가 높은 지역에서 자라는 나무는 고도가 높은 지역에서도 자란다.

오답풀이

① *Quercus variabilis* 굴참나무
③ *Quercus serrata* 졸참나무
④ *Quercus acutissima* 상수리나무

MEMO

임목종자

1 상**중**하 | ④

소나무, 편백, 삼나무 종자는 종피가 유지로 싸여있어 건조한 상태로 보관하는 냉건저장이 적합하다.

오답풀이

① 밤나무, 칠엽수 등 전분질 종자로 건사저장법으로 발아력을 유지해야 한다.
② 종자저장에는 광선이 필요 없으므로 최대한 암조건을 유지해야 한다.
  → 종자의 발아에 빛이 필요하지만, 그 파장이 중요하다. 적외선은 발아촉진, 근적외선은 발아억제 효과가 있다.
③ 백합나무, 단풍나무, 느티나무, 백송은 가을에 종자 정선이 끝나면 바로 노천매장하여 종자가 후숙이 되도록 한다.

보충

• 종자 정선 후 바로 노천매장
  → 은행, 주목, 잣, 백송, 향, 목련, 호두, 백합, 들메, 단풍, 벚, 대추, 섬잣, 백송, 느티, 주목, 대추나무
    → 생명력유지와 후숙에 일정량의 수분이 필요한 씨앗
• 11월 하순~얼음이 얼기 전 노천매장
  → 층층, 피, 옻, 물푸레, 팽, 벽오동, 신나무
  → 겨울에 종자보관 목적

2 상**중**하 | ②

[종자 저장 방법별 수분 함량]
• 냉건저장법(밀봉저장법) : 5~7%
• 보호저장법(건사저장법) : 30% 이상 유지
• 냉습적법 : 20~25%, 발아촉진 및 후숙에 중점을 둔 저장법

3 상**중**하 | ①

① 종자구과 원기는 화분구과의 원기보다 늦게 형성된다. 수분이 이루어질 무렵 난모세포는 비로소 감수분열을 한다(Owens & Blake, 1985).

보충

겉씨식물은 화분모세포가 감수분열하여 4개의 꽃가루를 먼저 만들고, 수분이 일어날 무렵에 난모세포가 감수분열하여, 연속적으로 핵분열하여, 1개의 배주 안에 최고 100개까지 장란기가 형성되고, 장란기마다 난자가 생기는 다배현상(polyembryony)이 발생한다.
※ 겉씨식물의 수정 과정
주심조직을 뚫고 내려가는 발아한 화분립의 생식세포(generative cell)는 경형세포(stalk cell)와 체형세포(body cell)로 분열하여 소나무의 경우 이 상태로 월동한다. 체형세포는 후에 수정 직전에 두 개의 정핵을 만든다. 이 중에서 큰 정핵(n)이 장란기 안에 있는 난자(n)와 결합하여 2n의 배를 형성한다. 이것이 배우자합체이다. 이때 자성배우체는 수정되지 않기 때문에 난자만이 수정되는 단일 수정(single fertilization)을 하게 되며, 자성 배우체는 ln으로서 독자적으로 자라 양분저장조직(피자식물의 배유에 해당함) 역할을 한다.

4 상**중**하 | ①

• 느티나무 등 대부분의 활엽수는 종자정선 후 바로 노천매장한다.
• 주목의 경우 후숙을 목적으로, 잣나무는 종자의 활력도 유지를 목적으로 정선 후 바로 노천매장한다.

오답풀이

② 자귀나무, 아까시나무, 족제비싸리는 실온 저장이 가능한 수종이다.
  → 콩과식물은 혁질의 종피가 있어서 건조 후 실온 저장이 가능하다.
③ 소나무, 일본잎갈나무와 같은 침엽수의 소립종자는 냉건 상태로 저장한다.
  → 유지로 싸인 종자는 건조하여 저온(3~5도) 저장한다.

5 상중하 | ②

참나무류, 가시나무류의 도토리와 가래나무와 호두나무의 열매는 전분질을 많이 함유한 종자로 건조상태에서 보관하면 종자가 활력을 잃는다. 건사저장법으로 종자의 수분을 유지할 수 있도록 해야 한다.

오답풀이

① 소나무, 해송, 리기다소나무, 낙엽송의 종자는 유지로 쌓여 있기 때문에 건조하여 실온에 저장한다. 파종 1개월 전에는 노천매장으로 휴면타파를 한 후 파종한다.
③ 밤, 도토리와 같은 함수량이 많은 전분종자는 종자가 활력을 잃지 않도록 겨울 동안 보호저장한다. – 종자는 동결저장하지 않는다.
④ 층층나무, 피나무, 신나무, 물푸레나무, 삼나무는 11월 하순이나 얼음이 얼기 전에 노천매장 한다.

보충

※ 종자의 보관방법
• 건조저장
  종자를 건조하여 저온 또는 상온에 보관하는 저장법
  → 상온저장
    ㉮ 혁질의 종피를 가진 콩과식물의 종자
  → 저온저장 : 5℃ 이하, 장기저장 황화칼륨
    ㉮ 유지(기름성분)로 싸여 건조해도 활력을 유지할 수 있다.
    ㉯ 소나무, 해송, 리기다, 삼나무, 편백, 낙엽송 등 침엽수의 소립종자
• 보습저장
  종자가 마르지 않게 하여 종자의 활력을 유지하는 저장법
  → 보호저장 = 건사저장, 온도 영상유지
    함수량 많은 전분질 종자
    → 칠엽수, 호두, 밤, 참, 은단풍, 밀감류
  → 냉습저장(cold moist storage)
    ㉮ 노천매장
      양지 바르고, 배수 잘되는 곳에 빗물과 지하수가 잘 빠질 수 있도록 배수하고, 과습방지와 호흡을 위해 공기가 통할 수 있도록 종자를 모래와 섞거나, 모래 층 사이에 보관한다.
    ㉯ 냉습적법
      종자를 수분을 함유할 수 있는 재료에 싸서 3~5℃ 정도의 저온상태에서 보관한다.

TIP

종자보관과 관련된 문제는 반드시 출제되는 문제이므로 꼭 암기한다. 출제방향은 종자의 일반적인 저장방법이나, 노천매장 하는 수종이다. 단순암기보다는 전체 내용을 각각의 문장으로 만들어 출제한다.

6 상중하 | ②

난핵(자성배우체)은 웅성배우체와 결합하여 개체가 될 배를 만든다.

보충

배는 개체가 되고, 배젖은 배의 성장에 필요한 양분을 공급하여 계란의 흰자에 있는 것과 같은 것이고, 배젖은 계란의 노른자와 같은 역할을 한다.

7 상중하 | ①

생장촉진 호르몬은 휴면의 원인에 해당하지 않는다. 아브시스산과 에틸렌 같은 생장억제 호르몬이 휴면의 원인에 해당한다.

보충

식물생장 촉진호르몬은 옥신, 지베렐린, 사이토키닌이다.

8 상중하 | ②

ㄱ. 노천매장 – 은행나무, 잣나무, 들메나무
  모두 후숙이 필요한 수종으로 종자 정선 후 곧바로 노천매장 한다. [맞는 지문]
ㄴ. 건조저장 – 일본잎갈나무, 상수리나무, 칠엽수
  상수리와 칠엽수는 전분질 종자로 건사저장 (보호저장)해야 한다. [틀린 지문]
ㄷ. 조파(줄뿌림) – 물푸레나무, 느티나무, 옻나무
  모두 소립종으로 조파에 적합한 수종이다. [맞는 지문]
ㄹ. 직파조림(파종조림) – 전나무, 분비나무, 단풍나무
  직파조림이 어려운 수종들이다. [틀린 지문]

보충

난이도	침엽수	활엽수
잘되는 것	해송, 소나무	벚나무, 밤나무, 참나무류, 가래나무, 옻나무, 서나무, 물푸레나무
중간정도 (실행상 주의)	잣나무	박달나무, 물박달나무, 느티나무, 고로쇠, 들메나무
어려운 것 (성과부진)	낙엽송, 분비나무, 전나무, 가문비나무, 이깔나무	단풍나무

9 상중하 | ④

종피가 두껍거나 폐쇄성인 종자는 두꺼운 종피와 종피의 기계적 강도로 인해 휴면에 들어가게 되므로 종자의 수명이 긴 편이다. 잣, 산수유, 대추, 피, 가래, 호두, 때죽, 자귀나무가 두꺼운 종피로 휴면을 하게 되는 수종이다.

📋 보충

※ 종자발아휴면의 원인
- 종피불투수성
  → 종피 또는 과피가 단단하여 흡수가 잘 안 되어 발아가 지연(잣, 산수유, 대추, 피, 가래, 때죽, 자귀)
- 종피의 기계적 작용
  → 껍질이 물리적 강도를 가져서 배의 자람을 기계적으로 압박 (잣, 산사, 호두, 가래, 주목, 올리브, 복숭아)
- 가스교환의 억제
  → 내배유, 내종피, 주심조직 등이 가스의 이동을 억제해서, 배가 산소공급을 받을 수 없어서 휴면(호흡결과 나온 CO_2)
- 생장억제물의 존재
  → ABA(아브시스산)
- 미발달배
  → 후숙 : 모수에서 떨어진 뒤 배가 발육해서 성숙(들메, 은행, 향, 주목)
- 이중휴면성
  → 한 종자가 휴면의 원인을 두 가지 이상 가지고 있을 때

🔖 TIP

미 발달 배로 인해 후숙에 들어가야 하는 수종은 종자 정선 후 바로 노천매장해야 하는 수종들이다.
시험에 자주 나오므로 들메(물푸레), 은행, 주목, 향나무는 반드시 기억하자.
→ 미숙이 배(미숙배)에서 나는 향(향나무)기는 은행에
  _{미숙배}   _{향나무}   _{은행}
  들(메)어가서 주목을 받았다.
  _{들메, 물푸레 주목}

---

10 상중하 | ②

② 효율은 종자의 발아율과 순량률의 곱을 백분율로 나타낸 것이다.
  → 효율(%) = 순량률 × 발아율

📋 보충

※ 종자 감정 항목별 작업시료량 및 반복횟수

항목별 구분	용적중 (g)	순량률 (g)	실중 (립)	수분 (g)	발아율 (립)
대립 종자	300× 4반복 =1200g	300× 4반복 =1200g	100× 4반복 =400립	5× 4반복 =20g	30× 4반복 =120립
중립 종자	100× 4반복 =400g	100× 4반복 =400g	500× 4반복 =2000립	5× 4반복 =20g	50× 4반복 =200립
소립 종자	50× 4반복 =200g	50× 4반복 =200g	1000× 4반복 =4000립	5× 4반복 =20g	100× 4반복 =400립

🔖 TIP

대립종자는 잣보다 큰 종자, 중립종자는 잣종자, 소립종자는 잣보다 작은 종자로 한다. [산림용 종자검정 및 검사요령]

---

11 상중하 | ①

① 배유가 형성되지 않고 자성배우체가 그 기능을 대신한다.

📋 보충

※ 소나무의 종자형성

[수꽃가루의 형성]
겉씨식물의 꽃은 어린 꽃밥(anther)안에 **화분모세포**가 만들어지고, 이것이 감수분열하여 4개의 꽃가루(**화분4분자**)를 만든다.

[암꽃의 밑씨(배주) 형성]
수분이 이루어질 무렵 난모세포는 비로소 감수분열을 한다. (Owens & Blake, 1985) 감수분열을 통해 4개의 난모세포를 만들고, 그 중에서 하나가 살아남아서 연속적으로 핵분열을 한다. 핵분열을 통해 한 세포 내에 수백 개의 핵이 있는 상태가 된다. 이 중 몇 개의 세포가 분열하여 여러 개의 **장란기(archegonium)**를 형성한다. 한 개의 배주 안에 1개 이상, 최고 100개까지 장란기가 형성되며, 각 장란기마다 난자가 생기기 때문에 다배현상(polyembryony)의 근원이 된다.

[개화 및 화분 비산, 수분]
암꽃이 화분에 감수성을 보이는 기간에는 노출된 배주의 입구에 있는 주공(micropyle)에서 수분액(pollination drop)을 분비하여 화분이 부착되기 쉽게 한다. 주공 안으로 들어간 화분립은 발아하여 화분관을 형성하면서 주심 조직을 뚫고 밑으로 내려간다.

[수정 과정]
주심조직을 뚫고 내려가는 발아한 화분립의 생식세포(generative cell)는 경형세포(stalk cell)와 체형세포(body cell)로 분열하여

소나무의 경우 이 상태로 월동한다. 체형세포는 후에 수정 직전에 두 개의 정핵을 만든다. 이 중에서 큰 정핵(n)이 장란기 안에 있는 난자(n)와 결합하여 2n의 배를 형성한다. 이것이 배우자합체다. 이때 자성배우체는 수정되지 않기 때문에 난자만이 수정되는 단일 수정(single fertilization)을 하게 되며, 자성배우체는 1n으로서 독자적으로 자라서 양분저장조직(피자식물의 배유에 해당함) 역할을 한다.

[배 발달 과정]

나자식물의 배 발달과정은 세 단계로 나눌 수 있다(Singh, 1978). 전배(proembryo) 단계는 배가 핵분열을 시작하여 세포벽을 형성하지 않고, 다핵 상태(free nuclear phase)로 되는 단계이다. 소나무과에서는 4핵 상태까지 되며(Owens와 Blake, 1985), 핵이 난대 (chalaza) 쪽으로 이동하면서 2층, 3층, 4층으로 세포분열이 일어난다. 둘째 단계인 초기 배(early embryo)는 한 층의 세포가 길게 자라면서 배병으로 되고, 끝에 있는 배세포층(embryonal celltier)이 분열하여 4개의 배로 발달하는 과정이다. 이 과정은 다배현상을 초래한다. 셋째 단계인 후기 배(late embryo)는 배가 더 발달하여 줄기뿌리의 축을 형성하면서 자엽을 만드는 단계이다.

---

12 상중하 | ③

눈의 휴면과 종자의 휴면은 구분되어야 한다.

📝 보충

정아우세성 눈의 휴면을 이해하고 있는지 묻는 문제다. 휴면은 수목이 생육에 적합하지 않은 환경을 극복하기 위한 수단이다. 휴면에 들어가면 최소한의 대사작용만 유지하며 생명을 유지한다.

※ 낙엽수 눈의 생리적 휴면 단계

구분	외재휴면	내재휴면	환경휴면
원인	눈 이외의 기관	휴면할 눈 자체	불리한 환경요인 (주로 봄철저온)
시기	낙엽 전까지	낙엽 후~내재휴면 완료	내재휴면 완료~발아기
주요 타파방법	장일, 고온처리 잎 따기	저온요구도 충족, 생장조절물질 처리	보온, 가온처리

수목의 눈 휴면 (Lang, 1987)	성분변화	개념 및 휴면타파 방법
외재휴면 (타발휴면, 상대휴면, 강제휴면, 가휴면)	• 옥신과 수분이 줄어 성장 정지 • 가지의 눈은 아브시스산 증가 • 탄수화물은 휴면기에 증가	• 다른 눈이 주변 눈의 생장을 억제하는 경우 • 정아우세 현상으로 정아 아래의 눈이 자라지 못함

내재휴면 (1차휴면, 자발휴면, 절대휴면)	• 옥신함량은 늘어남 • 수분은 가장 적은 상태를 유지 • 아브시스산이 서서히 감소 • 탄수화물 함량이 가장 높음	• 식물체의 내적인 요인에 의해 일어남 • 눈의 휴면을 유도하는 요인은 일장임 • 휴면타파의 요인은 저온의 축적
환경휴면 (타발휴면)	• 옥신과 수분함량이 대폭 증가 • 아브시스산이 대폭 감소하여 성장 준비 • 탄수화물을 소비하여 성장 준비(함량 감소)	• 눈 자체에는 문제가 없음 • 부적당한 환경요인으로 발아를 못함 • 온도, 습도 등
정상생장	• 성장호르몬인 옥신과 수분은 증가 • 스트레스호르몬인 아브시스산은 감소 • 탄수화물은 휴면기에 비해 감소	

---

13 상중하 | ②

• 회양목, 버드나무, 사시나무처럼 종자의 수명이 짧은 것은 채파한다.
• 느릅나무의 경우에도 채파를 하는 것이 좋다.
  ① 다릅나무(노천매장), 호두나무(건사저장, 보호저장)
  ② 느릅나무(채파), 회양목(채파)
  ③ 사시나무(채파), 황벽나무(노천매장)
  ④ 난티나무(채파), 이팝나무(노천매장, 이중휴면성)

📝 보충

• 가을에 딴 종자를 그 해 가을에 파종하는 것을 채파 혹은 추파라고 한다.
• 관리가 잘된 추파는 대체로 춘파보다 발아력과 묘목의 발육이 더 좋다.
• 전나무나 삼나무 종자는 발아촉진을 위해 채종 직후인 가을에 노천매장한다.

※ 느릅나무와 난티나무의 번식방법

• 파종
  → 6월에 종자 채취 후 저장하지 않고 바로 뿌리면 그 해에 50cm 이상 자란다.
  → 봄에 파종할 때는 종자의 함수량이 2~3%될 때까지 잘 건조시켜 1~5℃의 저온에 보관한다.
  → 종자는 실온상태에 두면 발아력을 잃게 되므로 밀봉저장을 하여 냉암소에 둔다.
• 무성생식
  → 삽목은 봄에 반숙지를 따서 온실에서 발근시킨다.
  → 접목은 2년생의 실생묘를 대목으로 하여 설접(舌接)을 한다.

14 상중하 | ②

낙엽송과 자작나무는 씨앗에 날개가 있어 바람에 의한 산포가 가능하다.

오답풀이

① 개암나무, 물푸레나무는 바람으로 산포한다.
③ 소나무 종자는 날개가 있어 바람으로 산포한다.
④ 칠엽수는 대립종으로 동물에 의해 산포한다.

15 상중하 | ②

[종자정선법]

• 풍선법 – 키, 선풍기 등의 바람으로 협잡물을 가려낸다. 소나무, 낙엽송
• 입선법 – 굵은 종자는 눈으로 보고 1알씩 가려낸다. 수선법, 사선법 등이 있다.

오답풀이

① 옻나무와 같은 열매를 정미기에 넣어 외피를 깎아 탈종시키는 방법을 도정법이라 한다. 유궤법은 과육을 주물러 물에 씻어 탈각하는 방법이다(주목, 은행나무 등).
③ 전나무, 느티나무 → 42일(6주), 느릅나무 → 14일(2주), 편백 → 21일(3주)이 발아시험에 소요된다.
④ 종자저장에는 광선이 필요없다. 광선은 발아의 조건이므로 대부분의 종자는 어두운 곳에 저장한다.

16 상중하 | ③

암모늄태 질소는 식물 생장에 빠르게 이용되기 때문에 결실량 증가에 더 효과적이다. 질산태 질소와 암모늄태 질소는 모두 영양생장을 촉진하며, C/N률을 낮추므로 개화와 결실을 늦춘다. **보통 결실 촉진을 위해서는 인산(P)과 칼륨(K) 시비가 권장되며,** 질소는 과다 시비를 피하는 것이 원칙이다.

보충

질산태 질소는 식물의 생장 초기에는 뿌리 발달을 돕고, 이후에는 전반적인 생육을 촉진하여 잎의 광합성 능력을 증대시킨다.

17 상중하 | ①

• 화아원기에서 암꽃과 수꽃의 배우체가 형성된 후 꽃이 핀다. (화아원기형성 → 배우자형성 → 개화)
• 개화한 후 수꽃가루가 암술머리에 닿는 (수분)이 일어나고,
• 수꽃가루가 분화하여 생식세포가 분화하여 만든 정핵이 난자와 결합하는 과정이 (수정)이다.
• 수정한 이후에는 종자가 만들어지는 것이 (결실)이다.

18 상중하 | ③

[종자의 발아과정]

1. 물의 흡수 → 2. 식물호르몬(GA)의 활성(ㄹ.) → 호분층 이동 → 3. 효소(α –아밀라아제 합성) 생산(ㄱ.) → 배유로 이동 → 4. 저장물질(전분을 당으로)의 분해(ㅁ.) → 배의 생장점에 에너지 공급 → 5. 세포(배의 생장개시)분열(ㄴ.) → 껍질 열림 → 6. 기관(어린 싹, 어린 뿌리의 출현)의 분화(ㄷ.)

19 상중하 | ④

④ 버드나무, 사시나무, 오리나무가 매년 결실하는 수종이다.

오답풀이

① 상수리나무, 들메나무, 느티나무 → 2~3년 결실
② 소나무, 자작나무, 오동나무 → 격년 결실
③ 잣나무(격년 결실), 아까시나무(격년 결실), 전나무(3~5년 결실)

보충

※ 종자의 결실 주기
• 해마다 결실하는 것
  버드나무류, 포플러류, 오리나무류, 사시나무류 등(씨앗이 작은 수종)
• 격년으로 결실하는 것
  소나무류, 아까시나무, 오동나무류, 자작나무류 등 매년 결실하지만 풍흉분명
• 2~3년에 한 번씩 결실하는 것
  참나무류, 느티나무, 삼나무, 편백 등
• 3~4년에 한 번씩 결실하는 것
  가문비나무
• 3~5년에 한 번씩 결실하는 것
  전나무
• 5~7년에 한 번씩 결실하는 것
  너도밤나무, 낙엽송 등(토심이 깊은 숲이나 임내부에 사는 수종)

MEMO

묘목생산 및 식재

1 상중하 | ③

③ 잣나무와 목련은 가을에 파종하면 발아가 촉진된다.

잣나무(*Pinus koraiensis*)와 목련(*Magnolia spp.*) 종자는 배(*embryo*)의 미숙 등으로 인해 휴면(*dormancy*)을 하는 종자에 해당한다. 미숙배는 가을에 파종하면 겨울 동안 땅속에서 자연적으로 저온 습윤 조건에서 종자가 후숙돼, 휴면이 타파되어 이듬해 봄에 발아된다.

[오답풀이]

① 소나무는 빛이 있을 때보다 없을 때 발아가 촉진된다.

빛의 유무보다는 빛의 파장에 따라 발아 여부가 결정된다. 적외선에서는 피토크롬적외(Pfr)가 되어 발아촉진, 근적외선에서는 피토크롬적(Pr)이 되어 발아억제 효과가 있다. 소나무(*Pinus densiflora*) 종자는 빛의 유무에 크게 영향을 받지 않거나, 오히려 빛이 있을 때 발아가 잘 되는 경우가 많다. 소나무와 같은 양수(陽樹) 수종은 발아에 있어 빛을 선호하는 경향이 있다.

② 아브시스산은 지베렐린 생산을 촉진하여 발아율을 높인다.

아브시스산(Abscisic acid, ABA)은 식물 호르몬 중 하나로, 주로 종자의 휴면을 유도하고 발아를 억제하는 역할을 한다. 지베렐린(Gibberellin, GA)은 종자 휴면을 타파하고 발아를 촉진하는 역할을 한다.

두 가지 호르몬이 상대적 양에 따라 길항적으로 작용하긴 하지만 아브시스산이 지베렐린 생산을 촉진하지는 않는다.

④ 박달나무는 상수리나무보다 발아율과 효율이 높다.

박달나무(*Betula schmidtii*) 종자는 매우 작고, 발아율이 낮다. 상수리나무(*Quercus acutissima*)와 같은 참나무의 도토리는 크고 무거워, 발아에 필요한 양분이 많아 발아율이 대체로 높다.

[보충]

※ 종자발아와 빛의 파장
- 종자는 근적외선(730nm)을 받으면 피토크롬적외(Pfr)가 피토크롬적(Pr)으로 변하면서 발아억제 현상이 나타난다.
- 종자가 적외선(660nm)을 받으면 Pr이 Pfr으로 되면서 발아가 촉진된다.[적발 억근]

- 종자발아에 영향을 미치는 공기로는 산소, 이산화탄소, 에틸렌 등을 들 수 있다.

2 상중하 | ①

ㄱ. 삭과는(견과가 아니다.) 2개 또는 여러 개의 심피가 유합하여 1실 또는 여러 실로 된 자방을 만들고 각 심피에 종자가 붙어 있다.

ㄴ. 견과는(삭과가 아니다.) 과피가 목질 또는 혁질로 되어 있으며, 그 안에 1개의 종자가 들어 있으나 과피와 종자가 밀착하지 않는다.

ㄹ. 핵과는(장과가 아니다.) 과피가 3개의 층으로 뚜렷이 나누어진다. 살구, 호두, 복숭아, 벚나무가 이에 해당한다.

장과는 포도와 감처럼 중과피와 내과피가 육질(flesh)이고 단단한 종자를 가진다.

TIP

flesh : (동물의) 고기, (사람의) 피부, (과일의) 과육, (채소의) 엽육

3 상중하 | ①

오리나무는 평상에 속한다. 지문의 설명은 고상으로 소나무류형 고상에 속한다. 참나무형은 쇄토 후 다지지 않는다.

[상만들기 요령]

파종상 명칭		상만들기 요령	대상수종
고상	소나무형 고상 – 소나무상	표토를 망목 1cm 이하의 체로 쳐서 나무판으로 다지는 10cm 높이의 상을 만든다.	소나무류, 낙엽송, 삼나무, 가문비나무, 전나무, 편백(침엽수류)
	참나무형 고상 – 상수리나무상	흙체로 치지 않고, 레이크 등으로 쇄토하여 10cm 높이로 평탄하게 만든다.	참나무류, 밤나무, 칠엽수, 은행나무 (전분종자)

평상	오리나무형 평상 – 오리나무상	상의 높이는 고랑의 깊이와 같게 하며 소나무상처럼 만든다. 체로 치고 나무판으로 다진다.	오리나무, 자작나무류
	호두나무형 평상 –호두나무상	상의 높이는 고랑의 깊이와 같게 하며 상수리나무상처럼 만든다. – 체로 치기만 하고 다지지 않음	호두나무, 물푸레나무
저상	버드나무형 저상 – 버드나무상	상 높이를 고랑보다 7~10cm 낮게 하고, 소나무상처럼 만든다.	버드나무류, 사시나무류

고상 : 주변 땅보다 약간 높은 묘상
평상 : 주변 땅과 높이가 같은 묘상
저상 : 주변 땅보다 약간 낮은 묘상

---

4 상중하 | ④

우량한 묘목은 측근과 세근이 균형 있게 발달한 것이다. 곧은뿌리가 잔뿌리에 비해 잘 발달할 것이라는 조건은 해당하지 않는다.

보충

> ※ 우량한 묘목의 조건
> • 종자 산지나 출처를 확인할 수 있고 우량한 유전적 품질을 지닌 것
> • 근계의 발달이 충실하면서 측근, 세근이 사방으로 균형 있게 발달한 것
> • 정아가 측아보다 우세하여 주지가 곧게 자라면서 하아지(夏芽枝)가 없는 것
> • 주지를 압도하지 않는 범위 내에서 측지가 사방으로 고르게 잘 발달한 것
> • 근계가 잘 발달하여 T/R률이 낮은 것
> • 하아지가 발달한 묘목은 불량한 묘목이므로 솎아낸다.
> • 조직이 충실하고 정아가 잘 발달한 것

---

5 상중하 | ②

ㄴ. 1-1묘 : 파종상에서 1년, 상체상에서 1년 된 2년생 실생묘이므로 뿌리나이 2년생
ㄷ. 0/2묘 : 줄기를 자르고 뿌리만 남긴 2년생 근주묘이므로 뿌리나이 2년생

오답풀이

> ㄱ. C1/1묘 : 접수 1년생, 대목 1년생인 접목묘이므로 뿌리나이 1년생

ㄹ. 2-2묘 : 파종상에서 2년, 상채상에서 2년 지낸 4년생 실생묘이므로 뿌리나이 4년생
ㅁ. 2/3묘 : 접수 2년생, 대목 3년생인 접목묘이므로 뿌리나이는 3년생

---

6 상중하 | ④

$$파종량 = \left(\frac{800}{200 \times 0.8 \times 0.8 \times 0.5} \right) \times 1,000 = 1,250[g]$$
$$= 12.5[kg]$$

TIP

식을 세우고 나서 빠진 것은 없는지, 예를 들면 파종상의 면적 $1,000m^2$ 같은 것, 잘 챙겨야 한다.
객관식이라 풀고 나서 지문 중에 답이 없으면 다시 검토하겠지만 지문 중에 오답이 있다면 덜컥 선택하기 쉽다.

---

7 상중하 | ③

ㄱ. *Quercus acutissima* 상수리나무 → 대립종이므로 점파
ㄴ. *Alnus japonica* 오리나무 → 소립종이므로 산파
ㄷ. *Zelkova serrata* 느티나무 → 중립종이므로 조파
ㄹ. *Larix kaempferi* 낙엽송 → 소립종이므로 산파
ㅁ. *Fraxinus mandshurica* 물푸레나무 → 중립종이므로 조파
 – 느티나무와 물푸레나무가 조파하는 수종이다.

보충

구분	설명
산파	소나무, 낙엽송, 오리나무류, 자작나무류 같은 세립종자를 파종하는 방법이다.
조파	느티나무, 물푸레나무, 들메나무, 싸리나무류, 옻나무 등(m²당 200본 이하)의 파종에 이용한다.
점파	호두, 밤, 도토리, 칠엽수 등의 열매처럼 종자가 굵은 대립종자를 한 알씩 일정한 간격으로 심는 것이다.

TIP

조파하는 수종만 외우면 이 유형의 문제는 틀릴 일이 없다. 문제는 너무 많은 유형의 수종이 제시되는 것이라서 헷갈린다는 것이다.
→ 산파가 동생 조파에게 물었다. 옻물들 싸느?
※ 산파(아기 낳는 것을 도와주는 사람)

---

① 향나무, 은행나무 → 쉬운 수종들
② 비자나무, 버드나무 → 쉬운 수종들
③ 삼나무, 낙엽송 → 삼나무는 쉽고, 낙엽송은 어렵다.
④ 전나무, 자작나무 → 어려운 수종들

보충

※ 삽목발근의 난이도

어려움	어려움	쉬움
겉씨식물	소나무·해송·리기다소나무·잣나무·전나무·낙엽송·금송·섬잣나무·스트로브잣나무·솔송나무 등	주목·비자나무·삼나무·실편백·연필향나무·측백나무·화백·향나무·찝방나무·노간주나무·눈향나무·히말라야시다·메타세쿼이아 등
속씨식물	참나무류·가시나무류·잣밤나무류·태산목·목련류·비파나무·소귀나무·유칼리류·단풍나무류·옻나무류·팽나무·오리나무류·계수나무·자작나무류·느티나무·벚나무류·산초나무·두릅나무·아카시아·자귀나무·너도밤나무·사시나무·백합나무·대나무류 등	포플러류(특히, 흑양절)·버드나무류·은행나무·사철나무·플라타너스·개나리·아가씨꽃나무(아까시나무)·식나무·댕강나무·꽝꽝나무·동백나무·담쟁이·협죽도·보리장나무류·진달래류·아왜나무·인동덩굴·피라칸사·회양목·마삭줄·덩굴사철나무·광나무·팔손이나무·수국·족제비싸리·무화과·쥐똥나무·산닥나무·구기자·칡·닥나무·오수유·찔레나무·삼지닥나무·무궁화·매자나무·황매화·자금우 등
유실수	매실나무·사과나무·복숭아나무·밤나무·호두나무·감나무 등	무화과나무·치자나무·모과나무 등

TIP

- 전나무는 하얀색의 수액 때문에 이창복 교수님과 그 제자분들은 젓나무로 부른다.
- 자작나무는 수액을 피부 관리, 건강 음료 등 다양하게 활용한다.
- 수액이 많은 나무들(참나무류, 호두나무류 등)은 삽목발근이 상대적으로 어렵다.

④ 시설양묘는 노지양묘에 비해 단기에 대량생산이 가능하고 묘목의 굴취가 생략된다.
→ 시설양묘는 용기(pot)에 재배되므로 묘목의 굴취가 생략된다. 또한 온실에서 환경을 잘 조절할 수 있으므로, 짧은 기간에 성장하므로 단기에 대량생산이 가능하다.

오답풀이

① 용기묘의 현지 수송과 묘목 운반은 노지묘에 비해 비교적 어렵다.
→ 굴취한 묘목에는 흙이 붙어 있지 않아 묶어서 포장할 수 있지만, 용기묘는 흙이 붙은 채로 운반해야 한다.
② 용기묘는 반드시 경화과정을 거치고 조림지로 반출해야 한다.
③ 시설온실 내에서 용기묘를 월동시킬 경우에는 관수를 해야 한다.

전나무와 분비나무는 직파조림이 어려운 수종이다.

직파조림	어려운 수종	용이한 수종	어느 정도 가능한 수종
침엽수	전나무, 분비나무, 구상나무, 낙엽송, 주목	소나무, 해송, 리기다소나무, 잣나무	잣나무
활엽수	일부 단풍나무류	참나무류, 밤나무, 물푸레나무, 가래나무, 옻나무, 벚나무, 자작나무, 거제수나무	박달나무, 물박달나무, 들메나무, 느티나무, 고로쇠나무

봉우리식재	치식
독일가문비 등 측근이 발달한 천근성 수종의 식재에 사용한다.	배수가 불량하거나 흙이 부족한 토양에서 흙을 모아 식재하는 방법이다.

③ 곤포는 굴취한 묘목을 선묘를 한 후 운반을 위해 다발로 묶는 것을 말한다.

📄 보충

굴취 → 선묘 → 곤포 → 수송 → 가식	
굴취	묘목의 수확, 묘목 캐기
선묘	건전한 묘목을 골라 크기에 따라 규격별로 분류하는 과정
곤포	선묘한 묘목을 조림지까지 운반하기 쉽게 포장하는 과정
수송	묘목을 조림지로 옮기는 과정
가식	묘목을 임지에 임시로 심기, 건조 피해 방지

덧거름으로는 속효성 무기질 비료를 주고, 밑거름으로는 지효성 퇴비나 무기질 비료를 준다.

밑거름	파종 이전에 밭갈이 작업과 함께 뿌리는 비료	지효성 퇴비나 무기질 비료
덧거름	종자 발아 후 또는 묘목 이식 후 주는 비료	속효성 무기질 비료

TIP

말이 비슷해서 헷갈리기 쉽다. 꼭 구분해야 한다.
→ 덧속에 거름 밑지?

③번의 지문이 상체의 목적을 잘 설명하고 있다.

오답풀이

① 상체시기는 서리의 피해가 없는 한 이른 봄, 아직 눈이 트지 않은 시기에 실시하는 것이 좋다. 일부 낙엽활엽수 묘목 중 겨울철 동해나 한발의 피해가 우려되지 않는 경우 가을에 판갈이 하기도 한다.
② 상체한 직후에는 (판갈이작업이 끝나면) 바로 충분히 관수하여 토양을 안정시키면서 이식된 묘목의 건조를 막고 활착률을 높여야 한다.
④ 판갈이 시작연도는 가능한 한 빠를수록 좋다. 초기생장이 빠른 소나무류나 낙엽송, 편백 등은 1년생을 이식하고, 전나무나 가문비나무처럼 생장이 느린 나무들은 2년 또는 그 이상 파종상에 더 거치하였다가 이식한다.
   → 상체 개시연도가 다른 수종은 동일한 파종상에 같이 파종하면 그 후의 묘상관리에 어려움이 있을 수 있다.

채종원의 수형목은 5m×5m의 정방형을 근간으로 하며, 최근엔 7m×7m의 정방형으로 식재하여 관리 편의성을 도모하고 있다.

📄 보충

※ **채종원 조성 방법**
• 채종원(seed orchard) 조성에 사용하는 묘목
   → 실생묘 : 전나무와 일부 활엽수
   → 삽목묘 : 삼나무, 편백
   → 접목표(클론) : 대부분의 수종
      일반적으로 채종원 조성은 전국에서 선발된 수형목(plus tree)을 모수로 하여 매년 모수에서 접수를 채취하여 접목으로 클론(접목묘)를 육성한다.
      동부, 중부, 남부 채종원은 연차별 채종원 조성계획에 의거해 접목묘로 식재 간격을 5m×5m의 정방형을 근간으로 한다.
• 클론배치
   → 초기에는 9형(3×3), 25형(5×5), 49형(7×7) 등 형태배치로 클론을 배열하였다.
   → 1975년 이후는 완전 임시 배치를 근간으로 동일 클론의 인접을 피하였다.
   → 채종원은 매년 다량의 종자가 결실되도록 정지전정 및 토양관리, 병해충방제, 하예 등을 실시한다.
   → 최근에는 수광조건 및 관리 편의성을 고려하여 7m × 7m 간격으로 식재한다.

가을보다는 봄이 상체시기로 알맞고, 봄 상체를 할 때에는 지상부의 자람이 빨리 시작되는 수종을 먼저 한다.
판갈이 과정에서 묘목 근계가 일부 절단되지만, 상체상에서 세근이 많은 충실한 묘목으로 될 수 있다.

파종상 → 상체(판갈이, 시기는 봄이 좋다.) → 이식상(상체상)

📄 보충

※ **판갈이 시기와 밀도**

판갈이 방법		수종	비고
시기	1년생	소나무류, 낙엽송류, 삼나무, 편백 등	
	2년생	전나무류, 가문비나무류, 참나무류 등	성장속도, 직근 발달
밀도	소식	삼나무, 편백 등 지엽 확장 수종	양수 소식, 비옥하면 소식
	밀식	소나무, 해송 등	음수 밀식, 척박하면 밀식

17 상중**하** | ④

④ 지력 향상을 위해서는 밀식하는 것이 좋다. 지력이 좋은 곳은 임목이 빨리 자라므로 소식한다.

18 상중**하** | ④

④ 파종상에서 2년간 키운 실생묘는 2-0으로 묘령을 표시한다. 1-1은 파종상에서 1년, 상체상에서 1년을 지낸 실생묘다.

19 상중**하** | ①

[묘령 표시방법]

수목(살아있는 나무)에 있어서는 외생균근의 기주범위가 내생균근보다 훨씬 넓은 것이 맞지만, 수목을 제외한 대부분의 식물에서 가지모양의 내생균근이 월등하게 많이 분포한다.

구분	외생균근(ECM)	내생균근(AM, 수지상균근)
숙주 식물 범위	좁음 (약 3%의 육상식물)	매우 넓음 (약 80~90% 이상의 육상 식물)
주요 기주	소나무과, 참나무과, 자작나무과, 버드나무과 등 일부 목본성 수목	대부분의 초본 식물 및 많은 목본 식물

20 상중**하** | ③

③ 하아지(夏芽枝, summer shoot)가 발달한 묘목은 불량한 묘목으로 속아낸다.

21 상중**하** | ③

용기묘는 포트에 뿌리와 토양이 같이 있어 척박한 임지에서도 식재가 쉽다.

오답풀이

① 노지묘가 묘목을 굴취하여 식재하는 것이고, 용기묘는 포트에서 뽑아 식재하므로 조림 활착률이 높다.
② 노지묘가 묘목을 다발로 묶어서 운반하기 때문에 묘목의 현지 수송과 조림 현장에서의 묘목 운반이 용이하다. 용기묘는 포트에 흙이 같이 들어 있고, 부피가 커서 묘목 운반이 노지묘에 비해 어렵다.
④ 제초작업, 병해충 방제 등에 대한 인건비가 절감되지만, 온실에서 생산되므로 노지묘보다 생산비용이 많다.

22 상중**하** | ②

묘목의 생육 도중에 주는 비료는 덧거름(추비)이라고 한다.

보충

시비(비료 주기)는 파종 이전에 밭갈이 작업과 함께 뿌려주는 밑거름과 종자 발아 후 또는 묘목 이식 후 주게 되는 덧거름으로 구분된다.

23 상중**하** | ④

상체는 이른 봄에 하는 것이 뿌리 발달에 유리하다.

오답풀이

① 잣나무(*Pinus koraiensis*)는 직근성(곧은 뿌리가 강함)이며 초기 생장이 느린 침엽수이므로 오히려 직근이 발달하여 옮겨 심기 어려워지기 전에 세근(잔뿌리) 발달을 촉진하기 위해 비교적 일찍 판갈이를 한다.
   보통 2년생(2-0묘) 때 실시하여 2-1묘 또는 2-2묘로 양성하는 경우가 많고, 3년생 후 4년차에 실시하는 것은 너무 늦어 뿌리가 깊이 내려 판갈이 효과가 떨어질 수 있다.
② 편백(*Chamaecyparis obtusa*)은 낙엽송만큼 이식 시기가 급박하게 빠르다고 보기는 어려우며, 일반적으로 소나무나 전나무와 유사하게 이른 봄에 실시한다. 낙엽송은 이식 적기가 매우 빠른 수종이긴 하지만 편백은 아니므로 오답이다.
③ 가시나무(*Quercus phillyreoides*)와 같은 참나무류는 대부분 직근성이 강하여 파종 당년에는 곧은 뿌리(직근)가 깊게 발달하고 잔뿌리(세근) 발달은 상대적으로 미약하다. 직근성 수종은 보통 1년생일 때 단근처리를 하여 잔뿌리의 발달을 유도한다.

보충

상체시기	수종	비고
1년생	소나무, 해송, 삼나무, 편백, 낙엽송, 참나무류	속성수와 양수는 빨리 상체한다.
2년생	독일가문비, 잣나무	
3년생	전나무, 가문비나무	음수는 오래 파종상에 둔다.

24 상**중**하 | ①

(가) 하나의 심피(carpel)로부터 만들어진 꼬투리가 성숙하면 열린다. : (협과) 주엽나무, 자귀나무, 박태기나무 등 콩과수목의 특징
굴참나무(견과)

(나) 열매 껍질이 발달해서 날개처럼 된다. : (시과) 물푸레나무, 단풍나무, 느릅나무
사시나무 (견과) : 혁질의 과피 안에 하나의 종자, 과피와 종자는 분리

(다) 2개 또는 여러 개의 심피가 유합해서 1실(室) 또는 여러 실로 된 자방을 만들고 각 심피에 종자가 붙어 있다. (삭과)
동백, 포플러, 오동나무, 버드나무류, 포플러류
아까시나무(협과), 오리나무(견과)

25 상**중**하 | ④

• 나이테가 일정한 간격을 이루는 고급재는 밀식 후 일정한 간격으로 솎아베기를 해야 얻을 수 있다.
• 밀식은 직경생장에는 영향을 주지만, 수고생장에는 영향을 크게 주지 않는다.
• 수종 등 다른 조건이 비슷하다고 할 때 수고성장에는 지위의 영향이 크다.

ㄱ. 느티나무처럼 굵은 가지를 내고 줄기가 굽는 경향이 있는 활엽수종과 소나무, 해송은 밀식한다.
ㄴ. 비옥한 임지에서는 임목의 성장속도가 빠르므로 소식하는 것이 유리하다.

보충

※ 식재밀도에 영향을 끼치는 인자
• 소경재 생산 목표 – 밀식
• 오지림 – 소식(교통 불편, 목재 운반 어려우므로)
• 땅 비옥 – 소식(성장속도 빠르므로)
• 지력 좋지 못하면 – 밀식(빠른 울폐를 기대해서 밀식)
• 양수 – 소식, 음수 – 밀식
• 느티나무처럼 굵은 가지를 내고 줄기가 굽는 경향이 있는 활엽수종은 밀식, 소나무, 해송도 밀식
• 소나무처럼 피해를 잘 받는 수종은 밀식(건전목이 남을 수 있는 여유를 준다)
• 노무사정 및 비용면에서는 소식이 유리, 산림소유자의 경제사정이 넉넉하지 않을 경우 소식

• 식재밀도는 느티나무와 같은 활엽수는 두 가지로 나누어 생각해야 한다.
• 파종상에 파종을 하거나 상체를 할 때는 지엽이 넓고 확장되는 수종이므로 소식하지만, 임지에 식재를 할 경우에는 자연낙지를 촉진하기 위해 밀식하여야 한다.

26 상**중**하 | ④

사방이 높은 산으로 막힌 산간지역의 좁은 계곡부는 풍충지로 묘포장으로는 적합하지 않다.

보충

지하수위가 높으면 배수가 어려워 뿌리썩음병 등의 수목병이 발생할 수 있다.

27 상**중**하 | ②

근삽은 광합성 기관인 잎이 없는 뿌리상태로 삽목하므로 줄기와 잎을 만들 수 있는 양분이 필요하다. 휴면상태의 뿌리에 저장양분이 많은 초봄이나 늦겨울에 절취한 뿌리로 삽목한다.

① 휴면지삽목은 삽수가 휴면 중인 초봄에 따서 꽂는 삽목이다.
③ 반숙지삽목은 6월경 그 해 자란 어린 가지를 따서 꽂는 방법이다.
④ 녹지삽목(미숙지삽목)은 당년도에 자란 가지 중 조직의 경화가 덜 된 어린 가지를 삽목하는 것이다.

28 상**중**하 | ④

[파종조림의 난이도]

난이도	침엽수	활엽수
잘되는 것	해송, 소나무	벚나무, 밤나무, 참나무류, 가래나무, 옻나무, 서나무, 물푸레나무
중간정도 (실행상 주의)	잣나무	박달나무, 물박달나무, 느티나무, 고로쇠, 들메나무
어려운 것 (성과부진)	낙엽송, 분비나무, 전나무, 가문비나무, 이깔나무	단풍나무

• 억지로 외우려고 하기보다는 큰 흐름을 이해부터 하자.
• 양수나 중성수에 해당하는 직근성 나무들은 파종조림이 대체로 잘된다. [소나무, 해송, 밤나무, 참나무] 낙엽송은 양수지만 파종 조림이 어렵다.
• 음수에 해당하는 나무들은 파종조림이 어렵다. 낙엽송을 제외하고 단풍나무, 전나무, 분비나무, 가문비나무 등이 모두 음수다.

TIP

평상시 나무의 특성에 대해 파악하고 있지 않으면, 조림학 본론 교재에 제시된 것만 외워서는 맞히기 힘든 문제다.

---

29 상중하 | ①

오답풀이

② 어린 나무에서 채취한 삽수가 성숙목에서 얻은 삽수보다 발근이 잘된다.
③ 삽목상은 대기습도를 일반적으로 적절한 수준으로 유지하여야 한다.
　→ 삽목상의 대기습도가 높으면 토양이 과습하거나 통기가 불량해질 수 있다.
④ 2,4-D는 저농도에서 발근 촉진 효과를 보이지만, 고농도에서는 강력한 제초 효과가 있다.

📝 보충

• 휴면지삽수는 삽수에 물이 오르기 전에 채취한 것을 말한다.
• 주목, 은행나무, 향나무, 개나리, 포플러류, 버드나무류, 포도나무, 무궁화 등은 휴면지삽수를 조제한다.

---

30 상중하 | ①

Populus alba 은사시나무
Populus glandulosa 수원사시나무
현사시 = 수원사시 + 은백양,
　　　　　　　Populus tomentiglandulosa T. Lee

TIP

양황철나무 = 양버들(서양사시, *Populus nigra*) ×
　　　　　　황철나무(*populus maximowiczii* A.Henry)

---

31 상중하 | ③

그림의 복접은 접수를 대목의 옆에 붙이는 접목방법이다. 측면부에 비스듬한 삭면을 만들어 접수를 끼워넣는다.

TIP

박접은 삽수를 얇게 쪼개지만 대목의 목질부와 수피 사이에 끼워 넣는다.

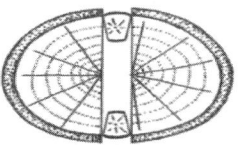

[할접] 수간이 나뉘어져(할) 있다.

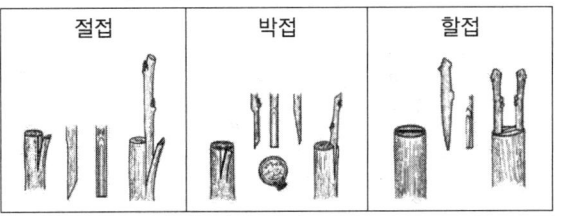

절접	박접	할접

---

32 상중하 | ④

버드나무류처럼 종자수명이 짧은 것은 채파한다.

📝 보충

상파(床播)는 묘상(苗床)에 파종(播種)을 하는 것을 말한다.

---

33 상중하 | ③

가을보다는 봄이 상체시기로 알맞고, 봄 상체를 할 때에는 지상부의 자람이 빨리 시작되는 수종을 먼저 한다.

📝 보충

상록성 참나무류인 가시나무는 파종 당년에 직근만 발달하고 측근이나 세근 발달이 미미하다. 이러한 수종은 1년 만에 판갈이를 하면 고사할 위험이 있기 때문에 측근이 충분히 발달된 3년생이 되었을 때 판갈이 작업을 하는 것이 좋다.

---

34 상중하 | ③

묘목의 현지수송과 운반은 묘목을 흙이 들어 있는 판 채로 하게 되므로, 나근묘보다 어렵다.

35 상중하 | ①

(가) 삽수의 발근은 주목과 삼나무가 잘된다.

(나) 소립종은 가문비하나

(다) 10월 결실 수종은 참느릅나무, 황칠나무가 해당된다. 느릅나무속인 난티나무는 5~6월에 성숙한다.

※ 삽목발근 난이도

구분		대상수종	기타
삽목발근이 어려운 수종	침엽수류	소나무, 해송, 리기다소나무, 잣나무, 전나무, 낙엽송, 섬잣나무, 스트로브잣나무, 솔송나무 등	대나무류
	활엽수류	참나무류, 가시나무류, 단풍나무류, 오리나무류, 소귀나무, 자작나무류, 밤나무, 호두나무, 느티나무, 벚나무, 팽나무, 아까시나무, 사시나무 등	
삽목발근이 쉬운 수종	침엽수류	은행나무, 주목, 삼나무, 비자나무, 측백나무, 화백, 향나무, 노간주나무, 메타세쿼이아, 개잎갈나무 등	*은주측 개메노향
	활엽수류	포플러류, 버드나무류, 보리장나무류, 동백나무, 사철나무, 덩굴사철나무, 플라타너스, 개나리, 꽝꽝나무, 회양목, 쥐똥나무, 무궁화, 황매화, 찔레나무, 담쟁이 등	

36 상중하 | ④

$$\frac{600 \times 100}{0.8 \times 0.5 \times 0.5 \times 200} = 1,500\,g$$

37 상중하 | ③

3번 지문은 밀식에 대한 설명이다. 소식을 하면 경쟁식생이 발생할 수 있고, 풀베기 비용이 밀식보다 더 많이 든다.

느티나무와 같은 수종은, 묘상에서 묘목을 키울 때는 지엽이 확장되고, 성장속도가 빠르므로 소식을 하고, 임지에 심을 때는 자연낙지를 촉진하기 위해 밀식한다.

38 상중하 | ③

밑거름으로는 지효성 유기질 비료를 파종 이전에 뿌린다.

※ 시비의 효과
• 사치흡수
→ 임목의 건중량 증가에 영향을 미치지 않는 양분의 초과 공급량
→ 질소를 한도량을 넘게 공급받은 묘목은 외관상 커지지만 건중량은 커지지 않는다.
이것을 양료의 사치흡수라고 한다.
• Steenbjerg 효과(희석효과)
→ 구리와 같이 식물체 내에 제한량으로 존재하는 양료는 식물체가 작을 때에는 점점 감소해 가다가 식물체의 크기가 어느 한도를 넘어서면 다시 증가해가는 경향이 있다.
→ 식물에 대하여 제한양료의 공급을 증가시키면 다른 비제한양료의 농도가 감소하고, 마침내 식물의 성장을 제한하기에 이른다.

39 상중하 | ③

지존작업은 식재할 묘목의 활착과 생육에 장애를 주는 요인인 경쟁식생과 잔해물을 제거하는 작업을 포함한다.

오답풀이

① 제초제를 이용한 화학적 지존작업은 비교적 짧은 시간에 대면적의 임지를 대상으로 간편하게 작업할 수 있기 때문에 인력과 비용을 대폭 줄이는 경제적인 방법이 될 수 있다.
② 화입법은 산불의 위험성이 매우 높아서 현재 우리나라에서는 거의 사용하지 않는다.
④ 낫 등의 소도구와 트랙터 등의 중장비 등을 현장 여건에 맞추어 사용할 수 있다.

목본식물을 화학적 방법으로 제거했을 때는 고사목이 잔존하면서 조림작업이나 그 후의 숲가꾸기 작업에 불편을 끼치고 보기에도 좋지 않다.
무엇보다 주변 농작물에 피해를 주거나 수질오염, 잔류독성 등에 대한 환경문제가 발생할 수 있다.

40 상중하 | ④

④ 2-1-1묘는 파종상에서 2년, 그 후 두 번 상체된 일이 있고, 각 상체상에서 1년을 경과한 4년생 실생묘이다.

보충

※ 묘령의 표시 방법
• 실생묘
 1-0묘 : 1년생 실생묘로 상체를 하지 않은 묘목
 2-1묘 : 3년생 실생묘로 파종상에서 2년 상체 후 1년 지난 묘목
 2-1-1묘 : 4년생 실생묘로 파종상에서 2년, 상체 후 1년 뒤 다시 상체하여 1년 지난 묘목
• 삽목묘
 - 줄기나이/뿌리나이
 C 1/1묘 : 1년생 삽목묘로 뿌리 및 줄기의 나이가 각각 1년
 C 0/1묘 : 1/1년생 삽목묘에서 줄기를 자르고 뿌리만 남긴 것
 C 1/2묘 : 2년생 삽목묘로 뿌리나이 2년, 줄기나이 1년, 1/1묘에서 줄기를 자르고 1년을 더 키운 묘목

41 상중하 | ④

④ 주지보다는 측지의 발근율이 일반적으로 높다.

보충

어린 나무, 맹아지, 측지, 아래쪽 가지, 영양지, 수관하부에서 채취한 가지가 발근이 잘된다.

42 상중하 | ④

IBA(Indole-butyric acid)는 합성 옥신의 일종이며 옥신과 지베렐린, 사이토키닌은 모두 기내발근에 효과가 있다.

보충

기내발근이란 기내배양(in vitro culture)의 일종으로 식물체의 일부를 영양소가 첨가된 배지 내에서 키워 뿌리를 내리도록 하는 것이다.
기내배양은 원형질체, 세포, 조직, 기관, 배, 종자 및 식물체의 일부를 배지 내에서 키우는 것을 말한다. 일반적으로 기내배양은 무균상태가 유지되는 배양기를 이용한다.
※ 기내배양의 형태와 목적
기내배양은 목적에 따라 여러 가지 형태가 있다. 배양의 형태에는 배배양, 난의 종자배양, 약과 소포자배양 등이 있다. 이와 같은 배양 형태에 따른 목적은 아래와 같다.
• 배배양
 → 육종주기의 단축
 → 배(胚)의 불임(不稔) 방지
 → 반수체(hoploid)의 생산
 → 불화합성(incompatibility) 극복
 → 캘러스 형성을 위한 재료로 이용
• 약(葯)과 소포자 배양
 → 반수체의 생산과 동형접합체(homozygote)의 획득
 → 완전히 수(雄) 식물체로 이루어진 집단의 형성
 → 유전적인 조작의 도구로 이용
 → 낮은 배수성 수준을 육종에 이용
• 난의 종자배양
 → 육종주기 단축
 → 균과 공생의 대체
• 분열조직배양
 → 병원체(바이러스, 균류, 세균)의 제거
 → 원시구경(protocorm)을 통한 난의 영양번식
 → 식물체의 영양계 형성
 → 무병식물체의 저장
 → 생식질(germplasm)의 보존, 유전자 은행을 만들기 위한 냉동보존
 → 난의 번식
• 절편의 배양
 → 영양계 식물체를 만들기 위한 부정기관(adventitious organ)의 형성
 → 건전 식물체의 획득
 → 돌연변이체 선발 및 육종
 → 배수성(polyploid)의 획득
 → 기관과 배형성을 통한 식물체의 영양계 형성
• 캘러스, 현탁 및 단일세포 배양
 → 유전적인 변이체의 창조
 → 냉동보존(cryporeservation)의 시발재료
 → 2차 대사산물(secondary metabolite)의 생성
 → 형질전환(transformation)
• 배주(胚珠)배양
 → 불화합성을 극복
 → 체세포 잡종(somatic hybridization)
 → 세포질 잡종(cybrid)의 창조
 → 유전적인 변이체 창조
• 원형질체, 세포, 조직 및 기관의 배양
 → 식물 병리학적 연구의 도구로 이용
 → 식물체 내 생리적 현상의 도구로 이용

43 상중하 | ④

④ 불량한 묘목의 최초 솎음작업은 발아된 유묘의 본엽이 출현할 때 시행한다.

보충

소나무의 어린 묘목에서 발생하는 모잘록병 : 불완전균류 Rhizoctonia속, Fusarium속

② 밀도가 높아지면 총생산량이 증가하고 총생산량 중 줄기의 비율이 높아진다.

오답풀이

밀식을 하면, 줄기가 가늘어지지만, 가지에 대해 줄기의 비율이 늘어난다.

보충

밀도가 높으면 초살도가 낮은 완만재가 생산된다. 내음성이 높은 수종은 식재밀도를 높게 한다.

봉우리식재는 천근성인 독일가문비 같은 묘목의 식재에 적합하다.

보충

치식(mound planting)은 습지의 배수가 불량한 곳에 식재하기 좋은 방법이다.

박접은 대목의 껍질을 약간 벗기고 그 사이에 접수를 끼워 넣는 접목방법이다.

복접		접수를 대목의 옆(복)에 붙인다. 측면부에 비스듬한 삭면을 만들어 접수를 끼워 넣는다.
박접		대목의 껍질부를 자르고 접수를 얇게(박) 만들어 붙인다.
할접		대목의 수간을 가르고(할) 접수를 끼운다.
교접		대목의 수피가 벗겨진 부분을 다리(교)처럼 이어 붙인다.

오답풀이

박접은 대목의 목질부가 아니라 껍질부위를 자르고 접수를 붙이는 방법이다.

보충

※ 수종별 접목 방법
가지를 붙이는 밤나무는 박접과 절접, 대목과 접수의 굵기가 비슷한 호두나무는 설접, 대목이 세로로 잘 갈라지는 감나무는 할접이나 절접을 목적에 따라 사용한다.

실생묘를 단근했을 때는 단근시기가 봄이면 S, 가을이면 F를 실생묘의 나이 앞에 표기한다.

오답풀이

① 1/2묘는 2년생 삽목묘로 뿌리 나이 2년, 줄기나이 1년, 1/1묘에서 줄기를 자르고 1년을 더 키운 묘목
③ 2-1묘는 파종상에서 2년이 경과하고 상체 및 이식하여 1년 키운 3년생 실생묘이다.
④ 0/2묘는 뿌리의 연령이 2년생으로 줄기를 절단 제거한 근주묘(rooted stump)이다.

보충

※ 묘령 표시방법
• S2-1P : 실생묘를 단근했을 경우의 묘령 표시
  봄에 파종(S)하여 파종상에서 2년 키운 후, 이식(-)하여, 단근(P)하고 1년을 더 키운 것으로 3년생이다. 가을은 F로, 봄은 S로 표기한다.
• C1/1 : 삽목묘의 나이 표시
  삽목(C)하여 줄기 1년 (/) 뿌리가 1년 자란 삽목묘
• C1/2 : 1년생 줄기, 2년생 뿌리

• 10℃ 이상의 온도에서는 삽수의 생리 작용이 활성화되기 시작하므로, 삽수의 보관에 적합하지 않다.
• 10℃ 이상의 온도에서는 삽수가 휴면 상태에서 벗어나 뿌리 발달이 불균형적으로 진행될 수 있다.

📑 보충

※ 삽수의 저장 권장 온도
- 수종과 보관기간에 따라 다르다.
- 적절한 온도를 유지해야 삽수의 생리적 활력을 보존할 수 있다.
  → 단기 보관(1~2주) : 0~4℃, 삽수의 휴면을 유지, 과도한 수분 손실 방지
  → 장기 보관(1달 이상) : −2~0℃, 겨울철 삽수와 추운 지역의 식물 삽수

49 상**중**하 | ④

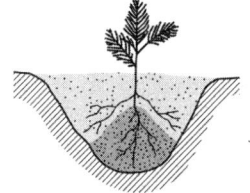

(가) 봉우리식재   (나) 치식

오답풀이

① 소경재 생산을 목표로 한다면 밀식한다.
② 봄 가식을 할 때는 가지의 끝부분이 북쪽으로 향하게 한 후 뿌리를 잘 펴서 묻어준다.
③ 일반적으로 소나무와 같은 양수는 소식하고, 전나무 같은 음수는 밀식한다.

TIP

봄북 가을남 : 봄 가식은 끝부분이 북쪽, 가을 가식은 남쪽을 향하게 가식한다.

50 상**중**하 | ④

④에서 제시된 12월은 겨울이므로 단근 시기로 부적합하다.

📑 보충

- 단근작업은 가을철(늦가을)이 가장 적합하다. 이 시기에 나무가 휴면 상태에 들어가 생장을 멈추므로 뿌리 절단에 대한 스트레스가 적다.
- 나무가 발아하기 전인 초봄도 단근작업이 가능하다.
- 여름이나 겨울철의 극단적인 기후 조건에서는 단근작업을 피한다.

51 상중**하** | ③

공식은 이중 장방형 식재에 대한 것이다. 지문에는 이중 장방형이 없다. 정답에 가까운 것은 이중정방형 식재.

[식재망과 조림에 필요한 묘목본수 계산]

식재망	묘목 1본당 면적	필요한 묘목본수	식재면적
장방형	$a = d_1 \times d_2$	$n = \dfrac{A}{a} = \dfrac{A}{d_1 \times d_2}$	$A = n \times d_1 \times d_2$
정방형	$a = d^2 = \dfrac{A}{n}$	$n = \dfrac{A}{a} = \dfrac{A}{d^2}$	$A = n \times d^2$
정삼각형	$a = d^2 \times 0.866$	$n = \dfrac{A}{d^2 \times 0.866}$	$A = n \times d^2 \times 0.866$
이중정방형	$a = d^2 \times \dfrac{1}{2}$	$n = \dfrac{2A}{d^2}$	$A = n \times d^2 \times \dfrac{1}{2}$

a : 묘목1본 점유면적, d : 정방형의 한변길이, d_1 : 묘간거리
d_2 : 열간거리, A : 식재면적, $0.866d$: 삼각형의 높이
n : 필요한 묘목수

52 상**중**하 | ②

- 산파는 소나무, 낙엽송, 오리나무류, 자작나무류 같은 세립종자를 파종하는 방법이다.
- 조파는 느티나무, 물푸레나무, 들메나무, 싸리나무류, 옻나무 등(m²당 200본 이하)의 파종에 이용한다.
- 점파는 호두, 밤, 도토리, 칠엽수 등의 열매처럼 종자가 굵은 대립종자를 한 알씩 일정한 간격으로 심는 것이다.
② 자작나무(산파)   느티나무(조파)   밤나무(점파)
   → 바르게 연결되어 있다.

오답풀이

① 오리나무(산파)   물푸레나무(조파)   옻나무(조파)
③ 오리나무(산파)   낙엽송(산파)   호두나무(점파)
④ 소나무(산파)   신갈나무(점파)   가래나무(점파)

53 상**중**하 | ①

① 상수리나무 1년생 묘목의 1속당 본수는 20본이다. 대부분의 나무가 속당 본수는 20본이다.

※ 묘목의 포장단위
→소나무류는 해송, 소나무, 리기다소나무 등

수종	묘령	곤포당 속수	속당 본수	곤포당 본수
낙엽송	2	50	20	1,000
잣나무	2	100	20	2,000
잣나무	3	50	20	1,000
잣나무	4	25	20	500
소나무류	2	50	20	1,000
오리나무류	11	100	20	2,000
아까시나무	1	50	20	1,000
상수리나무	1	50	20	1,000
싸리류	1-0	100	20	2,000
포플러류	1/1	10	8	80

54 상중하 | ④

④ 화입법은 작업방법이 간편하고 인력과 비용이 적게 들지만, 물리적·화학적 성질을 악화시키는 지력감퇴를 불러온다. 그러므로 화입법은 우리나라에서 많이 사용하지 않는다.

55 상중하 | ③

조림할 장소보다 북쪽에 묘포를 설치하면, 추위에 강한 묘목을 얻을 수 있다.

오답풀이

① 한랭한 지역에서는 따뜻한 사면에 묘포를 설치한다.
② 온난한 지역에서는 조금 추운 북쪽 사면에 설치한다.
④ 사방이 높은 산으로 막힌 곳에서는 기류가 정체되는 장소는 피한다.

📋 보충

※ 묘포의 입지조건
• 묘포지는 약간 경사진 곳을 선택하는 것이 관·배수가 쉬워서 좋다.
• 묘포는 위도가 높고 한랭한 지역에서는 동남향이 유리하다.
• 기후가 온화한 남쪽지역이나 저지대에서는 북쪽사면이 유리하다.
• 북반구에서는 조림할 장소보다 북쪽에 있는 것이 유리하다.
• 평탄지보다는 5° 이하의 완경사지가 좋다.

56 상중하 | ①

함수율은 파종량 계산에 사용되지 않는다.

📋 보충

※ 산파의 파종량 계산

$$W = \frac{A \times S}{D \times P \times G \times L}$$

• W : m²당 파종량(g)
• A : 파종상의 면적
• S : 가을에 m²당 남길 묘목 수
• D : 1g당 종자 수
• P : 순량률
• G : 발아율
• L : 득묘율
조파는 산파의 1/2~1/4를 파종
점파의 파종량은 파종간격에 따라 결정된다.
파종면적 / 파종간격 = 파종량(파종립수)

57 상중하 | ④

④ *Salix koreensis*(버드나무)는 삽목발근이 잘되는 대표적인 수목이다.

오답풀이

① *Pinus densiflora* 소나무
② *Abies holophylla* 전나무
③ *Zelkova serrata* 느티나무

📋 보충

※ 삽목발근 난이도

파종상 명칭		대상수종	기타
삽목 발근이 어려운 수종	침엽수류	소나무, 해송, 리기다소나무, 잣나무, 전나무, 낙엽송, 섬잣나무, 스트로브잣나무, 솔송나무 등	대나무류
	활엽수류	참나무류, 가시나무류, 단풍나무류, 오리나무류, 소귀나무, 자작나무류, 밤나무, 호두나무, 느티나무, 벚나무, 아까시나무, 사시나무 등	

삽목 발근이 쉬운 수종	침엽수류	은행나무, 주목, 비자나무, 측백나무, 화백, 향나무, 노간주나무, 메타세쿼이아, 개잎갈나무 등	*은주측 개메노향
	활엽수류	포플러류, 버드나무류, 보리장나무류, 동백나무, 사철나무, 덩굴사철나무, 플라타너스, 개나리, 꽝꽝나무, 회양목, 쥐똥나무, 무궁화, 황매화, 찔레나무, 담쟁이 등	

TIP

삽목발근은 외우기 힘들고, 시험에 자주 출제된다.

58 상중하 | ①

① 조직배양은 배양 기간 동안 감염이 되지 않도록 하여야 한다. 오염을 막기 위해 보통 기내 배낭을 하게 된다.

보충

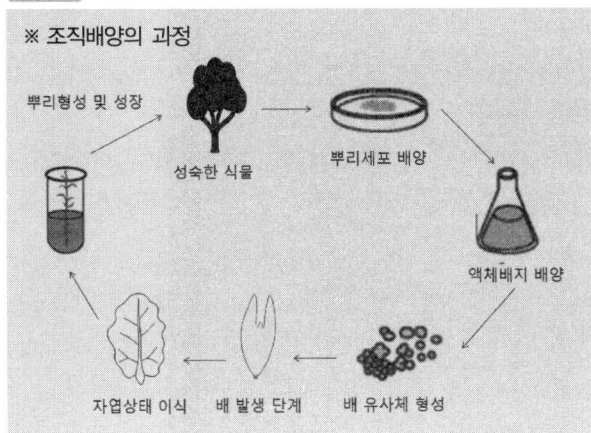

※ 조직배양의 과정

뿌리형성 및 성장 — 성숙한 식물 → 뿌리세포 배양 → 액체배지 배양 → 배 유사체 형성 → 배 발생 단계 → 자엽상태 이식

59 상중하 | ②

세근이 발달하지 않은 수종은 너무 일찍 상체를 하면 고사할 수 있으므로 측근이 충분히 발달한 3년생 정도에서 상체작업을 한다. 참나무류에 속하는 가시나무류들은 파종 당해에는 직근만 발달하고 세근발달이 거의 없다.

60 상중하 | ③

접삽목은 삽수를 다소 인연이 먼 수종에 접목하여, 발근 후 대목을 끊거나 자연고사하게 하는 방법이다. 발근하기 어려운 수종에 적용한다.

오답풀이

유대접	매간취목
유경을 절단하여 대목을 만들고, 자엽병 사이에 접수를 꽂는 접목법	수목 전체 또는 줄기의 대부분을 흙으로 덮어 새가지의 아래에 뿌리를 발생시키는 취목법

보충

※ 삽수의 조제법

조제법	구분	적용
지삽 stem cutting	일아삽(eye cutting)	포도나무처럼 한마디에 한눈을 붙여 짧게 삽목하는 것
	아삽(bud cutting)	줄기의 길이를 약간 더 길게 한 일아삽
	정아삽(top cutting), 심삽, 천삽	정아를 붙인 가지 끝쪽을 이용한 삽목, 심삽 또는 천삽
	엽아삽(leaf bud cutting)	잎과 그 기부의 눈을 함께 삽목, 차나무, 소나무 등
	간삽(large stem cutting)	굵은 줄기 삽목, 포플러류, 버드나무류 등
	소지삽(shoot cutting)	작은 가지를 사용한 삽목
	접삽목	발근하기 어려운 수종
근삽 root cutting		지삽이 어려운 수종, 오동나무류, 귤류, 백합나무류 등
	RS삽목(root-sucker cutting)	사시나무류의 근삽수(根揷穗)번식
	지하경삽목(rhizome cutting)	대나무의 편근(鞭根)번식

61 상중하 | ②

② 주지보다 측지에서 삽수를 채취하는 것이 삽목 발근에 유리하다. 조직배양과 삽목 등 식물의 영양번식은 대부분 개체형성능을 이용한 것이다.

62 상중하 | ①

소나무, 해송 등 양수는 해가림을 하지 않는다. 해가림은 전나무, 가문비나무 등 음수에 실시한다.

숲 가꾸기

CHAPTER 04 숲 가꾸기

본문 : 37p

1 상중하 | ①

삽목은 식물 개체의 일부를 이용하여 완전한 개체를 얻는 방법이므로 1번 지문이 정답이다.

오답풀이

② 아까시나무와 포플러는 삽목발근이 쉬운 수종에 속한다.
③ 소나무와 상수리나무는 삽목발근이 어려운 수종에 속한다.
④ 기극(캘러스)은 삽목 시 절단된 식물 조직의 상처 부위에서 형성되는 분화되지 않은 세포 덩어리를 말한다. 캘러스는 식물이 상처를 치유하고 새로운 조직을 형성하기 위해 생성하는 일종의 보호 및 재생 조직이다.
캘러스에서 부정근(뿌리)이 형성되고, 줄기는 부정아 또는 남겨놓은 눈에서 발생한다.

2 상중하 | ④

무성번식은 모체와 동일한 유전정보를 갖는다.
①, ②, ③은 모두 유성생식(양성생식)에 대한 설명이다. 유성번식에 의해 번식된 개체들은 부모개체와 다른 유전정보를 갖는다.

3 상중하 | ④

덩굴식물은 임관을 덮고 자라므로, 임관이 형성된 이후에도 피해를 준다.
덩굴제거는 풀베기작업과 어린 나무 가꾸기를 할 때는 물론 덩굴이 경영대상목의 생육에 지장을 줄 때는 언제든지 실시한다.

[지속가능한 산림자원 관리지침]

• 덩굴제거는 하천과 계곡(1/25,000 지형도상의 계곡을 말함, 이하 같음)의 홍수위, 호소(湖沼)의 만수위 등 수계로부터 100m 이내 지역 또는 집수유역 안의 지역은 약제를 사용하지 않고 인력으로 제거하고 기타 지역은 약해(藥害)가 발생하지 않도록 소면적으로 제거

보충

※ 덩굴제거 작업 대상지

• 칡, 다래, 머루 등과 같은 덩굴류가 조림목의 생육을 방해할 경우에 실시
• 일반적으로 조림지가 주 대상지이나 임도변 등에서도 실시할 수 있으며 덩굴제거 대상지는 다음과 같이 구분함
  → 벌채 후 3년 이내이거나 풀베기 단계의 조림지
  → 벌채 후 3년이 초과되거나 풀베기 단계가 경과한 조림지
  → 덩굴로 전면적이 피복된 지역
  → 임도변 등에서 발생한 덩굴이 큰나무를 타고 올라가 피해를 입은 지역

4 상중하 | ①

오답풀이

② 침엽수종을 위한 토양은 약산성(pH 5.5~6.0)이 적당하다.
③ 관수와 배수를 고려하면 5° 이하의 완경사지가 좋다.
④ 따뜻한 남쪽 지방에서는 북향이 적합하다.
  ㉠ 위도가 높고 한랭한 지역에서는 동남향이 좋다.
  ㉡ 일반적으로 조림 예정지보다 북쪽 지역에 위치하는 것이 좋다.

5 상중하 | ②

오답풀이

① 임분밀도가 높을수록 자연적으로 고사하는 가지가 가늘어진다.
③ 잔지의 매입은 줄기의 직경 생장속도가 빠를수록 빨리 매입되며, 잔지의 굵기보다 직경의 생장속도가 매립속도와 상관이 높다.
④ 초기 임분 밀도가 높으면 가지의 고사 속도가 빨라지고, 고사하는 가지의 굵기가 가늘어진다. 이는 우량 목재 생산을 위해 중요하며, 가지의 지름이 4cm 이하로 자연 전지되도록 유도해야 한다.

※ 자연전지(Natural Pruning)

자연전지란 수관 내 하층 가지의 생장이 억제되거나 고사하여 자연적으로 줄기에서 떨어져 나가는 현상을 말한다. 이는 임분 밀도, 광량, 생장 공간 부족 등이 복합적으로 작용하여 발생한다.

• 개념 및 중요성

→ 개념 : 줄기에 붙어 있는 가지가 수량 부족 및 확장할 공간의 부족으로 고사하여 떨어지는 현상이다. 가지가 떨어질 때 짧은 가지 일부가 줄기에 남는데, 이를 잔지(branch stub)라고 한다.

→ 중요성 : 우량 목재(옹이가 적고 균일한 재질) 생산에 필수적이며, 이는 잔지가 줄기 안으로 빨리 파묻혀 들어가야 가능하다. 이러한 자연전지 현상은 아래쪽 가지부터 시작되어 위로 진행된다.

• 공무원 시험 출제 포인트

→ 자연전지는 우량 목재 생산을 위한 필수적인 과정이다. 초기 임분 밀도가 높을수록 가지 고사 속도가 빠르고, 가늘게 고사하여 우량 목재 생산에 유리하다.

→ 자연전지의 3단계(가지의 고사 → 삭지의 탈락 → 잔지의 매몰)를 정확히 이해해야 한다. 삭지 탈락은 균의 작용과 바람의 동요, 기후(온습도)의 영향을 받는다. 잔지 매몰은 줄기의 직경 생장 속도에 주로 의존한다.

---

6 상**중**하 | ①

풀베기는 조림목이 활착하여 어느 정도 생장하였을 때 경쟁에서 이길 수 있도록 작업을 한다.

② 덩굴제거는 풀베기작업과 어린 나무 가꾸기를 할 때는 물론 덩굴이 경영대상목의 생육에 지장을 줄 때도 언제든지 실시한다.

---

7 상**중**하 | ③

• 수관간벌은 주로 준우세목을 벌채하여 우세목의 생육을 촉진하는 것이다.

• 잘 자란 우세목을 벌채하는 것은 택벌식 간벌이며, 이때 피압된 수관층의 일부도 벌채할 수 있다.

---

8 상중**하** | ①

수액 이동이 없는 기간에 가지치기를 해야 나무의 건강과 장기적인 생장에 유리하다. 이때를 휴면기라고 하며 보통 늦가을 잎이 떨어진 후부터 이른 봄 새싹이 나오기 전을 말한다.

---

② 침엽수는 절단면이 줄기와 수평이 되도록 가지를 제거한다.

③ 톱밥, 숯, 펄프 등을 생산하기 위한 일반 소경재에 대해서는 가지치기를 하지 않는다.

④ 활엽수의 가지치기에서 지용부는 손상되지 않도록 한다.

---

9 상**중**하 | ③

어린 나무 가꾸기는 식재 후 5~10년 정도에 실시하며(ㄱ. 오답), 조림목의 성장에 방해가 되는 하층식생만 제거한다(ㄹ. 오답)

보충

어린 나무 가꾸기는 나무를 심은 후 5~10년 동안 심은 나무가 잘 자랄 수 있도록 나무 주변의 병든 나무, 잘 자라지 못하는 나무 등을 잘라주는 작업이다.

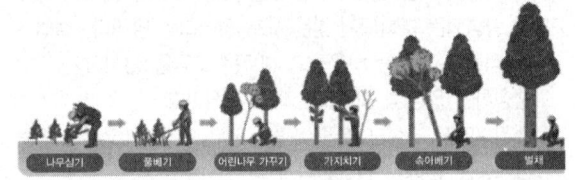

| 벌채 수확 후 | 3~6년 | 5~10년 | 5~15년 | 15년 이후 | 벌기령 이후 |

[숲의 연령에 따른 필요한 작업종류]

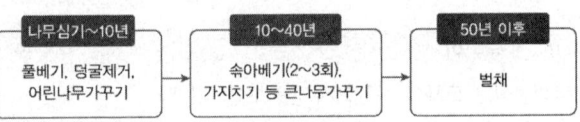

TIP

어린 나무 가꾸기의 출제 포인트

• 어린 나무 가꾸기는 일반적으로 조림 후 5 ~ 10년이 경과한 임분을 대상으로 실시한다.

→ 풀베기 작업이 끝난 이후 조림목의 수관 경쟁이 시작되고 조림목의 생육이 저하되는 단계

→ 작업시기는 6월~9월이다.

• 어린 나무 가꾸기의 가지치기는 전정가위를 이용하여 수고의 50% 내외로 가지치기 한다.

→ 어린 나무 가꾸기의 가지치기(주로 수형다듬기) 대상은 주로 형질우량목이다.

• 조림목의 생장이 불량할 경우에는 조림목을 제거한다.

• 어린 나무 가꾸기는 조림목과 경쟁하는 목적 이외의 수종과 조림목 중에서 형질불량목이나 폭목 등을 제거하는 작업이다.

- 동령림의 숲가꾸기에서 유령림은 임분울폐가 시작되어서 흉고직경이 6cm 이상인 우세목이 임분 내 50% 이상일 때의 단계로 잡목 솎아내기 또는 어린 나무 가꾸기로 생육공간을 확보하고 불량목을 제거한다.

10 상**중**하 | ②

② 데라사끼(寺崎)의 간벌은 수관급 구분에 의한 간벌양식이다.

[데라사끼의 수형급 중 2급목]

a. 수관발달이 지나치게 왕성하고, 넓게 확장하거나 또는 위로 솟아올라 수관이 편평한 폭목(暴木 ; wolf tree)
b. 수관발달이 지나치게 약하고, 이웃한 나무 사이에 끼어서 줄기가 가늘고 긴 개재목(介在木)
c. 이웃한 나무 사이에 끼어서 옆의 나무 때문에 수관이 비뚤게 자란 편기목(偏倚木)
d. 줄기가 갈라지거나 굽는 등 수형에 결점이 있는 것, 그리고 모양이 불량한 곡차목(曲叉木)
e. 이미 피해를 받은 피해목(被害木)

11 상**중**하 | ④

ㄱ. 모두베기는 주로 양수에 적용된다.
ㄴ. 둘레베기는 조림목 주변을 반경 50cm 내외로 정방형 또는 원형으로 잘라내는 방법으로 군상식재지 등 조림목의 특별한 보호가 필요한 경우에 적용

[보충]

※ 지속가능한 산림자원 관리지침 중
[풀베기]
• 작업 대상지
→ 조림 후 주변 식생에 의해 조림목이 피압되어 생장의 저해가 우려되는 인공 조림지를 대상으로 하며, 조림 당년~5년차 임지가 주 대상지가 됨. 단, 조림목의 수고가 제거대상 식생에 비해 약 1.5배 큰 경우에는 제외함
→ 표준지 조사결과 조림 당해연도 조림지 활착률이 50% 미만인 지역은 사업 대상지에서 제외함
→ 모두베기는 조림지 전면의 잡초목을 모두 베어내는 방법으로 소나무, 낙엽송, 삼나무, 편백 등 조림 또는 갱신지에 적용하며, 대상지 내 조림목을 제외한 모든 식생(지조물 정리지 내 관목 및 맹아목 포함)이 제거대상임
→ 줄베기는 조림목의 식재열을 따라 약 90cm~100cm 폭으로 잘라내는 방법으로 한해·풍해 등이 예상되는 지역에 적용
→ 둘레베기는 조림목 주변을 반경 50cm 내외로 정방형 또는 원형으로 잘라내는 방법으로 군상식재지 등 조림목의 특별한 보호가 필요한 경우에 적용
• 작업 시기
→ 일반적으로 연 1회 실행지는 5월~7월에 실시
→ 연 2회 실행지의 경우 1차 풀베기는 동일하며, 2차 풀베기는 8월 또는 9월 초순까지 추가로 실시할 수 있으며, 현장상황을 고려하여 풀베기 시기를 9월 중순까지 조절할 수 있음
→ 지역별 권장 시기는 다음과 같음
  ㉮ 온대남부 : 5월 중순~9월 초순
  ㉯ 온대중부 : 5월 하순~8월 하순
  ㉰ 고산 및 온대북부 : 6월 초순~8월 중순
• 작업 횟수
→ 조림목의 수고가 풀베기 대상물 수고에 비해 약 1.5배 또는 60~80cm 정도 더 클 때까지 실시
→ 잣나무, 소나무류는 5~8회, 낙엽송, 참나무류(상수리나무)는 5회를 기준으로 하되 수목과 풀베기 대상물의 생장 상황에 따라 가감할 수 있음
→ 잡초목이 무성할 경우에는 연 2회 실시하며 특히, 양수(陽樹)의 경우에는 주위 식생에 의한 피압을 받기 쉬우므로 다른 수종보다 우선 실시
→ 비료를 준 조림지에서는 최소 식재당년과 이듬해에는 연 2회의 풀베기 실시
• 작업방법
→ 풀베기 작업 시 잡초목의 제거부위는 최대한 지표에 가깝게 제거함
→ 모두베기 및 줄베기 작업 시에는 예취기 작업으로 인한 묘목피해를 줄이기 위해 낫을 사용하여 조림목 반경 20cm 이내의 식생을 제거하는 묘목찾기를 선행한 후 예취기 작업을 실시함
→ 대상지 내 조림목이 없어 자연적으로 발생한 우량한 천연치수가 있는 경우에는 유사수종(침엽수 조림지에는 침엽수 천연치수, 활엽수 조림지에는 교목성 활엽수 천연치수)의 경우에만 존치함
• 조림목 피해 산정기준
→ 조림목 피해 적용대상
  ㉮ 국고보조 사업으로 실행한 풀베기 작업과정에서 발생한 조림목의 피해를 대상으로 하며, 사업시행자는 공사계약 일반조건(기획재정부·행정자치부 예규)에 따라 이로 인한 손해를 부담하여야 함
  ㉯ 적용대상 조림목의 피해는 예취기, 낫 등 작업도구에 의한 초두부의 절단 등 조림목의 정상적 생장에 지장을 주는 피해가 해당
  ㉰ 풀베기 작업과정에서 피해율 허용치는 10% 미만으로 정함
→ 피해율 및 피해액 산정기준
  ㉮ 피해율 산출기준
    – 피해율 조사는 감리자가 표준지 조사법에 의하여 조사
    – 피해율은 표준지내 자연고사목을 제외한 조림목 본수대비 풀베기 작업으로 인한 피해본수 비율임
    – 세부 기준은 숲가꾸기 설계·감리 및 사업시행지침에 따름

ⓒ 피해액 산정기준
 - 피해액 적용단가는 산림청장이 고시하는 최근 연도 조림비용 적용
 - 피해액은 피해면적에 대하여 피해율과 피해금액 적용단가로 곱하여 산정

12 상중하 | ④

④ 생산력이 떨어지는 아랫가지는 제거한다.

🗨 보충

※ 지속가능한 산림자원 관리지침 중
[가지치기]
• 어린 나무 가꾸기, 솎아베기 시 가지치기를 함께 할 수 있으나 가지치기를 별도의 작업으로 실행할 수 있음
• 죽은 가지의 제거는 작업 시기에 큰 상관이 없으나 산 가지치기는 가급적 11월 이후부터 이듬해 5월 이전까지 실행
• 적용 대상
 → 적용대상 수종은 소나무, 잣나무, 낙엽송, 전나무, 해송, 삼나무, 편백 등으로 함
 → 목표생산재가 톱밥, 펄프, 숯 등 일반소경재일 경우에는 가지치기를 실시하지 않음
 → 자연낙지(落枝)가 잘 되는 수종은 가지치기를 생략할 수 있음
 → 지름 5cm 이상의 가지는 자르지 않음
 → 활엽수는 가급적 밀식으로 자연낙지를 유도하고 죽은 가지를 제거
 → 포플러나무류는 으뜸가지[力枝]이하의 가지만 제거
• 작업 방법
 → 가급적 1차 솎아베기나 천연림보육(수고 10~12m 또는 목표생산재 직경의 1/3 시점) 시기에서 가지치기를 완료하되, 경관 개선 또는 작업의 편의를 목적으로 고사지를 정리할 경우에는 그 이후라도 실행 가능
 → 최종수확 대상목(도태간벌의 경우 미래목)이 선정되기 전까지는 형질이 좋은 나무에 대해서, 선정되고 난 후에는 최종수확 대상목(도태간벌의 경우 미래목)에 대해서만 가지치기 실시
 → 어린 나무 가꾸기 가지치기는 형질우량목에 한해 손톱 및 고지톱으로 하며, 수형교정은 가급적 전정가위로 실행하고 수고의 50% 내외의 높이까지 실행
 → 솎아베기 단계의 가지치기는 최종수확 대상목을 중심으로 손톱 및 고지톱을 활용하여 수고의 50~60% 내외의 높이까지 실행
 → 침엽수는 절단면이 줄기와 평행하게 되도록 가지를 제거
 → 활엽수는 죽은 가지의 경우 지융부(枝隆部)가 상하지 않도록 제거

13 상중하 | ①

포플러류, 소나무류, 낙엽송, 삼나무, 편백, 전나무류 등은 상구유합에 걸리는 시간을 고려하여 생가지치기도 실시할 수 있다.

생가지치기의 위험성이 큰 수종	생가지치기는 부후의 위험이 있는 수종	위험성이 거의 없는 수종
단풍나무류, 느릅나무류, 벚나무류, 물푸레나무 등	자작나무류, 너도밤나무, 버드나무류, 사시나무, 가문비나무류 등	포플러류, 소나무류, 낙엽송, 삼나무, 편백, 전나무류 등
자연낙지 또는 고지치기만 실시	원칙적으로 고지치기만을 실시	상구유합에 걸리는 시간을 고려하여 생가지치기도 포함하여 실시

14 상중하 | ②

주로 준우세목을 벌채하는 것은 상층간벌이다.

간벌 유형	설명
도태간벌 (선발간벌)	불량 품종이나 개체를 제거하고 우량한 나무를 남기는 솎아베기, 수광생장간벌
택벌식 간벌	잘 자란 우세목을 대상으로 하는 솎아베기, 수익이 발생하지 않는 나무는 베지 않음
하층간벌	상층은 남기고 하층을 솎아베어 상층목의 자람을 돕는 방식
상층간벌 (수관간벌)	상층 임관을 제거하여 같은 층의 우량목 생장을 촉진하는 방식, 준우세목 벌채, 프랑스법, 덴마크법으로도 불림
수익간벌	벌채목의 판매수익이 발생하는 솎아베기
정량간벌	본수나 재적 등의 기준을 정해놓고 실시하는 간벌
열식간벌	정량간벌의 일종으로, 줄 단위로 솎아베는 기계적 간벌
기계적 간벌	수목 간의 거리를 미리 정하고, 수관 모양에 관계없이 실시하는 솎아베기
등거리간벌	남겨진 나무 사이 거리를 비슷하게 유지하는 기계적 간벌
군상간벌	개체보다는 그룹 단위의 무육간벌, Busse가 주장
대상간벌	30년생 숲을 좁은 단책형으로 강한 솎아베기 후, 사이에 남는 임지는 솎아베기를 하지 않음, Urich가 주장
중간벌채 (무육벌채)	어린 나무 가꾸기와 솎아베기 등을 포함하는 용어, 수익간벌에 대응

15 상중하 | ④

④ 밀도가 낮으면 총생산량 중 가지가 차지하는 비율이 높아지고, 간재적의 점유 비율은 낮아진다. – 목재는 주로 줄기에서 생산되므로 간재적의 비율을 높게 하려면 밀도가 높게 관리되어야 한다.

16 상중하 | ②

② 줄기의 형태와 수관의 특성으로 구분되는 수관급이나 수형급을 바탕으로 간벌목을 선정하는 것은 정성간벌이다.

17 상중하 | ④

- 도태간벌에서는 미래목만 가지치기를 실행한다.
- 산 가지치기일 경우 11월부터 이듬해 5월 이전까지 실행하여야 하나 작업 여건, 노동력 공급 여건 등을 감안하여 작업 시기 조정 가능
- 가지치기는 반드시 톱을 사용하여 실행한다.

18 상중하 | ①

- 데라사끼 수형급에서 1급은 우량목, 2급목은 다소 피압된 나무다. 덴마크 수형급은 남겨야 할 우량목을 주목(A), 간벌대상을 유해부목(B)이라고 한다.
- 우리나라 천연림 수형급 중 임분 구성에 필요한 예비목을 중용목이라고 한다.

📋 보충

유형	수관급 (수형)	간벌양식	대상
데라사끼	1급~5급목	ABC(하층) DE(상층)	
Hawley	우세목~ 피압목	A(약, 하층) BCD(강, 상층)	침엽수종 일제임분
가와다	ABBCDE	A남김 B(경쟁) D(피압)제거	(방치된)천연 활엽수림
덴마크	A(주목)~ D(중립목)	유해부목(B) 유요부목(D)	활엽수림

19 상중하 | ③

ㄴ, ㄹ의 지문이 맞고, ㄱ, ㄷ의 지문은 틀렸다.

오답풀이

> ㄱ. 상층간벌은 수관간벌과 택벌식 간벌이 있다.
> 수관간벌은 주로 준우세목을 벌채하여 우세목의 생육을 촉진하는 것이다. 주로 우세목이 벌채되고 피압된 가장 낮은 수관층의 나무도 일부 벌채될 수 있는 것은 택벌식 간벌이다.
> ㄷ. 불량 품종이나 개체를 제거하고 형질이 우량한 나무를 미래목으로 남기는 방법은 도태간벌이다. 기계적 간벌은 정량간벌의 방법으로 상층목과 하층목이 같은 비율로 제거된다.

20 상중하 | ③

③ 가지치기 효과는 어린 나무가 크다. 어린 나무일 때는 강도의 가지치기에도 견딘다.

21 상중하 | ③

ㄱ. 할접에 이용되는 대목은 굵고, 접수는 가늘다.
ㄷ. 박접은 대목의 수피에 얇게 칼을 넣어 삭면을 만든다.

📋 보충

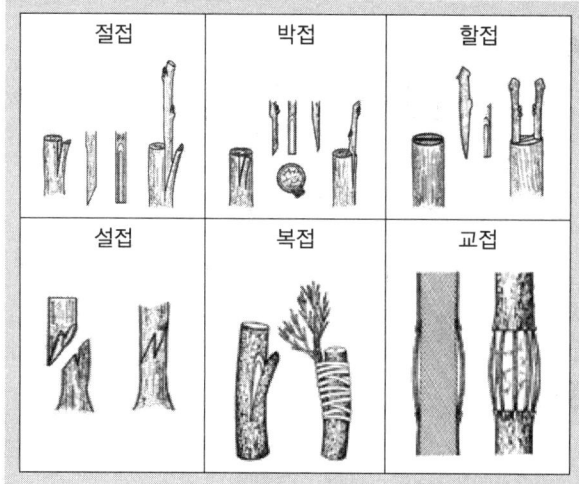

절접	박접	할접
설접	복접	교접

22 상중**하** | ②

② 일본잎갈나무와 소나무 같은 양수는 모두베기를 적용한다.

23 상중**하** | ③

형질우량목은 가지치기를 통해 수형을 다듬는다. 어린 나무 가꾸기의 가지치기는 대체로 수형다듬기에 해당하며, 수고 2~3m의 어린 나무일 때 전지가위로 하는 가지치기는 피해가 발생하지 않는다.

24 상중**하** | ①

도태간벌은 미래목의 집약적 관리로 비용은 줄이면서 우량 대경재를 생산할 수 있는 간벌방법이다. 지력이 좋고(지위 중 이상), 입목의 생육상태가 좋은(평균수고 10m 이상) 산림에 적용한다.

25 상중**하** | ③

형질조정이 보육작업의 주목적인 것은 장령림에 해당한다.
• 성숙림의 작업목적은 수확갱신이다. 작업 방법은 솎아베기와 대경재수확, 갱신 준비 등이다.
• 경쟁 조정을 위한 불량목 제거는 주로 유령림 단계에서 이루어진다.

26 상중**하** | ④

가지치기를 과도하게 하면 부정아 발생, 도장지 발생, 흡지 발생 등과 같은 부작용이 발생한다.

27 **상**중하 | ①

Hawley 간벌방법은 수관급을 바탕으로 하층간벌, 수관간벌, 택벌식 간벌을 하므로 정성적 간벌방법이다. 정량간벌은 재적과 본수를 간벌의 기준으로 삼는다. 기계적 간벌은 수고와 형질이 거의 차이를 보이지 않을 때 적용하는 간벌방법이다.

28 상**중**하 | ④

침입목과 천연발생목, 조림목 중 형질이 불량한 나무를 제거하는 작업은 어린 나무 가꾸기에 해당한다.

보충

어린 나무 가꾸기는 조림목과 경쟁하는 목적 이외의 수종과 조림목 중에서 형질불량목이나 폭목 등을 제거하는 작업이다. 폭목은 야생 동식물의 서식처·먹이, 경관유지, 밀도조절 등을 감안하여 제거하지 않을 수 있다.

TIP

그림과의 연관성보다는 어린 나무 가꾸기의 방법으로 옳지 않은 것을 골라야 한다.

29 상중**하** | ②

(가) 햇빛을 다량 요구하는 양수수종의 조림지에 일반적으로 적용한다. → 모두베기

(나) 현장에서 가장 일반적으로 실시하는 방법으로 한해, 풍해 등이 예상되는 지역에 적용한다. → 줄베기

(다) 군상식재지 등 조림목의 특별한 보호가 필요한 경우 적용한다. → 둘레베기

보충

※ 지속가능한 산림자원 조성 및 관리 지침 중 풀베기
• 작업 종류별 대상지
  → 모두베기는 조림지 전면의 잡초목을 모두 베어내는 방법으로 소나무, 낙엽송, 삼나무, 편백 등 조림 또는 갱신지에 적용
  → 줄베기는 조림목의 식재열을 따라 약 90cm~100cm 폭으로 잘라내는 방법으로 한해·풍해 등이 예상되는 지역에 적용
  → 둘레베기는 조림목 주변을 반경 50cm 내외로 정방형 또는 원형으로 잘라내는 방법으로 군상식재지 등 조림목의 특별한 보호가 필요한 경우에 적용
• 작업 시기
  → 일반적으로 1회 실행지는 5월~7월에 실시
  → 2회 실행지의 경우는 8월에 추가로 실시할 수 있으며 9월 초순 이후의 풀베기는 피함
  → 지역별 권장 시기는 다음과 같음
    ㉮ 온대남부 : 5월 중순~9월 초순
    ㉯ 온대중부 : 5월 하순~8월 하순
    ㉰ 고산 및 온대북부 : 6월 초순~8월 중순
• 작업 횟수
  → 조림목의 수고가 풀베기 대상물 수고에 비해 약 1.5배 또는 60~80cm 정도 더 클 때까지 실시
  → 잣나무, 소나무류는 5~8회, 낙엽송, 참나무류(상수리나무)는 5회를 기준으로 하되 수목과 풀베기 대상물의 생장 상황에 따라 가감할 수 있음
  → 잡초목이 무성할 경우에는 연 2회 실시하며 특히, 양수(陽樹)의 경우에는 주위 식생에 의한 피압을 받기 쉬우므로 다른 수종보다 우선 실시
  → 비료를 준 조림지에서는 최소 식재당년과 이듬해에는 연 2회의 풀베기 실시

TIP

산림자원 조성 및 관리 지침에는 줄베기는 조림목의 식재열을 따라 약 90cm~100cm 폭으로 잘라내는 방법으로 한해·풍해 등이 예상되는 지역에 적용한다고 서술되어 있으나, 한해 및 풍해가 예상되는 지역의 조림지 준비는 둘레베기를 적용하는 것도 이론적으로는 타당할 수 있지만, 지침은 법이므로 현장 여건의 특이성 등 특수한 여건이 아니면 지침을 적용하여야 하며, 시험에 출제되는 지문은 지침 등 법이 최우선이며, 그 다음은 매뉴얼, 논문 그리고 대학 등에서 사용되는 교재의 순으로 적용하여야 한다.

30 상**중**하 | ③

(가)는 중용목에 대한 지문이며 (나)는 무관목 (다)는 보호목에 대한 설명이며, 시험의 지문은 우리나라 인공림에 적용하는 도태간벌 대상목에 대한 구분이다.

※ 도태간벌 [지속가능한 산림자원 조성 및 관리에 관한 지침]
→ 선발간벌이라고도 하며, 솎아베기를 할 때 불량 품종이나 개체를 제거하고 형질이 우량한 나무를 남기는 수광생장간벌이다.

※ 적용 대상지
• 미래목의 집약적 관리를 통하여 우량대경재 이상을 목표생산재로 하는 산림
• 지위(地位) '중' 이상으로 지력(地力)이 좋고 입목의 생육상태가 양호한 산림
• 우세목의 평균수고 10m 이상 임분으로서 15년생 이상인 산림
• 어린 나무 가꾸기 등 숲가꾸기를 실행한 산림. 다만, 숲가꾸기를 실행하지 않았더라도 상층 입목 간의 우열이 현저한 우량 임분은 실행 가능
• 조림수종 외에 다른 수종이 많이 혼효되어 정량간벌이나 열식 간벌이 어려운 산림

---

31 상중하 | ③

③ 최하층의 4, 5급목 전부와 3급목의 일부, 그리고 2급목의 상당수를 벌채하는 방법 → B종 간벌

오답풀이

① 4급목과 5급목을 제거하고 2급목의 소수를 벌채하는 방법 → A종 간벌
② 상층수관을 강하게 벌채하고 3급목을 남겨서 수간과 임상이 직사광선을 받지 않도록 하는 간벌 방법 → D종 간벌
④ 우세목을 벌채하여 그 아래에 자라는 나무의 생육을 촉진하는 간벌 방법 → D, E종 간벌

📝 보충

데라사끼의 간벌양식은 하층간벌이 A,B,C종이며, 상층간벌이 D,E종이다.

TIP

데라사끼 간벌양식은 찬찬히 읽어서 외우려고 하면 끝까지 헷갈리거나, 끝내 못 외울 수 있다.
지문에 나오는 알파벳과 숫자를 추려내면 다음과 같다.
A452 B4532 C1 D3 E4
"A452" "C1 D3 E4" 이렇게 음절을 구분하여 소리내어 반복해서 읽으면 외워지는데.. 이 단계에서 멈추면 다시 까먹게 된다.
한 단계 더 나아가서 "A452는 4,5급목 제거 2급 소수 제거"

"C1 1급목 일부도 벌채, D3 3급목 잔존, E4 4급목 잔존" 이렇게 연상하며 복원할 수 있어야 확실하게 암기된 상태다.
시험 전에 노트 앞에 적어 놓고 다시 반복하면 거의 맞힐 수 있다.
"힘내자!!! 아자 아자!!!"

---

32 상중하 | ④

④ 느티나무와 가시나무는 활엽수이므로 가지터기(잔지, 지융부)를 남기면서 생가지를 잘라야 한다.

📝 보충

③ 죽은 가지와 쇠약한 가지를 잘라주는 것은 부후위험성 감소와 함께 사절(옹이)을 줄이기 위한 공통적인 가지치기 방법이다.

---

33 상중하 | ①

어린 나무 가꾸기는 ⓣ 풀베기작업이 끝난 후에 솎아베기 전까지 실시한다. (제거할 나무 중) 맹아력이 왕성한 수종은 절단 높이를 ⓛ 1m 이상으로 한다. 어린 나무 가꾸기 시기는 6~8월인 ⓒ 여름철에 작업효과가 높다.

---

34 상중하 | ④

④ 남은 가지가 줄기에 매립되는 기간은 굵을수록 오래 걸리므로 잔지의 굵기에 비례한다.

📝 보충

자연전지는 피음된 가지의 고사 속도가 빠르면 양수이고, 식재밀도가 높으면 음수라도 가지는 고사한다.

---

35 상중하 | ②

수관의 크기가 평균에 가까운 것은 준우세목(C-D)이다. 중간목은 수관이 끼어있어 제대로 자라지 못해 수관의 크기가 평균 이하가 된다.

Hawley의 수관급은 우세목, 준우세목, 중간목, 피압목으로 구분된다. 관리되지 않았던 천연활엽수림에 나타난 임분의 분화

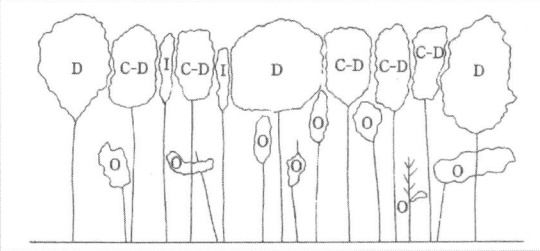

구분	형태
우세목 (D)	상층임관을 구성하며, 상당량의 측방 광선을 받을 수 있는 수관, 평균 이상의 크기 수관
준우세목 (C-D)	우세목과 비슷하나 측방광선을 받는 양이 비교적 적다. 평균 크기의 수관
중간목 (개재목, I)	수고는 우세목과 준우세목보다 떨어지고, 수관이 끼어 있다. 상방광선량은 제한되고, 측방광선은 거의 받지 못함
피압목 (O)	하층임관을 구성하여 직사광선을 거의 받지 못함

36 상중**하** | ②

② 고밀도 임분에서는 자연낙지에 의해 지하고가 높아진다.

37 상중**하** | ③

③ 일반적으로 낙엽송, 소나무와 같은 양수는 고사하는 일이 흔하지 않아 보식용 묘목을 준비할 필요가 없다.

※ 보식
• 식재된 묘목은 2년이 지나게 되면 일부가 고사하게 된다.
• 고사목을 보충해서 묘목을 심는 것을 보식(補植, supplemental planting)이라고 한다.
• 지존작업(地拵作業) 관계로 식재가 늦어진 일부 면적에 심어 주는 것도 보식에 포함시킬 수 있다.
• 새로 심은 묘목이 고사하는 것은 묘목 취급의 잘못, 그리고 올바르지 못한 식재가 원인이다.
• 고사율(枯死率)은 일반적인 조건에 있어서는 10~20%이지만 수종에 따라 다르다.
• 봄에 심은 것은 그해 가을이 되면 다음해 보식해야 할 작업량이 뚜렷해진다.

• 보식은 국부적으로 묘목이 모두 고사했을 때 실시하고, 산점적(散點的)으로 고사한 때에는 실시하지 않는다.
• 초기의 식재밀도가 높으면 고사율이 높아도 보식할 필요성은 거의 없다.
• 몇 %가 고사하면 보식해야 하는가 하는 문제는 고사상황을 보고 결정해야 한다.
• 보식한 묘목은 성과가 대체로 좋지 않다.
• 낙엽송·소나무·해송·느티나무와 같은 양수는 10% 이상의 고손(枯損)이 생기는 일이 흔하지 않으므로 보식하는 일은 거의 없다.
• 보식용 묘목은 신식(新植) 때 심은 것보다 2년 더 많은 묘령의 것을 심는다.
• 밤나무·오동나무 등 거리를 멀리 해서 심는 수종은 보식해야 한다.

38 상중**하** | ②

Hawley 간벌방법은 수관급을 바탕으로 하층간벌, 수관간벌, 택벌식 간벌을 하는데, 우세목을 간벌하는 것을 택벌식 간벌이라고 한다.

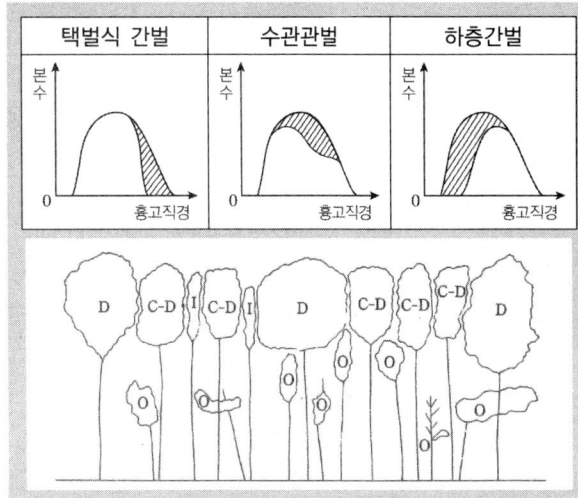

관리되지 않았던 임분에 나타난 수관의 분화(Hawley)
D : 우세목, C-D : 준우세목, I : 중간목, O : 피압목

구분	형태
우세목 (D)	상층임관을 구성하며, 상당량의 측방 광선을 받을 수 있는 수관, 평균 이상의 크기 수관
준우세목 (C-D)	우세목과 비슷하나 측방광선을 받는 양이 비교적 적다. 평균 크기의 수관
중간목 (개재목, I)	수고는 우세목과 준우세목보다 떨어지고, 수관이 끼어 있다. 상방광선량은 제한되고, 측방광선은 거의 받지 못함
피압목 (O)	하층임관을 구성하여 직사광선을 거의 받지 못함

• 가문비나무는 생가지치기를 하면 부후의 위험이 있다.
• 가지치기할 경우 죽은 가지와 쇠약한 가지만을 제거해야 한다.

📋 보충

① *Picea jezoensis* 가문비나무
② *Pinus thunbergii* 해송
③ *Cryptomeria japonica* 삼나무
④ *Chamaecyparis obtusa* 편백나무
• 단풍나무류, 벚나무류, 버드나무류, 사시나무류, 느릅나무류 활엽수는 자연낙지를 유도하고 고지치기를 한다.
• 침엽수 중 가문비나무는 생가지치기를 하면 목재부후의 위험이 있어 마른 가지만 잘라준다. 고지치기만 해준다.

② 성숙림은 흉고직경 18cm인 우세목이 임분 내 50% 이상일 때의 임분이다.

※ 동령림의 생육단계와 숲가꾸기 작업 [국립산림과학원]

생육 단계	특징	산림보육 작업	작업 목적	가꾸는 방법
치수림	• 임분이 시작되어 울폐되기 직전까지의 단계 • 풀이나 잡관목과 햇빛 경쟁을 하는 시기	풀베기, 솎아주기, 보식, 갱신치수 보호	숲 만들기	인공갱신, 천연갱신
유령림	• 임분울폐가 시작될 때부터 흉고직경 6cm 이상인 우세목이 임분 내 50% 이상 • 고사지 발생, 임관층 분화 시작	잡목솎아내기, 생육공간 확보, 불량목 제거	경쟁 조정	어린 나무 가꾸기

장령림	• 흉고직경이 10cm 이상인 우세목이 임분 내 50% 이상일 때의 임분	가지치기, 경합목, 솎아베기	형질 조정	미래목 가꾸기 및 솎아베기
성숙림	• 흉고직경 18cm인 우세목이 임분 내 50% 이상일 때의 임분	솎아베기, 대경재 수확	수확 갱신	수확 및 갱신준비

오답풀이

① 우량대경재 생산을 목적으로 형질이 우수한 나무를 미래목으로 지정하는 것이 도태간벌의 방법이다. 주변의 생장방해목들은 우량목이든 불량목이든 모두 제거하는 것이 아니라 간벌세포를 우선 제거한다.
② 후보목은 임목형질과 우열이 확실히 알 수 없는 유령림 단계에서 차후 선발목이 될 가능성이 있는 우량한 나무를 말한다. 인접목보다 우수하지만, 후일 다시 평가하여 최종수확목으로 남기거나 벌채되는 나무는 선발목에 대한 설명이다.
④ 유령림단계에서 차후에 후보목으로 선택될 가능성이 있는 우량한 나무로서, 보육작업 시 선발하여 특별히 보호하는 나무는 후보목에 대한 설명이다.

장령림은 경합목 솎아베기와 가지치기로 형질조정을 한다.

오답풀이

① 치수림 – 숲만들기
② 유령림 – 경쟁조정
④ 성숙림 – 수확갱신

📋 보충

※ 동령림의 생육단계와 숲가꾸기 작업 [국립산림과학원]

생육 단계	특징	산림보육작업	작업 목적	가꾸는 방법
치수림	• 임분이 시작되어 울폐되기 직전까지의 단계 • 풀이나 잡관목과 햇빛 경쟁을 하는 시기	풀베기, 솎아주기, 보식, 갱신치수 보호	숲 만들기	인공갱신, 천연갱신

유령림	• 임분울폐가 시작될 때부터 흉고직경 6cm 이상인 우세목이 임분 내 50% 이상 • 고사지 발생, 임관층 분화 시작	잡목솎아내기, 생육공간확보, 불량목 제거	경쟁 조정	어린 나무 가꾸기
장령림	• 흉고직경이 10cm 이상인 우세목이 임분 내 50% 이상일 때의 임분	가지치기, 경합목, 솎아베기	형질 조정	미래목 가꾸기 및 솎아베기
성숙림	• 흉고직경 18cm인 우세목이 임분 내 50% 이상일 때의 임분	솎아베기, 대경재 수확	수확 갱신	수확 및 갱신준비

---

43 상**중**하 | ④

가지치기 중 생가지치기는 되도록 성장 휴지기에 하는 것이 좋다.

오답풀이

① 솎아베기는 수액의 이동이 정지된 시기가 적합하다.
　→ 잔존목이 보호된다.

---

44 상**중**하 | ②

Ⓑ는 보호목으로 하층임관을 이루고 있는 유용한 임목으로서 임지보호를 위해 남기는 나무다.
Ⓐ는 미래목으로 나무사회적 위치, 건전성, 형질 등이 가장 우수한 나무로 선발되어 최종수확목으로 남겨지는 나무다.

오답풀이

① 개재목은 수관의 발달이 지나치게 약하고 이웃한 나무에 끼여서 줄기가 가늘고 길게 된 것이다.
③ 방해목은 주로 중용목과 보호목의 생장에 방해가 되는 나무로 경쟁목과 지장목이 이에 해당한다.
④ 중간목은 수고가 우세목과 준우세목보다 못하면서 그들 사이에 끼어있는 나무다. 측방광선은 거의 받지 못하고, 수관의 측방으로부터 많은 압력을 받는다.

---

45 상**중**하 | ③

오답풀이

① 건전하고 형질이 우수하여 최종 수확목으로 남겨지는 나무 → 미래목에 대한 설명이다.
② 하층 임관을 구성하는 유용한 임목으로 임지보호가 목적인 나무 → 보호목에 대한 설명이다.
④ 불량목과 피해목 등으로 임분 구성상 남겨 두고 추후 간벌 대상이 되는 나무 → 무관목에 대한 설명이다.

---

46 상**중**하 | ③

ㄹ. 우리나라 천연림 숲가꾸기에서 적용하고 있는 수형급은 미래목, 중용목, 보호목, 방해목의 4단계로 구분한다.

보충

인공림의 수형급은 미래목, 중용목, 보호목, 방해목, 무관목의 5단계로 구분한다.

---

47 상**중**하 | ④

오답풀이

ㄱ. 조림한 나무는 보통 10년생부터 수관경쟁이 생겨 임목의 생장이 방해를 받기 때문에 실시한다.
ㄴ. 임목의 직경생장을 촉진하고 유전적 형질을 개량하여 임분의 가치를 높인다.

MEMO

산림갱신

1 상중하 | ③

③ 모수림의 벌채 때에는 어린 나무가 없다. 개벌보다 벌채가 약 간 까다롭다.

🖉 보충

벌채가 까다롭고 어린 나무에 손상을 줄 수 있는 것은, 산벌의 후벌 에 해당한다.

2 상중하 | ②

오답풀이

① 교호대상개벌법은 전임분을 3개의 조로 나누고, 다시 각 조는 3개의 대로 구분한다. → 교호대상개벌법에서 조의 개수는 면적에 따라 달라지며, 각 조는 2개의 대로 구분한다.

③ 산벌작업에서 예비벌은 1회, 하종벌은 3회의 벌채로 목적을 달성하는 것이 바람직하다. → 산벌작업에서 하종벌은 보통 1회 실시한다. 예비벌은 종자의 결실상황에 따라 횟수가 달라질 수 있다.

④ 보잔모수법은 모수림작업법보다 모수의 수를 적게 남겨 품질 좋은 대경재 생산을 목적으로 한다. → 보잔모수법은 모수림작업보다 모수의 수를 더 남기는 작업법으로 모수림작업의 모수 본수보다 2~3배, 본수로는 50~75본의 보잔목을 남기는데 그 이상 남기면 복층림구조가 된다. 모수로 남겨야 할 임목은 본수로는 2~3%, 재적으로는 약 10% 내외이다.

🖉 보충

※ 대면적교호대상개벌

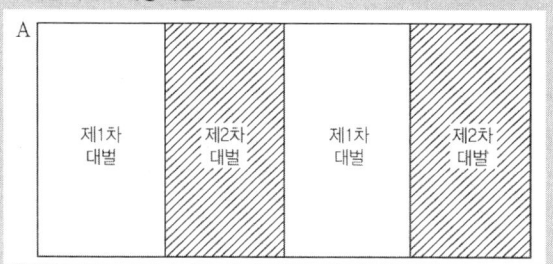

B

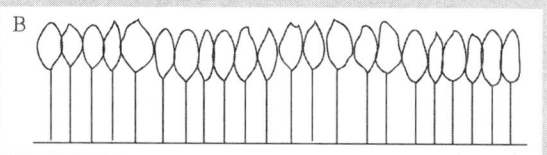

2조의 대로 되어있는 교호대상개벌지의 모양(A는 평면도, B는 측면도)
1차 대벌 후 50년, 2차 대벌 후 45년 경과된 임분
2차 대벌지는 주로 상방천연하종갱신에 의한다.
50년생 수고 24m, 45년생 수고 22.5m, 대의 넓이 24m

3 상중하 | ③

산벌작업으로 천연갱신을 유도하면 갱신기간이 길어진다.
→ 산벌작업의 갱신기간은 20~30년 가량으로 다른 작업종에 비해 길다.

4 상중하 | ③

각 임분 내에서 연속된 숫자들의 차이를 살펴보면 아래와 같다.
• 임분 A: 6 − 1 = 5, 11 − 6 = 5, …, 26 − 21 = 5
• 임분 B: 7 − 2 = 5, 12 − 7 = 5, …, 27 − 22 = 5
• 임분 C: 8 − 3 = 5, 13 − 8 = 5, …, 28 − 23 = 5
• 임분 D: 9 − 4 = 5, 14 − 9 = 5, …, 29 − 24 = 5
• 임분 E: 10 − 5 = 5, 15 − 10 = 5, …, 30 − 25 = 5
따라서 '회귀년 (가)'는 5년
'윤벌기 (나)'는 전체 순환의 총기간을 나타내므로, 표에 있는 모든 숫자들 중 가장 큰 값인 '30'이 윤벌기가 된다.
따라서 '윤벌기 (나)'는 30년이다.

③ 개벌작업보다 갱신임분의 종구성을 조절하기 어려우나
　　→ 맞는 설명
• 개벌작업의 종구성은 식재 또는 파종할 수종을 선정하는 것이
　므로 쉽다. 반면 모수림작업은 남겨둔 모수의 수종에 의해 결정
　되므로 개벌에 비해 상대적으로 어렵다.
• 모수 수종선택의 제한을 받지 않는다. → 틀린 설명
• 모수림 작업은 남겨둔 모수로부터의 종자를 공급하여 후계림을
　조성한다.
• 모수에 적합한 수종은 바람이나 동물에 의해 종자가 잘 확산되
　고, 발아력이 좋으며, 후계림으로 육성하고자 하는 목표 수종
　이어야 한다.
• 무거운 종자를 가진 수종이나 발아력이 낮은 수종은 모수로 부
　적합할 수 있다. 따라서 갱신하고자 하는 수종의 생물학적 특성
　(종자 분산, 발아력, 초기 생장 등)에 따라 모수 수종 선택에 상
　당한 제한을 받는다.

불량림·리기다소나무림의 수종갱신 벌채는 이 기준을 준용함

[친환경벌채의 적용]
• 벌채 시 평균 경급 이상 나무 중 일부를 고루 남겨 임지가 일시
　에 드러나는 것을 방지하여 생태·경관유지·산림 재해방지
　기능을 발휘하도록 실행함
• 벌채 면적이 5ha 이상인 모두베기와 시장·군수·구청장 및
　국유림관리소장이 필요하다고 인정하는 5ha 미만의 모두베기
　에 적용함
• 숲가꾸기·피해목 제거·유실수 수종갱신을 위한 벌채는 적용
　하지 않으나, 불량림·리기다소나무림의 수종갱신 벌채는 이
　기준을 준용함

① 산벌작업은 종자가 커서 멀리 날아가지 못하는 수종이나 음수
　성 수종에 잘 적용되며, 극단적 양수를 제외한 대부분의 수종
　의 갱신에 사용될 수 있다.

중림작업에서 하층목은 움싹갱신을 하는 왜림작업을 적용하고,
상층목은 실생묘를 키우는 교림작업을 적용한다.

📝 보충

※ 중림작업
• 중림은 상층목과 하층목은 동일 수종인 것을 원칙으로 한다.
• 소나무와 같은 교목을 상층으로 키우고, 그 아래에 참나무류를
　왜림으로 혼생시키는 것도 중림이다.
• 하층의 왜림수종은 대체로 내음성이 강한 수종이 유리하다.
• 상수리나무·신갈나무 등의 참나무류는 중용수에 속하지만 소나
　무류와 같은 침엽수 아래에서 왜림으로 키울 수 있는 수종이다.
• 중림의 상층 교목은 지하고가 높고 수관밀도가 낮은 밤나무, 느릅
　나무, 단풍나무, 소나무, 해송, 일본목련, 층층나무, 물푸레나무,
　가래나무, 참나무류 등이 적당하다.
• 산림경영 목적에 따라 중림작업은 상층목과 하층목 중 하나에 중
　점을 두어 관리하기도 한다.

③ 경급별 재적 비율은 소경급 : 중경급 : 대경급 = 2 : 3 : 5이
　다. 경급별 본수 비율은 소경급 : 중경급 : 대경급 = 7 : 2 :
　1이다.

ㄷ. 모수작업은 개벌작업보다 심하지는 않지만 토양침식이 발생
　한다. 개벌작업보다는 토양침식이 적어 임지보호에 효과적
　이다.
ㄹ. 모수는 양수수종을 선정하는 것이 좋다.

📝 보충

※ 모수작업
• 모수는 생육, 형태, 활력 그리고 생장조건이 평균 이상인 성목이
　어야 한다.
• 종자의 비산력이 작은 대립 종자를 가진 수종은 1ha당 50본 이상
　의 모수를 남긴다.
• 난티나무, 자작, 단풍나무류 등과 같은 수종은 1ha당 15~30본
　을 모수로 남겨야 한다.
• 모수로 남겨야 할 임목은 본수로는 2~3%, 재적으로는 약 10%
　내외이다.
　→ 모수의 수확작업은 개벌작업처럼 반출비용이 적게 든다.
　→ 모수림작업은 벌채작업이 집중되어 개벌작업과 같이 벌채목
　　의 반출비용이 적게 든다.
　→ 모수는 양수수종을 선정하는 것이 좋다.
　→ 모수는 양수, 심근성, 두꺼운 수피, 평균 이상의 생장, 생육입
　　지 요구도가 낮은 수종을 선택한다.
　→ 보잔목법은 모수림작업의 모수 본수보다 2~3배, 본수로는
　　50~75본의 보잔목을 남긴다. 보잔목법보다 모수를 더 남기
　　게 되면 복층림구조가 된다.

• 전임지가 노출되므로 종자발아와 치묘발육에 불리하다.
• 토양침식과 유실이 우려된다.
• 임지에 잡초와 관목이 나타나서 갱신에 지장을 준다.
• 풍도(風倒)의 해가 우려될 수 있다.
• 종자의 결실량과 비산능력을 갖춘 수종이어야 한다.
• 과숙임분(過熟林分)에는 적용하기 어렵다. 모수로 잔존시키기에는 안전성이 없을 때가 있기 때문이다.
• 풍치적 가치로 보아 개벌작업보다는 낫지만 그다지 좋지 못하다.

11 상中하 ┃ ④

보잔목법은 모수림작업의 모수 본수보다 2~3배, 본수로는 50~75본의 보잔목을 남기는데 그 이상 남기면 복층림구조가 된다. 모수림작업에서 모수로 남겨야 할 임목은 본수로는 2~3%, 재적으로는 약 10% 내외이다.

오답풀이

① 양수갱신에 적합한 천연하종갱신법이다. 모수는 양수 수종을 선정하는 것이 좋다. 모수는 양수, 심근성, 두꺼운 수피, 평균 이상의 생장, 생육입지 요구도가 낮은 수종을 선택한다.
② 모수림을 과숙임분에 적용하면, 모수가 생존하기 어렵기 때문에 과숙임분에는 적용하기 어렵다.
③ 종자의 착상과 발아를 위해서는 지피물을 긁어내는 교토작업을 한다.

보충

※ 모수작업의 장단점

장점	단점
• 벌채 집중, 경비 절약 • 임지 정비, 노출된 임지의 갱신이 이루어짐 • 작업의 용이성, 개벌작업 다음으로 쉬움 • 개벌작업보다 신생 임분 종적 구성 조절 용이 • 넓은 면적이 일시에 벌채, 갱신 가능	• 전임지 외계 노출, 종자 발아와 치묘발육에 불리 • 토양침식, 유실 우려 • 잡초, 관목 발생, 갱신에 지장을 줌 • 모수가 벌채 이전에 고사하는 경우가 많음 • 풍도의 해 우려 • 종자의 결실량과 비산능력을 갖춘 수종이어야 함 • 과숙임분에 적용 어려움-모수 잔존에 위험 • 풍치적 가치가 낮음

12 상中하 ┃ ②

소개벌(疏開伐, Thinning or Selective Cutting)은 일정 간격으로 덜 중요한 나무나 성장이 불균형한 나무를 선택적으로 제거하는 벌채 방식이다. 이를 통해 나무들의 경쟁을 해소하고, 생육 공간을 확보해 준다.

오답풀이

① 한 개의 조는 2개의 대로 나누어지도록 한다.
③ 2차대벌지의 갱신이 주로 측방천연하종에 의해서 이루어진다.
④ 대의 갱신은 벌기령에 따라 다르다.

보충

교호대상개벌은 먼저 한 개의 띠를 벌채하고, 그 띠와 인접한 다른 띠를 나중에 벌채한다. 벌채된 띠에서 자연갱신이 일어나는 동안 나머지 띠는 숲의 보호 기능을 유지한다.

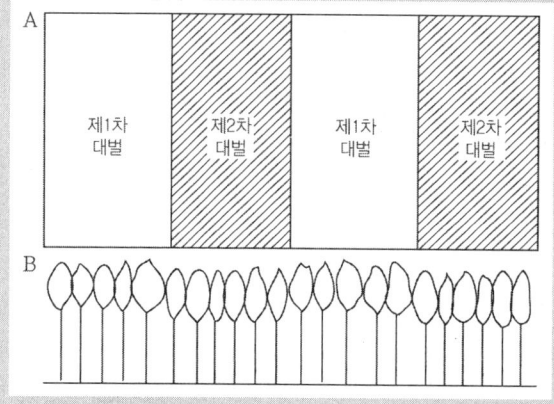

2조의 대로 되어있는 교호대상개벌지의 모양(A는 평면도, B는 측면도)

13 상中하 ┃ ④

펠러번처는 임목을 베고, 옮길 수 있는 기계다.

오답풀이

① 스키더 : 트랙터 등 목재를 끌어서 운반하는 기계
② 소형윈치 : 체인이나 로프로 목재를 끌어서 운반하는 기계
③ 타워야더 : 임업용 트렉터에 철기둥과 도르레가 부착된 집재기

14 상중하 ┃ ③

③ 산목이 치수가 성장하는 동안 보호하기 때문에, 동령교림을 만드는 데 개벌작업보다 갱신의 안전성과 확실성이 높다.

- 산벌은 윤벌기가 끝나기 전에 갱신이 이미 시작된다.
- 산벌은 윤벌기를 단축시킬 수 있다. 우량한 임목들을 남겨서 갱신을 유도하기 때문에 임분의 유전적 형질을 개량할 수 있다. 천연갱신에 의한 방법 중에서는 비교적 갱신기간이 짧은 편이다.

15 상중하 ┃ ④

오답풀이

① 개벌작업 후 갱신된 숲은 동령림으로 되어 각종 병과 해충에 대해 취약해 진다.
② 산벌작업은 음수성 중력종자 수종의 갱신에 유리하고, 개벌작업보다 높은 수준의 기술을 필요로 한다.
③ 택벌작업은 이령림에서 이루어지고, 이령림에서 생산된 목재는 동령림에서 생산된 것과 비교하여 대체로 불량하다.

16 상중하 ┃ ①

왜림작업은 연료림, 제탄용림, 소경재 생산을 목표로 하는 작업방법이다. 참나무, 오리나무, 단풍나무, 물푸레나무, 서어나무, 아까시나무, 자작나무, 느릅나무, 너도밤나무 등의 수종에 적용할 수 있다

오답풀이

② 생장이 왕성한 시기(4 ~ 5월)에 벌채하면 맹아발생이 어렵다.
③ 단위면적당 임목의 생산량이 높고, 단벌기작업에 적당하다.
④ 양료의 소비가 많아, 지력이 좋지 않은 곳에도 실행하기 어렵다.

17 상중하 ┃ ③

모수림작업은 개벌과 같이 벌채작업이 집중되므로 벌채경비가 절감되고, 모수는 주변의 나무가 없어지므로 풍도의 해를 받을 수 있으며, 과숙임분은 모수로 역할을 하기 어렵기 때문에 적용하기 어렵고, 일시에 벌채되고 갱신되므로 개벌과 같이 갱신수종의 조절이 자유롭다.

※ 모수림의 단점
- 전임지가 노출되므로 종자발아와 치묘발육에 불리하다.
- 토양침식과 유실이 우려된다.
- 임지에 잡초와 관목이 나타나서 갱신에 지장을 준다.
- 풍도(風倒)의 해가 우려될 수 있다.
- 종자의 결실량과 비산능력을 갖춘 수종이어야 한다.
- 과숙임분(過熟林分)에는 적용하기 어렵다. 모수로 잔존시키기에는 안전성이 없을 때가 있기 때문이다.
- 풍치적 가치로 보아 개벌작업보다는 낮지만 그다지 좋지 못하다.

18 상중하 ┃ ②

왜림은 임목밀도가 높고 단위면적당 생산량이 높다. 지력이 나쁘면 맹아의 생장에 나쁜 영향을 미쳐 임목의 형질이 나빠진다.

오답풀이

ㄱ. 왜림은 임목밀도가 높고, 수관의 높이가 낮아 산불발생의 위험성이 크다.
ㄹ. 왜림은 생산량이 많은 만큼 양분의 수탈이 심해 환경보호 및 생태적 안정이라는 측면에서 불리하다.

19 상중하 ┃ ①

산벌은 하종벌 이후에 남아있는 임목은 생장이 촉진되어 윤벌기를 단축시킬 수 있고 산벌의 대상은 성숙목이 많은 불규칙한 산림이다.

- 예비벌 과정에서 형질이 나쁜 임목을 베어내므로 임분의 유전형질이 개량된다.
- 산벌은 음수성 수종의 개량에도 사용할 수 있다.

20 상중하 ┃ ④

ㄴ. 산벌작업으로 천연갱신을 유도하면 갱신기간이 길어진다.
　　→ 산벌작업의 갱신기간은 20~30년 가량으로 다른 작업종에 비해 길다.

- 예비벌은 산벌 중 갱신 준비 벌채를 말한다.
- 작업방법은 솎아베기로 임관을 열어 천연갱신에 적합한 임지상태를 만드는 벌채를 한다. 산벌림으로 유도하기 위한 불량목 제거 등 숲가꾸기 작업도 예비벌 과정에 포함될 수 있다.

21 상중하 | ④

모수림에서 하층의 어린 나무는 바람과 햇빛으로부터 보호받기 어렵다. 택벌이나 산벌에 비해서는 어린 나무의 생장에 불리하지만 개벌만큼은 아니다.

📖 **보충**

- 모수의 자산적 가치
  모수는 경영자의 필요에 따라 언제든지 수확하여 사용할 수 있다. 따라서, 예기치 못한 상황이 발생할 경우 모수는 긴급상황에 대처할 수 있는 자산적 가치가 있다. 장기적인 관점에서 보면 모수림작업에서 후계림의 생장손실은 모수의 좋은 생장과 수확에 의하여 경제적으로 충분히 보상받을 수 있다. [조림학 이돈구 향문사 모수림작업]
- 모수의 수확작업은 수량이 적으므로 반출비용이 적게 든다.
  반면, 모수림의 벌채작업은 개벌작업과 같이 벌채작업이 집중되어 벌채목의 반출비용이 많이 들게 된다.
- 모수는 양수수종을 선정하는 것이 좋다. 모수는 양수, 심근성, 두꺼운 수피, 평균 이상의 생장, 생육입지 요구도가 낮은 수종을 선택한다.
- 보잔목법은 모수림작업의 모수 본수보다 2~3배, 본수로는 50~75본의 보잔목을 남기는데 그 이상 남기면 복층림구조가 된다.

TIP

헷갈리기 쉬운 문장이 포함되어 있다.
- 모수림의 모수는 수량이 적으므로 목재의 벌채나 반출비용이 적게 든다. 하지만 모수를 제외한 전체 임목의 벌채는 벌채량이 많으므로 벌채 후 반출비용이 많이 들게 된다. 전체 반출비용은 많이 들지만 개별 임목별 반출비용이나 1m^3 당 반출비용 또는 단가는 적게 든다.
- 모수와 모수림의 벌채를 구분하고, 전체 비용인지 단위당 비용인지를 구분해서 읽으면 이해가 쉽다.

22 상중하 | ②

그림은 산벌의 변법인 Wagner의 대상산벌천연하종 갱신에 대한 모식도다. 연조작업은 대체로 수고의 1/2폭으로 벌채하는 작업을 말한다.

📖 **보충**

• 대상 산벌 천연하종갱신 동령림형	- 상방, 임연의 천연하종에 의한 갱신 - 풍해에 적합한 갱신, 동령림형 - 대의 폭 : 수고의 2~3배 이내 - 경사지에서는 위에서 아래로 벌채

• Wagner의 대상산벌천연하종갱신 이령림 갱신 북쪽에서 남쪽으로 벌채		- 대의 폭을 상당히 좁게 해서 실시 - 1년에 0.6~7.5m 정도 - 연조작업 : 대체로 수고의 1/2 이내의 폭을 벌채하는 작업 - 벌채 방향은 북서→남동, 바람 고려하면 북쪽→남쪽 - 항속적인 갱신은 택벌과 유사 - 영급 구분이 확실한 것은 택벌과 다른 점 - 와그너법은 이령림을 목적으로 한 갱신방법 - 전나무, 가문비나무, 소나무, 너도밤나무 등 혼효림의 갱신 - 양광의 입사각도와 강수량의 영향을 고려한 작업법 - 벌채방향 : 북서→남동 / (폭풍방향 고려) 북쪽→남쪽 - 갱신된 신생림은 1년생부터 벌기령까지의 전영급의 임목이 질서있게 배열 - 동서방향은 동령림, 남북방향은 이령림 - 택벌의 어려움과 대면적 산벌의 단점을 제거한 갱신법
• 군상산벌천연하종갱신	일반	- 동령임분이 간벌, 병충해, 풍해 피해를 받았을 때 - 전생치수의 발생지점을 중심으로 산벌갱신 확대 - 치수의 발육에 도움이 되도록 성숙목 후벌 - 천연갱신에 인공을 가하는 것으로 양수보다 음수에 알맞음 - 좁은 면의 군상지는 상공을 만들기 때문에 동해가 우려됨 - 갱신면의 확대가 매우 불규칙 - 벌채작업의 실행과 관리가 어려움 - 갱신지의 면적 최대 0.3ha, 갱신기간은 윤벌기의 1/3
	① 바이에른식 군상산벌작업	- 단기획벌법, 분산적인 군상으로 갱신 - 후계림은 어느 정도 동령으로 됨 - 갱신기간은 비교적 짧은 20~30년 (윤벌기의 1/4~1/3 정도) - 다수의 군상갱신면과 군상의 부정림형이 만들어짐
	② 바덴식 군상산벌작업	- 장기획벌법, 불규칙적인 갱신이 완만하게 진행 - 후계림은 대단히 이령적 - 전나무, 가문비, 너도밤의 혼효림 갱신 - 갱신기간 40~60년 윤벌기 80~120년 - 택벌작업의 취지가 가미, 스위스식 군상산벌법

• 대상 초벌법	– 대상산벌법 + 군상산벌법, 동시에 병용 – 풍해를 고려한 대상작업과 전생치수를 이용하여 갱신기간의 단축을 도모하는 일제림 조성 갱신법 – 후베르법, 복합법 – 갱신지를 대상으로 구분하여 벌채열구를 선정하지만, 군상산벌작업을 적용 – 음수와 양수의 혼효림조성에 알맞음 – 벌목 또는 운재 때 차수의 손상이 많음 – 산악림의 갱신에 적합
• 설형산벌 천연하종갱신법	– 벌채열구의 중앙부부터 갱신에 착수하고, 쐐기모양으로 갱신의 대를 양쪽으로 확대하여 갱신 – 풍해에 대처하고자 Eberhard가 제창 – 쐐기의 축선방향 : 평지림에서는 폭풍방향으로 : 경사지에서는 상부에서 하부로 향해서 설정 – 갱신면이 쐐기모양이므로 임연이 매우 긺 – 모수의 보호효과가 크고 갱신이 안전함 – 음수와 양수를 혼교시키는 일제림 조성에 알맞음 – 100~200m 간격으로 주풍과 직각으로 주임도를 개설 – 약 80m 간격으로 주임도에 직각방향인 반출로를 개설 – 장방형 임지를 각 갱신의 단위로 함

그래프에서 임분의 수고가 일시에 낮아진 부분이 벌채를 하고, 조림 등 갱신을 한 부분이다. 그러므로 그래프가 급격히 낮아지는 (가) 부분은 갱신기간에 속한다. 갱신에서 갱신에 걸리는 기간, 즉 벌채한 벌구를 다시 벌채하는 데 걸리는 기간인 (나) 부분은 윤벌기에 속한다.

상수리나무, 느티나무, 삼나무는 깊은 토심에서 잘 자란다.

보충

※ 수종별 필요토심

토심	수종	활엽수
깊음	상수리나무, 밤나무, 느티나무, 소나무, 물푸레나무, 해송, 전나무, 삼나무	상수리나무, 느티나무, 물푸레나무, 밤나무
중간	잎갈나무, 낙엽송, 측백나무, 편백, 잣나무	
얕음	가문비나무류, 리기다소나무, 방크스소나무	아까시나무, 사시나무류, 버드나무류, 황철나무류, 자작나무류, 오리나무류

※ 토양산도별 적합수종

토양산도	침엽수	활엽수
산성	소나무, 해송, 리기다소나무, 방크스소나무, 가문비나무류	버드나무
중성~약산성	삼나무, 낙엽송, 전나무, 잣나무, 편백	느티나무, 녹나무
염기성	측백나무	포플러, 호두나무, 느릅나무, 회양목, 단풍나무

중림은 상층림은 하종갱신으로 교림, 하층림은 맹아갱신으로 왜림을 동시에 조성하는 방법이다.

오답풀이

① 생산량이 많은 만큼, 광물질요구량이 많아 지력이 감퇴된다.
② 상목과 하목은 동일 수종인 것이 원칙이나, 다른 수종으로 혼생시키는 경우도 있다.
④ 상층목은 지하고와 수관밀도가 낮은 수종이 알맞다.
　→ 하목의 경우는 내음성이 강하고 맹아발생이 잘되는 수종이어야 한다.

보충

상층목의 경우 지하고가 높고 수관밀도가 낮은 나무가 적당하다. 상층목에 적당한 나무는 밤나무, 느릅나무, 단풍나무, 소나무, 해송, 일본목련, 층층나무, 물푸레나무, 가래나무, 참나무류 등이다.

26 상중하 | ④

ㄱ. 왜림작업은 양료의 요구도가 높다. [틀린 지문]
ㄴ. 모수림작업은 과숙임분에는 적용하기 어렵다. [틀린 지문]
ㄷ. 산벌작업이 실시된 임분은 우량한 임목들이 남아 있어 임분의 유전형질 개량에 유리하다.
  → 산벌은 예비벌 과정에서 피압목과 열세목을 제거하기 때문에 임분의 유전형질 개량에 유리하다. [맞는 지문]
ㄹ. 택벌작업이 실시된 임분은 수고가 다양한 나무들로 뒤섞인 다층구조를 이룬다.
  → 택벌 후 임령은 다층 이령림이다. [맞는 지문]

27 상중하 | ③

이상적인 경급별 재적비율은 5 : 3 : 2(대경목 : 중경목 : 소경목)가 적합하다. 대경목이 2 + 3 + 5의 합계는 10이므로 5/10 = 0.5가 된다.

$$350 \times \frac{5}{10} = 175 \, m^3$$

✏️ 보충

이상적인 택벌림은 소경급 : 중경급 : 대경급의 본수비율이 7 : 2 : 1이며, 소경급 : 중경급 : 대경급의 재적비율이 2 : 3 : 5에 근접하는 택벌림이다. 택벌림의 최소재적은 300㎥, 수종은 음수성 수종이다.

28 상중하 | ④

동령일제림은 보육작업이 쉽고 이령혼효림은 보육작업이 어렵다.

✏️ 보충

동령일제림은 나이가 같고, 수종이 같은 숲이다. 단순한 숲가꾸기 기술을 적용할 수 있다.

※ 조림학본론 임경빈 향문사 개벌작업법
• 대면적개벌천연하종갱신의 장점
  → 작업의 실행이 용이하고 빠르며, 높은 기술을 요하지 않는다.
  → 양수의 갱신에 적합하다.
  → 벌채·운반 등의 작업이 집중되기 때문에 비용이 절약되고, 치수에 손상을 입히는 일이 적다.
  → 동일 규격의 목재를 생산할 수 있어서 경제적으로 유리하다.
  → 동령일제림이 형성되기 때문에 각종 보육작업을 편리하게 할 수 있다.
  → 인공식재로 갱신하면 새로운 수종을 도입할 수 있다.
  → 성숙한 임분을 갱신하는 데 알맞은 방법이다.

• 대면적개벌천연하종갱신의 단점
  → 개벌로 넓은 임지가 노출되므로 토양의 이화학적 성질이 나빠지고 지력이 퇴화되며, 강우와 바람 등으로 표토가 침식·유실될 가능성이 높다.
  → 개벌로 인해 지피식생이 파괴되고 벌채지의 미세기상이 변화해서 이것이 장기간 계속될 때 이러한 입지조건의 변화가 갱신을 불리하게 할 수 있다.
  → 잡초·관목 등이 무성해질 수 있고, 상층에 큰 나무가 없어서 그 보호를 받지 못해 기상의 해를 받기 쉬우며, 해충의 발생이 더 심해질 수 있다.
  → 동령일제림이 형성되어 해충에 대한 저항력이 약해지고, 한 번 해를 받을 경우 쉽고 광범위하게 확대된다.
  → 음수수종이나 무거운 종자의 갱신에는 적당하지 않다.

29 상중하 | ④

왜림작업은 맹아에서 갱신되므로, 모수의 유전형질을 유지하는 데 가장 적합한 갱신방법이다.

✏️ 보충

산벌, 모수, 보잔모수는 모두 씨앗을 이용하므로 모수와 유전형질이 다르다.

30 상중하 | ①

[모수의 조건]
• 생육, 형태, 활력 그리고 생장조건이 평균 이상일 것
• 모수는 바람에 대한 안정성을 유지하기 위해 균일한 수관형태, 적당한 수관과 수간(줄기) 길이의 비율 유지, 그리고 적합한 뿌리와 수관재적과의 비율을 유지할 것
• 양수, 심근성, 두꺼운 수피, 평균 이상의 생장, 생육입지요구도가 낮은 나무가 모수로 적합하다.

오답풀이

ㄷ. 맹아 발생력은 씨앗을 공급해야 하는 모수의 조건과 관계가 없다.
ㄹ. 이가화(자웅이주) 수종은 암나무와 수나무를 모두 모수로 남긴다.

이상적 경급별 본수비율은 소경급 : 중경급 : 대경급 = 7 : 2 : 1
이며, 어느 정도 유연성이 있을 수 있다. 이상적인 재적비율이
소경급 : 중경급 : 대경급 = 2 : 3 : 5이다.

오답풀이

> ㄴ. 개벌작업은 동령림을 형성할 수 있으며, 양수수종의 갱신
> 에 유리하다.
> ㄹ. 모수림작업에서 종자 비산력이 낮은 수종은 모수를 ha당
> 50본 이상 남긴다.

보충

> ※ 모수작업
> • 모수는 생육, 형태, 활력, 그리고 생장조건이 평균 이상인 성목이
> 어야 한다.
> • 종자의 비산력이 작은 대립 종자를 가진 수종은 1ha당 50본 이상
> 의 모수를 남긴다.
> • 난티나무, 자작, 단풍나무류 등과 같은 수종은 1ha당 15~30본
> 을 모수로 남겨야 한다.
> • 모수로 남겨야 할 임목은 본수로는 2~3%, 재적으로는 약 10%
> 내외이다.

③ 교림과 왜림을 동일한 임지에 조성하여 동시에 가꾸어 나가는
작업법은 중림작업이다.

울폐된 임분에서는 상층수관도 옆면에서는 빛을 받기 어려우므로
수관을 열어(소개하여), 수관의 측면에 빛이 닿게 하여야 한다.
수관의 측면에 빛이 닿으면 광합성량이 늘어나고 갱신에 필요한
종자가 많이 열린다.

오답풀이

> ① 공조림은 천연갱신에 비하여 실행하기가 쉽고 빠르게 성
> 림시킬 수 있다.
>   → 수종을 직접 선택하여 식재하기 때문이다.
> ② 채종원이나 채종림에서 생산된 우량 종자를 적극적으로
> 도입할 수 있는 것은 인공갱신이다.
> ③ 나무류처럼 중력에 의하여 산포된 종자가 발아해서 후계
> 림이 되는 것은 상방 천연하종갱신이다.

④ 임분은 10년 단위로 윤벌기인 80년생까지 연속된 영급 구조
를 갖는다.

오답풀이

> ① 작업종은 대상개벌작업이다.
> ② 작업급의 윤벌기는 80년이다.
> ③ 작업구의 택벌이 아니므로 회귀년은 적용될 수 없다.

산림토양

06 산림토양

본문 : 63p

1 상**중**하 | ④

④ 유기물 분해 속도가 빠르고 토양의 비옥도가 높다. 열대우림은 용탈에 의해 토양의 비옥도는 낮다.

- 열대우림의 토양은 강우에 의한 용탈작용으로 산화철과 산화알루미늄이 주로 남아 적색을 띤다. 이 토양생성작용을 라테라이트화라고 한다.
- 라테라이트화는 규산염이 용탈되고 A층에 산화철과 산화알루미늄이 남게 되는 작용이다. 약산성의 붉은색 흙이 만들어진다.
- 추운 날씨로 인해 유기물층의 분해가 느리고, 알루미늄과 철이 용탈되고, 밝은 색을 가진 석영[SiO], 규산[SiO₂]이 층에 남는 토양은 포드졸 토양이다. 강한 산성을 띤 회색흙이 만들어진다.

2 상**중**하 | ③

③ 토양 내 식물유효수분 함량은 사토보다 양토에서 높다.
식물유효수분은 식물이 이용할 수 있는 토양수분을 의미한다. 사토(모래가 많은 토양)는 입자가 굵어 물 빠짐이 좋지만, 수분을 보유하는 능력이 낮다. 반면 양토(모래, 미사, 점토가 적절히 혼합된 토양)는 적절한 입자 구성으로 인해 수분 보유 능력과 배수 능력이 균형을 이뤄 식물유효수분 함량이 사토보다 높다.

오답풀이

① 산림토양은 농경지토양에 비해 용적밀도가 높다.
산림토양은 일반적으로 유기물 함량이 높고 토양 입자 간 공극이 많아 농경지토양에 비해 용적밀도가 낮다. 용적밀도가 낮다는 것은 토양이 더 가볍고 공기가 많아 뿌리 생장에 유리하다는 것을 의미한다.
② 갈색산림토양군은 화강암과 사암 모재에서 유래한다.
우리나라 갈색산림토양군은 화강암과 화강편마암에서 유래한 것이다. 사암과 같은 산성모암에서 갈색산림토양은 발달할 수 있지만, 우리나라 산림토양은 사암 모재에서 유래한 것으로 보기 어렵다.

④ 주요 분포 토양은 미숙 토양인 엔티솔(Entisols)과 알피솔(Alfisols)이다.
우리나라 산림의 주요 분포 토양은 미숙토양인 엔티솔(Entisols)과 더불어 성숙토양인 인셉티솔(Inceptisols)이며, 알피솔(Alfisols)은 주로 온대 낙엽수림에서 발달하며, 점토 집적과 함께 미숙토양과 성숙토양이 혼재된 것이 특징인 토양이다. 알피솔은 우리나라 산림토양의 주된 유형이라고 보기는 어렵다.

3 상**중**하 | ②

식물이 이용할 수 있는 물을 식물유효수분이라고 한다.

오답풀이

① 토양수(Soil Water)는 토양 내부에 존재하는 모든 형태의 물을 통틀어 이르는 말이다. 토양 입자 사이의 빈 공간인 공극(pore space)에 존재하며, 식물 생장, 토양 미생물 활동, 양분 순환 등 토양 내의 다양한 물리적, 화학적, 생물학적 과정에 필수적인 역할을 수행한다.
③ 흡습수(hygroscopic water)는 식물이 사용하지 못하는 토양수다. 흡습수는 토립자의 표면에 이온결합으로 붙어 있는 물을 말한다.
④ 사질토양은 양토 계열 토양보다 유효수분 함량이 더 낮다.

4 상**중**하 | ④

토양산도는 pH 6.6~7.3의 범위에서 미생물의 활동이 왕성하고, 양분이용률이 가장 높다.

5 상**중**하 | ②

① 농도가 높은 곳에서 낮은 곳으로 이동하는 것을 확산이라고 하며, 토양 내 양분은 물의 이동과 함께 뿌리로 이동하는 집단류(Mass flow)에 의한 것이다.

③ 칼슘은 세포벽의 구성성분이므로 오답이다. 이온균형을 유지
   하며, 세포 내에서 이온의 형태로 존재하는 것은 칼륨에 해당
   하는 설명이다.
④ pH가 낮고 산도가 낮으며 산성에 가깝다. pH가 높으면 알칼
   리성이 되므로 틀린 지문이다.

6　상중하　　　　　　　　　　　　　　　| ③

• 나무의 몸 안에서 이동속도가 빠른 영양소는 구엽에서 먼저 결
  핍증상이 나타나고, 이동속도가 느린 원소는 신초에서 결핍증
  상이 먼저 나타난다.
• 이동속도가 빠른 영양소는 질소, 인산, 칼륨, 마그네슘, 인이
  고, 이동속도가 느린 영양소는 붕소, 칼슘, 황이다.

7　상중하　　　　　　　　　　　　　　　| ④

• 수목의 2차 대사 과정에서 생성되는 질소화합물은 주로 알칼로
  이드(alkaloids), 글루코시놀레이트(glucosinolates), 그리고
  사포닌(saponins) 등이 있다.
• 카페인, 니코틴, 모르핀, 퀴닌 등의 알칼로이드는 주로 질소를
  포함한 이차 대사 산물로, 다양한 생리적 활성을 지닌 화합물
  이다.
• 곤충, 미생물, 초식동물로부터 식물을 방어하는 역할을 한다.

오답풀이

① 질산환원 과정의 첫 단계는 식물의 세포질에서 질산염이
   아질산염으로 환원되는 반응으로, 이는 질산환원효소에
   의해 촉매된다.
② 오리나무(Alder, Alnus 속)는 Frankia속의 방선균
   (Actinobacteria)과 공생한다. 이 공생균은 오리나무 뿌
   리에 뿌리혹(root nodules)을 형성하고, 공기 중의 질소
   (N_2)를 고정하는 역할을 한다.
③ 산성 토양에서는 암모늄 이온(NH_4^+) 형태의 질소가 주로
   수목에 의해 흡수된다. 산성 토양은 질산화 세균(암모늄을
   질산으로 변환하는 세균)의 활동이 제한되기 때문이다. 산
   성 토양에서 질산 이온(NO_3^-)도 흡수되지만, 그 양은 암
   모늄 이온보다 적다. 산성 환경에서는 질산화 세균의 활동
   이 저하되어, 질산염의 양이 상대적으로 적게 존재한다.

보충

※ 수목의 1차 대사와 2차 대사

구분	1차 대사	2차 대사
필수성	생명 유지에 필수적	생명 유지에는 필수적이지 않지만 환경 적응에 중요
대사 산물	당, 아미노산, 단백질, 지방산, ATP 등	알칼로이드, 테르페노이드, 플라보노이드, 페놀 화합물 등
역할	에너지 생산, 성장, 발달	방어, 상호작용, 환경 적응

8　상중하　　　　　　　　　　　　　　　| ②

산림토양은 경작지 토양에 비해 공극률이 높다. 그 이유는 토양
내 다양한 생물이 존재하고 있기 때문이다.

오답풀이

③ 낙엽·낙지는 분해되어 부식질로 바뀌고, 부식질은 입단
   형성에 도움이 된다.
④ 포장용수량은 물로 포화된 토양에서 중력에 의해 물이 빠
   져 나간 상태의 수량이다. 토양의 점토함량이 많을수록 소
   공극이 많아지고 이로 인해 모세관 굵기의 공극이 발달하
   므로, 모세관현상에 의해 토양이 물을 더 많이 함유할 수
   있다.

9　상중하　　　　　　　　　　　　　　　| ①

콩과식물은 리조비움속 박테리아와 공생한다. 리조비움속 박테리
아는 뿌리에 질소를 공급하고, 뿌리로부터 양분을 공급받는다.

보충

※ 비료목
• 개념
  임지의 생산력을 유지하고 높이기 위해 보조적으로 심는 나무
• 종류
  → 콩과식물의 비료목 : 아까시나무, 자귀나무, 싸리류, 다릅,
    주엽나무 등 Rhizobium속 박테리아와 공생
  → 방사상균의 비료목 : 오리나무류, 보리수나무류, 소귀나무 등
    Frankia속 방사상세균(박테리아)과 공생
  → 그 이외의 비료목 : 갈매나무, 붉나무, 딱총나무 등

10 상중하 | ②

- 클로스트리디움과 아조토박터는 모두 질소고정세균이지만, 클로스트리디움은 혐기성이고 산성토양에서 서식한다. 둘 모두 토양 내에서 독립적으로 대기 중의 질소를 암모늄의 형태로 토양으로 고정한다.
- 산림토양의 경우 아조토박터보다 클로스트리디움에 의한 질소 고정량이 더 많다.

오답풀이

③ Rhizobium은 콩과식물과 공생하는 질소고정균이다. 오리나무류와 공생하는 질소고정균은 Frankia속이다.
④ 시아노박테리아는 소철류와 공생하지만 내생공생의 형태는 아니다. 뿌리 내에 공생하는 종류는 리조비움속과 프랑키아속 박테리아다.

보충

토양에서는 질산화작용보다 토양세균에 의한 질산환원작용이 우세하다.

※ 산림토양과 질소
- 질소고정 방법
  → 광화학적 고정 : 번개, 고정량 가장 적음
  → 산업적 : 고정량 가장 많음, 질소질 비료생산
  → 생물학적
    ㉮ 미생물에 의해 N_2 가스가 암모늄태질소(NH_4^+)로 환원되는 과정
    ㉯ '원핵생물(=세균류, 남조류)'만이 가지는 독특한 과정
    ㉰ 녹조류나 고등식물은 기능이 없음
  → 질소고정효소 : 환원효소(Fe단백질), 질소화효소(Mo-Fe단백질)
- 산림토양의 질소고정 미생물
  → 자유생활
    ㉮ 아조토박터(호기성)
    ㉯ 클로스트리움(혐기성)
    ㉰ 산림토양은 아조토박터보다 클로스트리디움에 의한 고정량이 많음
  → 외생 공생 : 시아노박테리아(지의류/소철)
  → 내생 공생
    ㉮ 리조비움(콩과)
    ㉯ 프랑키아(방선균, 오리나무류, 보리수나무류)
      – 산림토양의 특징 : 산성토양, 공극이 많고, C/N율이 높음
    ㉰ 탈질작용 : [$NO_3 \rightarrow N_2$], 답압토양에서 슈도모나스 박테리아에 의해 일어남
- 산림토양 내 질소순환
  → 식물에서는 대부분의 질소를 NO_3^- 형태로 흡수
  → 니트로조모나스 : 암모늄이온에서 아질산 이온으로 산화될 때
  → 니트로박터 : 아질산이온에서 질산태 이온으로 산화될 때

- 질소의 계절적 변화
  질소의 함량은 가을과 겨울에 가장 높고 봄철에 줄기 생장이 시작되면 감소한다. 생장이 정지되면 다시 증가하여 축적/사부의 질소변화가 더 심하다.(탄수화물 이동 등 영양분에 관여를 하기 때문에)
- 낙엽 전 질소 이동
  → 낙엽 전 잎에서 N, P, K과 같은 무기영양분 감소(회수)
  → Mg, Ca와 같은 화합물은 증가
  → 엽록소 파괴로 인해 마그네슘 생성
  → 칼슘은 이동이 느려서 낙엽질 때 같이 떨어짐

11 상중하 | ①

추운 날씨로 인해 유기물층의 분해가 느리고, 알루미늄과 철이 용탈되며, 밝은 색을 가진 석영[SiO], 규산[SiO_2]이 층에 남는 토양은 포드졸 토양이다.

보충

- 라테라이트화는 규산염이 용탈되고 A층에 산화철과 산화알루미늄이 남게 되는 작용이다. 붉은 색 흙이 만들어진다. 염류화작용은 강수량보다 증발량이 많은 환경에서 지하수 또는 관수된 물의 염분이 표층에 쌓이는 현상이다.
- 석회화작용은 CEC의 교환부위가 탄산칼슘으로 포화되거나, 탄산칼슘이 축적되어 B층과 C층에 칼식층(calcic horizon)을 만드는 현상이다.

12 상중하 | ④

이탄 및 부식축적작용은 식물의 분해물인 유기물이 쌓이는 현상이다. 유기성분이 분해되지 않고 쌓여서 만들어지므로 부식축적작용이 정답이다.

오답풀이

토양의 주요생성작용은 포드졸화작용, 라테라이트화작용, 회색화작용, 석회화작용, 염류화작용, 부식 및 이탄집적작용 등이다.
① 점토생성작용 : 토양 무기물의 화학적 조성의 변화로 점토가 만들어진다.
② 석회화작용 : 건조지대에서 무기질인 칼슘과 탄산칼슘, 석고층의 집적층을 만드는 현상이다.
③ 포드졸화작용 : 한랭 습윤한 지역에서 철과 알루미늄은 용탈되고, 규산염이 주를 이루는 회색 집적층을 만드는 현상이다.

보충

점토는 화학적인 토양생성작용으로 만들어지고, 모래는 물리적인 풍화현상에 의해 주로 만들어진다.

13 상중하 | ①

토양입자의 표면은 주로 음이온을 띠며, 음이온과는 서로 밀어내는 힘을 가진다. 양이온과의 결합력은 전자가와 비례한다. 그러므로 지문에서 제시된 금속이온의 토양입자와 결합력은 $Al^{3+} > Ca^{2+} > K^+ = Na^+$의 관계로 나타낼 수 있다.

보충

※ 토양입자와 결합력이 높은 금속이온
- 알루미늄(Al) 이온 : 알루미늄은 토양의 pH에 따라 다양한 형태로 존재하며, 산성토양에서 높은 독성을 나타낼 수 있다.
- 철(Fe) 이온 : 철은 산성토양에서 용해도가 높아져 더 쉽게 이온화된다.
- 망가니즈(Mn) 이온 : 산성, 중성 토양에서 높은 결합력을 나타낸다.
- 칼슘(Ca) 이온 : 토양 내 양성자 교환 작용으로 토양의 산성화를 막는 역할을 한다.

14 상중하 | ②

산림토양에서는 무기태 질소가 주로 암모늄태(NH_4^+)의 형태로 존재한다.

보충

※ 토양 내 질소 관련 세균(박테리아)
- 질산환원세균(Nitrate-Reducing Bacteria) : 질산염을 질소가스(N_2)로 환원시키는 작용을 한다. 이 과정에서 질소는 토양에서 대기로 이동한다.
- 질산산화세균(Nitrate-Oxidizing Bacteria) : 질산염을 질산태 질소로 만든다. 이 과정에서 질산염이 토양 안에서 유지된다.
- 질소고정세균(Nitrogen-Fixing Bacteria): 이러한 세균은 공중질소(N_2)를 고정하여 질소화합물인 암모니아(NH_3)나 질산을 생성한다. 리조비움속은 콩과식물과 공생하고, 프랑키아속은 소귀나무, 보리수나무류, 오리나무류와 공생한다.

TIP

유기태와 무기태의 이해

유기태질소는 토양 중에 있는 질소 중에 이온화되지 않은 질소로 이해하면 쉽다. 유기태 질소가 토양미생물에 의해 단백태, 아미노태, 요소태, 요산태로 분해가 될 때까지가 유기태 질소의 형태다. 최종적으로는 NH_4^+와 NO_3^- 형태로 바뀌어서 식물에 흡수되는데, 이것이 무기태질소의 화학식이다. 이것을 다시 NH_4^+를 암모늄태, NO_3^-를 질산태질소라고 부른다. 유기태, 무기태, 질산태, 암모늄태 헷갈리지 말자.

15 상중하 | ①

[지위지수 평가표(예시)]

토양인자	구분 기준(좌측부터 상-중-하)				
토심	90cm 이상	90~60cm	60~30cm	30cm 미만	
지형	평탄지	산록	완구릉지	산복	산정
건습도	적윤	습윤	건조	과습	과건
경사도	5° 이상	5~15°	15~20°	20~30°	30~45°	45° 이상
퇴적양식	붕적토		포행토		잔적토
침식	없다		있다	심하다	매우심함
견밀도	송		연	견	강견
토성	사양(성숙)	식양토	사양(미숙)	사토	미숙토

16 상중하 | ②

② 우리나라의 토양 구성목은 Inceptisol(반숙토) 76%, Entisols(미숙토) 15%, Ultisol(과숙토) 5%의 비율로 구성된다.

17 상중하 | ④

(가) 포장용수량은 물로 포화된 토양에서 (나) 중력수가 빠져나간 상태의 토양수분량이다.

(나) 중력수가 빠져 나가면 (다) 모세관수로 포화되는데, 이것이 포장용수량이 된다.

(라) 결합수는 토립자 안에 분자결합으로 갇힌 물이므로 수목이 사용하지 못한다.

보충

흡습수는 토립자 표면에 이온 결합으로 붙어 있는 물이므로 이 역시 수목이 사용하지 못한다.

열대우림의 토양은 강우에 의한 용탈작용으로 산화철과 산화알루
미늄이 주로 남아 적색을 띈다. 이 토양생성작용을 라테라이트화
라고 한다. 라테라이트화는 규산염이 용탈되고 A층에 산화철과
산화알루미늄이 남게 되는 작용이다. 약산성의 붉은색 흙이 만들
어진다.

🖹 보충

추운 날씨로 인해 유기물층의 분해가 느리고, 알루미늄과 철이 용탈
되며, 밝은 색을 가진 석영[SiO], 규산[SiO_2]이 층에 남는 토양은
포드졸 토양이다. 강한 산성을 띤 회색흙이 만들어진다.

식물체가 죽어서 분해되면 고체형태의 불용성 유기질소와 액체형
태의 용해성 유기질소가 된다. 이들 유기질소는 토양미생물에 의
해 무기질태 질소인 암모늄 이온이 되는데 이를 암모늄태 질소라
고 한다. 질산태 질소(NO_3^{2-})는 암모늄태질소(NH_4^+)가 아질산
균과 질산균에 의해 질산화 작용을 받아서 만들어진다.

MEMO

수목생리

1 상중하 | ②

② 건조한 지역에 자라는 수목은 지하부에 대한 지상부의 비율이 낮다. 건조한 지역에 자라는 수목은 수분 흡수를 위해 뿌리 시스템을 더 넓고 깊게 발달한다. 따라서 지하부의 발달이 지상부에 비해 상대적으로 더 커지므로, 지하부에 대한 지상부의 비율은 낮아진다. 그러므로 이 지문은 올바른 지문이다.

오답풀이

① 낙우송과 자작나무는 심근성이기 때문에 건조에 강하다. 낙우송과 자작나무는 천근성 수종에 속한다. 낙우송은 습지에 적응해서 호흡근을 가지고 있다.

③ 일본잎갈나무와 소나무는 천근성이기 때문에 건조에 약하다. 소나무는 심근성 수종이며, 건조에 강하다.

④ 일반적으로 사토보다 식토에서 근계가 깊게 발달하는 경향이 있다. 사토가 식토보다 근계가 깊게 발달한다. 식토는 근계의 발달이 어렵다.

보충

• 세근은 호흡을 하기 때문에 표토에 집중적으로 분포한다.
• 사토(모래흙) : 사토는 입자가 굵고 배수 및 통기성이 좋지만, 보수력과 양분 보유력이 낮다. 수분을 찾아 뿌리가 깊게 뻗는 경향이 있다.
• 식토(점토흙) : 식토는 입자가 미세하고 보수력과 양분 보유력이 좋지만, 배수 및 통기성이 나빠 뿌리 발달에 불리하다. 뿌리가 깊게 뻗기보다는 얕고 넓게 퍼지는 경향이 있다.

2 상중하 | ②

일본잎갈나무(낙엽송)는 천근성 또는 중근성 수종에 속한다. 느티나무, 소나무, 곰솔은 직근성 수종으로 심근성 수종에 속한다.

보충

※ 심근성과 천근성 수종

	심근성	천근성
필요 토심	60cm 이상	30cm 이하

침엽수류	소나무, 해송, 전나무, 가문비나무, 반송, 잣나무, 측백나무, 편백, 화백, 비자나무, 주목, 은행나무, 향나무, 삼나무 등	솔송나무, 낙우송, 메타세쿼이아, 낙엽송(일본잎갈나무), 구상나무, 독일가문비, 소철, 전나무, 히말라야시다 등
상록활엽수류	태산목, 아왜나무, 녹나무, 호랑가시나무, 후박나무, 감탕나무, 먼나무, 굴거리나무, 동백나무, 구실잣밤나무, 참식나무 등	남천, 자금우, 백량금, 목서, 식나무, 팔손이나무, 다정큼나무, 치자나무, 차나무, 돈나무, 동백나무 등
낙엽활엽수류	목련, 단풍나무, 회화나무, 칠엽수, 박달나무, 수양버들, 수양벚나무, 고로쇠나무, 참나무류, 느티나무, 백합나무, 벽오동, 팽나무, 호두나무, 가죽나무, 모과나무 등	물푸레나무, 석류나무, 감나무, 마가목, 아까시나무, 오리나무, 무화과나무, 사시나무, 황칠나무, 회화나무 등

※ 주요 수종별 필요 토심

필요 토심	활엽수류	침엽수류
심근성 60cm 이상	참나무류, 밤나무, 느티나무, 후박나무, 가시나무, 참죽나무, 팽나무, 느릅나무, 붉가시나무, 호도나무, 가죽나무, 가래나무, 전나무, 음나무, 왕느릅나무	소나무, 곰솔, 메타세쿼이아, 삼나무, 낙우송
중근성 30~60cm	너도밤나무, 편백, 물푸레나무, 동백나무, 단풍나무, 피나무, 때죽나무, 박달나무, 개회나무	소나무, 일본잎갈나무(낙엽송), 구상나무, 가문비나무, 분비나무, 리기다소나무
천근성 30cm 이하	버드나무, 서어나무, 오리나무류, 사철나무, 황철나무, 아까시나무, 느릅나무, 때죽나무, 자작나무, 고로쇠나무, 당단풍	분비나무, 가문비나무, 종비나무

TIP

이 문제는 정답이 2번 일본잎갈나무 아니었을까요? 만약에 정답이 1번으로 제시되었다면, 출제 오류로 보입니다.

3 상중하 | ③

③ 생리적으로 체내 옥신 함량이 높고 지베렐린 농도가 낮으면 목부를 생산하는 것으로 알려져 있다.

TIP

헷갈리는 내용이니 반드시 구분하자.

지베렐린 함량이 높으면 (상대적으로 옥신 함량이 낮으면)	목부생산
옥신 함량이 높으면 (상대적으로 지베렐린 함량이 낮으면)	사부생산

※ 첫글자를 위에서 아래로 따면 [지옥목사]

4 상중하 | ①

① 테다소나무와 낙엽송은 자유생장을 하므로 성장속도가 빠르다.

오답풀이

② 고정생장을 하는 잣나무는 봄에 줄기생장을 끝마쳐 수고생장량이 적고 느리다.

③ 자유생장을 하는 포플러는 가을 늦게까지 수고생장이 이루어지는 것이 특징이다.

④ 참나무류는 고정생장을 하는 수종으로 하엽을 만들지 않는다.

보충

생장형	개념	수종 및 특징
자유생장	동아 속에 미리 만들어져 있던 원기는 봄에 자라고 곧이어 새로 만들어진 원기가 여름에 자라는 형태	(향나무속, 측백나무속, 편백나무속) 낙엽송, 은행나무, 포플러, 버드나무, 자작나무, 사과나무
고정생장	당년에 자랄 모든 줄기의 원기가 전년도에 형성된 동아 속에 미리 형성되어 있다가 봄에 자라는 형태	(소나무, 잣나무, 가문비나무, 솔송나무, 참나무류) 가지의 생장은 2년간의 생장과정 첫해 눈 형성, 다음 해 생장
유한생장	정아가 주지의 끝에서 측지의 성장을 제한하는 형태	소나무 등, 침엽수의 뾰족한 수관형 유지
무한생장	정아의 역할이 크지 않아 측지가 성장에 제한을 받지 않는 형태	느티나무와 같이 둥근 수관형을 유지

고정-자유 생장	고정생장에 의한 봄 가지를 만들고 다시 자유생장에 의해 하나 혹은 여러 개의 여름가지를 만드는 형태	(포플러류, 자작나무류, 백합나무 등) 자유생장을 하는 수종도 나이가 들면 고정생장, 단지로 바뀜
장지와 단지	잎과 잎 사이의 마디길이, 길면 장지, 짧으면 단지	소나무의 경우 엽속은 단지, 가지는 장지

5 상중하 | ③

- 도관세포 안에서 물은 아래에서 위로 이동하고, 압력포텐셜은 높은 곳에서 낮은 곳으로 이동하므로 음(−)의 값이 된다.
- 도관세포의 압력 포텐셜은 물이 식물 내에서 이동할 때 세포벽에 가해지는 압력을 의미한다.

TIP

포텐셜과 관련된 문제는 완전한 이해를 하던가 완전한 암기를 해야 한다. 자칫 문제를 잘못 읽으면 틀리기 쉬우므로 가장 나중에 풀어야 하는 문제다.
불포화토양의 압력포텐셜은 '−', 포화토양의 압력포텐셜이 '0'이 되어야 하는데..
문제 출제 오류로 보인다. 출제자도 제대로 이해 못한 문제를 억지로 교재의 지문에 꿰어맞춰서 출제하다 보니 이런 문제가 나온 듯하다.

6 상중하 | ④

토양에 존재하는 총인 중 대부분은 불용성 형태로 존재하며, 이는 임목이 직접 흡수할 수 없는 상태다.
임목이 실제로 흡수할 수 있는 인은 주로 유효태인이며, 임목의 뿌리 근처에서 이온화된 형태(인산이온)로 존재해야 흡수할 수 있다.

오답풀이

① 인은 자연상태에서는 고체상태인 광물형태로 존재하여 이동성이 낮지만, 식물체 내에서는 물에 녹아있는 인산염의 형태로 존재하므로 이동성이 높다.

② 산성 산림토양에서는 인이 인산염(PO_4^{3-})형태로 존재하는 것이 아니라 철이나 알루미늄과 결합하여 식물이 사용할 수 없는 상태가 된다. 알칼리성 토양에서는 칼슘이 인산과 결합하여 식물이 이용할 수 있는 인산염의 형태가 되기 쉽다.

※ 토양의 pH에 따른 식물이 흡수하는 인산의 형태
• pH 3~7(산성토양) : HPO_4^{2-}
• pH 7~9(알칼리성토양) : HPO_4^-
• pH 7.22 : HPO_4^-와 HPO_4^{2-}의 농도가 같다.
• 식물이 흡수하는 인산의 형태 : $H_2PO_4^-$ (1가인산이온), HPO_4^{2-}
(2가인산이온), PO_4^{3-} (3가인산이온)

---

7 상중**하** | ①

① 고정생장과 자유생장 수종 모두 봄에 동아에서 잎과 줄기가 자라
고, 새로 만들어진 원기가 여름에 자라는 것이 자유생장 수종
이다. 향나무속, 측백나무속, 편백나무속이 자유생장 수종에
속한다.

오답풀이

② 온대지방에서 뿌리는 줄기의 생장보다 더 빠르게 시작하
고, 더 늦게까지 생장한다.
③ 형성층은 목부 조직을 사부 조직보다 2~4배 더 많이 생산
한다. 사부는 주로 광합성 산물의 운반에 사용하기 때문에
생산량이 적다.
④ 형성층 분열이 시작되는 곳은 대개 뿌리와 줄기의 기부에
서부터 시작하여, 점차적으로 나무 전체로 확산된다.

보충

• 수목의 직경생장은 형성층에서 일어나는데, 일반적으로는 형성층
에서 안쪽으로 목부조직이 먼저 만들어지고 사부조직은 나중에
만들어진다.
• 수목이 성장을 시작하는 봄에 온대지방에서는 형성층이 분열을
시작할 때 사부조직이 먼저 만들어져 양분을 이동시키고, 후에
목부조직을 만들어 물을 이동시킨다.

---

8 상중**하** | ①

• 가역적이라는 말은 변화가 발생한 후 그 결과가 원래 상태로
복원될 수 있는 것을 말한다.
• 세포질막을 통과한 무기염은 다시 토양으로 돌아가지 않으므로
비가역적이다.
• 능동운반과정에서 ATP(아데노신 삼인산)을 ADP로 만들어 에
너지를 소비한다.
• 세포질막은 식물에 필요한 무기염만 선택적으로 흡수한다.

오답풀이

② 뿌리 세포의 세포벽은 확산작용과 수송단백질을 통해 세포
벽을 통과해 세포 내로 들어갈 수 있다.
③ 농도가 높은 곳에서 낮은 곳으로 이동하는 것은 삼투현상에
의한 것으로 에너지를 소모하는 능동운반과 관련이 없다.
④ 카스파리안대(Casparian strip)는 뿌리의 내피세포에 있
으며, 피층세포 안쪽에 존재한다.

보충

능동운반은 무기염이 농도가 낮은 곳에서 농도가 높은 곳으로 이동
하는 과정이다. 능동운반 과정은 에너지를 필요로 하며, 일반적으로
ATP(아데노신 삼인산)를 사용한다. 카스파리안대는 물질의 이동
을 조절하여 필요한 무기염만을 선택적으로 흡수할 수 있도록 한다.

---

9 상중**하** | ①

전분은 주로 유조직에 축적되며, 피층과 근경 줄기 및 열매에도
저장된다. 후벽세포는 식물 조직을 지탱하는 세포로 주로 리그닌
으로 이루어져 있다. 후벽세포에는 긴 실 모양의 섬유세포와 불
규칙한 모양의 석회화 세포가 있다.

---

10 상중**하** | ③

③ 엽록소는 가시광선 영역에서 적색광과 청색광을 흡수하여 광
합성한다. 녹색광을 흡수하지 않고 반사하여 식물이 초록색으
로 보인다.

보충

• 주목(음수)은 소나무(양수)보다 광보상점과 광포화점이 모두 낮
기 때문에 그늘에서 견딜 수 있다.
• 광포화점은 광도가 늘어나도 광합성에 의한 생산량이 더 늘어나지
않을 때의 광도를 말한다.

---

11 상중**하** | ③

오답풀이

① 탄수화물의 이동 및 지탱 → 사부
  수분의 이동 및 지탱 → 목부
② 표피조직을 대신하여 보호, 수분 증발 억제 → 코르크조직
  (주피, periderm)
④ 코르크형성층의 기원 → 코르크피층

- 코르크는 2차 세포벽으로 구성된 죽은 세포들이며, 코르크피층은 살아있는 유세포로 색소체를 가지고 있어서 광합성이 가능하다.
- 코르크형성층의 기원은 코르크 피층세포. 분비조직은 수지, 검, 유액, 수액 등을 분비하는 조직이다. 일선과 수지도가 분비조직에 속한다.

		기타
유세포 살아있다.	• 줄기나 뿌리 내부의 관다발을 제외한 대부분과 엽육조직을 포함한다. • 광합성, 저장, 분비 등의 생리적인 활동이 가장 왕성하다.	엽육조직 = 울타리조직 + 해면조직
후각조직 살아있다.	• 1차 세포벽이 불균일하게 두꺼워진 세포로 구성된다. • 어린 나무의 표면가까이에서 지탱역할을 하는 특수한 형태의 유세포엽병, 엽맥, 줄기 등의 유조직에서 발견된다.	1차 세포벽
후벽조직 죽어있다.	• 2차 세포벽에 펙틴과 리그닌을 지녀 식물을 단단하게 한다. • 후벽세포는 죽어서 세포벽만 남기며, 세포가 죽어야 식물을 지탱하고, 단단하게 만들기 때문에 후벽세포가 살아있을 때는 성장하지 못한다.	2차 세포벽
보강세포 sclereids 후막세포	• 섬유세포보다 더 단단하고 비규칙적이다. • 리그닌이 많이 포함된 이차벽이다. • 호두 등 견과류나 씨앗의 껍질에서 발견된다. • 세포벽이 두꺼워진 조직이므로 원형질이 없이 견고하다.	죽어있음
섬유세포 fiber	• 주로 다발을 이룬다. • 보강세포보다 길고 얇다.	죽어있음

식물의 기본세포 = 유세포 + 후각세포 + 후벽세포
후벽세포 = 후막세포(보강세포) + 섬유세포

12 상중하 ㅣ③

- 음수와 양수의 구분은 햇빛을 좋아하는 정도에 따른 구분이 아니라 그늘에 견딜 수 있는 정도에 대한 구분이다.
- 음수는 그늘에 견디는 힘이 있는 나무고, 양수는 그늘에서 견디지 못하는 나무다.

광보상점은 광합성에 필요한 이산화탄소의 흡수량과 호흡에 의해 배출되는 이산화탄소의 양이 같아서, 이산화탄소가 흡수되지도 배출되지도 않는 빛의 세기(광도)를 말한다.
① 양수는 음수보다 강한 빛에서 광합성을 시작하므로 높은 광도에서 광보상점이 형성된다.
② 음수는 양수보다 엽록체의 수가 많아서 약한 빛(낮은 광도)에서도 광합성을 하므로 효율이 양수보다 높다.

음수는 양묘장과 같이 해를 가릴 큰 키가 없는 환경에서는 어린 나무일 때 해가림이 필요하다. 소나무·해송 등은 해가림을 할 필요는 없으나 가문비나무·전나무·낙엽송·삼나무·편백, 그리고 소립종자에서 생긴 어린 묘가 강한 일사를 받고 건조의 우려가 있을 때에는 해가림을 한다.

13 상중하 ㅣ④

- 내생균근의 균사가 피층세포 안쪽의 캐스페리안대까지 들어가며 내피 안쪽으로 들어가지 못한다.
- 통도조직과 내피세포는 다르다.
- 피층세포는 조직이 둥글고 여유가 있다. 그러므로 균사가 들어갈 수 있는 공간이 있는 반면, 내피세포는 다르다.

[성숙한 뿌리털의 횡단면]

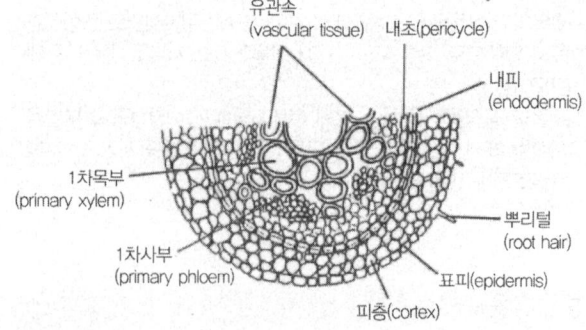

유관속
(vascular tissue) 내초(pericycle)
내피(endodermis)
1차목부(primary xylem)
1차사부(primary phloem)
뿌리털(root hair)
표피(epidermis)
피층(cortex)

- 내생균근(endo mycorriza)
  → 균사가 기주식물 세포 안까지 들어감
  → 균사가 피층세포 안쪽 카스페리안대까지 존재
  → 백합나무, 향나무, 단풍나무 등이 있다.
  → 뿌리털 정상(균투가 없고 균사가 통도조직을 침범하지 않는다)
  → 식물세포에 VAM 균근을 형성한다. 난초형균근과 진달래형 균근도 있다.

→ VA균근, VAM, vasicular(소낭, 주머니모양균사)
  → arbuscular(가지모양균사)
→ 주로 접합자균에 의해 형성된다.
• 외생균근(ecto mycorrizae)
→ 균사가 피층의 세포 사이에 존재
→ 뿌리 끝부분을 둘러싸는 균투 형성
→ 소나무과, 자작나무과, 버드나무과, 참나무과 등, 목본 식물 98%에 존재
  ㉮ 균투(菌套 fungal mantle) : 뿌리표면을 두껍게 싸고 있음
  ㉯ Hartig net : 피층까지 침투
    → 주로 진균류(담자균류, 자낭균류)에 의해 형성된다.
• 내·외생균근(ectendo mycorrizae)
→ 세포 내외의 감염을 일으키는 균근
→ 어린 소나무 묘목에서 드물게 발견되는 현상
→ 외생균근에 비하여 균투가 뚜렷하지 않다.
→ 外生菌根의 변칙형태

---

14 상**중**하 | ②

엽록소의 핵심원자는 마그네슘이며, 마그네슘은 식물체 내에서 이동이 빠르다. 망간은 철과 함께 엽록소 합성에 필수적인 조효소이고, 식물체 내에서의 이동은 느리다.

---

15 상중**하** | ③

리그닌은 목부조직의 세포벽과 세포벽을 접착시켜 기계적인 지탱작용을 하는 지질화합물이다.

📝 **보충**

리그닌은 초식동물도 소화시킬 수 없으므로, 나무가 지구상에 우점하는 생물이 되었다.

※ 나무의 세포벽
나무는 셀룰로스, 헤미셀룰로스, 펙틴 등의 성분으로 1차 세포벽과 2차 세포벽을 만든다.
세포와 세포 사이에는 중간층(중층, 중엽층)이 있으며 세포벽이 형성되기 전에 가장 빨리 생성된다.
• 중간층
  세포와 세포를 붙여주는 접착제 역할을 하게 되며 펙틴이라는 단백질이 주성분이다.
• 1차 세포벽
  셀룰로스, 헤미셀룰로스, 펙틴, 기타 단백질이 존재한다. 분열이 빠른 어린 식물들은 1차 세포벽만 가지고 있기도 하다.
• 2차 세포벽
  세포막과 1차 세포벽 사이에서 세포를 강하게 하는 것이다. 2차 세포벽은 마지막으로 형성되는데, 펙틴이 없고 리그닌, 수베린, 키틴으로 구성된다.

---

16 상**중**하 | ④

나무는 주로 청색광과 적색광을 이용하여 광합성을 한다. 청색광과 적색광을 흡수하고 녹색광을 반사하기 때문에 잎이 녹색으로 보인다.

🖊 **오답풀이**

① 옥신은 음성 주광성을 가지고 있어서 빛이 없는 아래로 향하고, 그 결과 식물은 햇빛을 향해 자란다.
② 수목의 광주기 영향은 주로 영양생장과 관계가 있으며, 수목의 영양생장은 직경생장과 수고생장으로 구성된다.
③ 종자가 근적외선(730nm)을 받으면 피토크롬적외(Pfr)가 피토크롬적(Pr)으로 변하면서 발아억제 현상이 나타난다. 또한, 종자가 적외선(660nm)을 받으면 Pr이 Pfr으로 되면서 발아가 촉진된다. [적발 억근]

TIP

적발 억근 : 적외선에서는 발아, 근적외선에서는 발아억제

---

17 상**중**하 | ③

완전화는 피자식물(속씨식물)에만 있다. 나자식물(겉씨식물)의 꽃은 모두 불완전화에 속한다.

📝 **보충**

※ 나자식물의 생식 요약
• 암꽃의 화아 형성은 에너지를 많이 써야 하기 때문에 수꽃보다 나중에 이루어지는데 이것은 거의 모든 생물의 공통점이다.
• 겉씨식물은 수정과정에서 난세포의 소기관이 소멸되어 웅성배우체의 세포질유전이 이루어진다.
• 겉씨식물은 배낭모세포가 감수분열하여 4개의 세포가 되며 그 중 1개는 배낭세포가 되고, 그 나머지 중, 크기가 큰 세포가 유리핵이 되어 배젖으로 발달한다. 감수분열을 했으므로 배수체가 아니라 감수체(n)가 되어야 한다(속씨식물의 배젖은 3n, 겉씨식물의 배젖은 n).

---

18 상**중**하 | ②

② 미토콘드리아는 양분을 분해 또는 소화하여 에너지(ATP)를 만드는 기관이다. 종자의 경우 지질은 주로 자엽(떡잎)과 배유(배젖)에 저장되며 세포 내에서는 올레오좀(oleosome)에 저장된다.

- 지질은 세포막과 원형질막의 구성성분(40% 차지)이기 때문에 살아 있는 세포(동물이건 식물이건 간에)에서는 항상 발견되며 매우 중요한 역할을 하지만, 식물의 영양조직에서는 그 함량이 아주 낮아 보통 건중량의 1% 미만이다.
- 수목의 지질 함량은 월동기간에는 에너지를 저장하고 내한성을 높이기 위해 지질 함량이 높아지며, 여름에는 낮아진다.
- 일반적으로 수피의 지질 함량이 목부의 심재나 변재보다 높다. 자작나무의 수피는 얇게 벗겨지면서 지질을 많이 함유하고 있는 것으로 잘 알려져 있다.
- 수목의 내한성은 탄수화물(특히 설탕) 함량뿐만 아니라 인지질 함량과도 관계가 있다.
- 가을이 되면 인지질 함량이 증가하는데, 아까시나무와 포플러의 내한성 증가는 수피의 인지질 증가와 동시에 일어난다.
- 독일가문비나무의 잎에서도 인지질 함량이 증가하며, 사과나무도 줄기의 지질 함량이 증가한다.
- 열매와 종자의 지질 함량은 영양조직보다 훨씬 더 높다.
- 지질은 탄수화물이나 단백질보다 단위무게당 에너지(ATP) 생산량이 높기 때문에 작은 공간에 효율적으로 에너지를 농축하여 저장할 수 있다.
- 따라서 작은 종자에는 주로 지질이 많은 편이며, 큰 종자에는 탄수화물이 주성분인 경우가 많다.
- 예를 들면 큰 종자를 가진 밤에는 지질이 3.0% 함유되어 있는 반면에, 작은 종자인 미송에는 36%의 지질이 들어 있다.
- 특히 소나무류 종자에 지질이 많은데, 피니언잣나무(pinyon pine)와 한국산 잣나무 종자에는 65% 전후의 지질이 들어 있다.
- 지질은 살아 있는 유세포의 세포기질(cytosol)에 저장되는데, 종자의 경우 자엽과 배유에 있으며, 세포소기관의 일종인 올레오좀(oleosome)에 저장된다.
- 올레오좀은 스페로솜(spherosome), 오일 보디(oil body), 오일 방울(oil droplet)이라고도 부르며, 다른 세포소기관과는 다르게 완전한 막으로 둘러싸여 있지 않고 반막(半膜, half-membrane; 전형적인 단위막의 반쪽에 해당)으로 이루어져 있다.

※ 목본식물 내 지질의 종류

종류	성분
지방산 및 지방산 유도체	palmitic산, 단순지질(지방, 기름), 복합지질(인지질, 당지질), 납, 큐틴, 수베린
isoprenoid 화합물	테르펜, 카로테노이드, 고무, 수지, 스테롤
phenol 화합물	리그닌, 탄닌, 후라보노이드

19 상중하 　　　　　　　　　　| ②

② 수분 흡수를 높이는 전략은 진정내건성 수종의 내건성 기작이다. 토양 수분이 부족할 때 뿌리에서 생성된 아브시스산이 잎으로 이동하여 기공을 폐쇄하는 등의 수분 소비를 줄이는 내건성 기작을 건조 회피라고 한다.

오답풀이

① 진정내건성 수종은 건조에 견딜 수 있는 생리적인 구조를 갖추고 있는 수종이다. 세포 내의 용질의 농도를 높여서 삼투현상을 이용해서 수분을 흡수하는 식물을 진정내건성 식물이라고 한다.

보충

※ 수분스트레스에 대한 식물의 적응 전략
[건조탈출형]
심한 수분스트레스가 시작되기 전에 그들의 생활사를 완성시킴으로써 수분스트레스를 피하는 식물을 건조탈출형이라고 한다(Bazzaz, 1979; Heschel과 Riginos, 2005; Heschel 등, 2004; Wu 등, 2010).
[건조저항형]
2-1. 건조회피형
　　건조회피형에 속하는 식물들은 수분스트레스하에서 기공을 민감하게 닫거나, 잎의 면적을 감소시킴으로써 잎으로부터의 증산 감소를 유도하여 잎의 수분조건을 개선하는 식물들과 잎의 각도를 조절하여 잎으로의 열에너지 흡수를 감소시킴으로써, 엽온상승을 방지하고 증산을 감소시키는 식물들이다(Jones와 Corlett, 1992; Morgan, 1984; Zlatev, 2005).
2-2. 건조내성형
　　건조내성형 식물은 삼투압 조절이나 세포벽의 탄성적 특성에 의존하여 적정 팽압을 유지하는 식물이다(Ludlow, 1989; Munns, 1988; Save 등, 1993; Touchette, 2006; Touchette 등, 2007).

20 상중하 　　　　　　　　　　| ④

정아에서 가까운 가지는 성장이 제한되어 짧게 되고, 정아에서 먼 가지는 길게 자라 원추형 수간을 이루는 것이 고정생장이다. 측아의 생장이 억제되지 않아 구형의 수관이 형성되는 것이 자유생장이다.

TIP

- 고정생장과 자유생장은 수관의 모양이 원추형과 구형이 되는 것이다.
- 유한생장과 무한생장은 성장속도와 관련이 있다.
- 비슷한 말 같은 유한생장과 무한생장, 고정생장과 자유생장을 반드시 구분해야 한다.

21 상**중**하 | ②

ㄹ. 뿌리에서 잎까지의 수분 이동

뿌리에서 잎까지의 수분 이동은 포텐셜에너지가 큰 곳에서 작은 곳으로 이동하고, 이 과정에서 에너지는 소모되지 않는다.

보충

포텐셜에너지 = 삼투포텐셜 + 기질포텐셜 + 압력포텐셜

22 상**중**하 | ②

② 대부분의 식물에서 꽃눈 원기 형성 시기는 수꽃이 암꽃보다 빠르므로 맞는 지문이다.

오답풀이

① 꽃눈의 형성 시기가 꽃이 피기 전년도의 늦은 가을인 것은 목련 등 일부 수종이다. 온대지방에서 참나무류의 암꽃 꽃눈 원기는 5월 하순, 수꽃 꽃눈 원기는 7월 하순에 형성된다.

③ 소나무류 화아원기는 구과를 형성하는 암꽃이 크고, 붉은 색을 띠다가 둥근 구과의 형태로 발달한다. 수꽃은 길쭉한 타원형이며 작고 노란색을 띠는 미세한 꽃들이 모여있는 모양이다. 화아원기(꽃눈 원기)는 꽃이 발달하기 전, 형성되는 작은 생장 조직이다. 소나무의 화아는 봄철에 시작하여 다음 해 봄에 꽃이 피기 전까지 완전히 발달한다.

④ 꽃눈의 원기는 식물호르몬과 영양상태, 수목의 나이 같은 내부요인과 빛, 온도, 수분, 토양 등의 외적 환경요인의 영향을 받는다.

23 상**중**하 | ④

④ *Pinus densiflora* 소나무, *Betula costata* 거제수나무, *Quercus mongolica* 신갈나무 모두 1가화인 자웅동주다.

오답풀이

① *Ginkgo biloba* 은행나무 2가화, *Taxus cuspidata* 주목 2가화, *Abies koreana* 전나무 1가화

② *Larix kaempferi* 낙엽송 1가화, *Alnus japonica* 오리나무 1가화, *Ailanthus altissima* 가죽나무 2가화

③ *Picea jezoensis* 가문비나무 1가화, *Castanea crenata* 밤나무 1가화, *Salix caprea* 호랑버들 2가화

보충

• 자웅동주 : 대부분의 나무

• 자웅이주 : 은행, 포플러, 주목, 호랑가시나무, 꽝꽝, 가죽나무

※ 은주가 주목하라고 호랑가시로 포플러를 꽝꽝 친다.

은(행)주(목)가(죽나무)

24 상**중**하 | ①

① 자웅동주는 한 나무에 암꽃과 수꽃이 동시에 존재하는 것으로 자가수분이 일어나기 쉽다.

보충

※ 자가수분 회피 및 타가수분 촉진 기작

• 타가수분 : 같은 종의 식물에서 한 식물 개체의 꽃가루가 다른 식물 개체의 암술머리에 붙는 현상

• 자가수분 : 같은 개체에서 핀 수꽃가루가 같은 개체에서 핀 암술머리에 붙는 현상

→ 이화주성 : 같은 꽃 안에 긴 암술대와 짧은 수술대를 가지고 있어 자가수분을 어렵게 만드는 현상

→ 자기불화합성 : 같은 꽃이나 같은 나무의 다른 꽃의 수꽃가루가 암술머리에 닿아도 수정까지는 이어지지 않는 현상

→ 자웅이숙 : 암술과 수술의 성숙시기 차이 때문에 자가수분이 일어나지 않는 현상

㉮ 웅예선숙 : 수술이 암술보다 먼저 성숙하는 것

㉯ 자예선숙 : 암술이 수술보다 먼저 성숙하는 것

25 상**중**하 | ①

• 외생균근 : 뿌리가 균투를 만들고 있다. 소나무과, 버드나무과, 참나무과, 자작나무과 등 고등식물의 97%

• 내생균근 : 균투가 없고 균사가 세포 안까지 들어갔다. 주머니 모양(vasicular)과 가지모양(arbuscular) 균사를 가지고 있다. 백합나무, 향나무, 단풍나무, 들메나무, 백합나무, 낙우송, 측백나무류

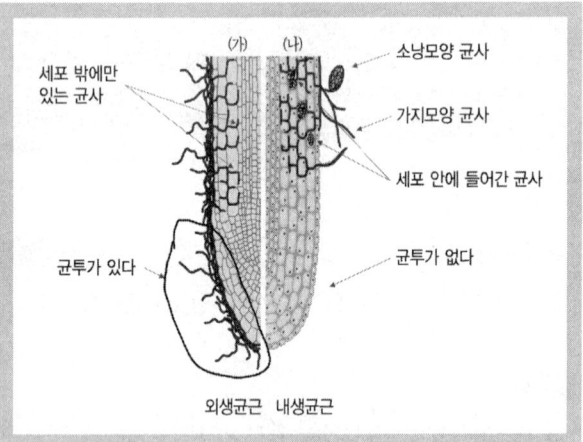

외생균근   내생균근

---

26 상중하 | ③

- G3P(PGAL)는 광합성 과정에서 생성되며, 생합성 과정에서 중요한 역할을 하는 중간 물질이다.
- G3P(PGAL)는 탄수화물, 지방산, 아미노산 합성 및 에너지 대사에 사용되며, 대부분 RubP와 PGA로 전환된다.

📝 보충

캘빈회로는 햇빛이 없어도(광–비의존적), 식물의 엽육세포에서 일어나는 과정이다. 녹말(전분)은 엽록체의 스트로마에서 합성되고, 설탕은 세포질에서 합성된다.

※ 하루 중 엽육세포에 존재하는 대사물질의 양

대사물질	상대적 양(%)		
	오전 9시	오후 4시	밤 10시
설탕	1.1	47.6	16.4
PGA	20.5	16.9	1.2
G3P	17.3	14.5	2.1
RuBP	37.9	12.3	5.2
기타 물질	23.2	8.7	75.1

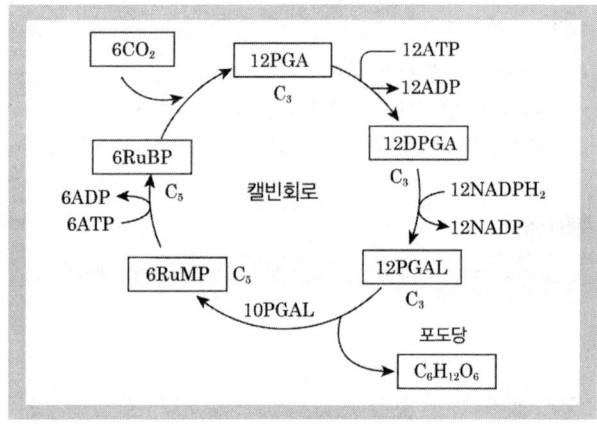

27 상중하 | ③

③ 형성층의 시원세포는 병층분열로 목부 또는 사부가 될 세포를 만든다.

📝 보충

※ 수층분열과 병층분열
- 수층분열(Cymose Division)
  → 주로 줄기와 가지의 생장에서 나타나는 분열 형태
  → 단위 세포가 일정한 방향으로 분열하여 새로운 세포를 형성한다.
  → 줄기의 끝이나 가지에서 새로운 가지나 잎이 형성되며, 이를 통해 수직적 성장을 한다.
  → 보통 1차 생장에 관련되어 있으며, 주로 정단분열 조직에서 발생한다.
- 병층분열(Periclinal Division)
  → 세포가 수직으로 분열하여 원주형 또는 층을 형성한다.
  → 세포가 세로로 분열하여 서로 수직으로 배열된 세포층을 형성한다.
  → 병층분열은 주로 2차 생장에 기여하며, 형성층에서 발생하여 목재와 수피를 형성한다.
  → 줄기나 뿌리의 부피를 크게 만든다.
  → 나무의 목부와 수피에서 주로 관찰된다.

---

28 상중하 | ②

② 공변세포의 K^+과 유기산 농도가 상승하면 삼투포텐셜이 낮아져 기공이 열린다.

📝 보충

포텐셜에너지는 높은 곳에서 낮은 곳으로 물이 이동한다. 물이 유입되어 공변세포가 팽창하는 것은 삼투포텐셜이 낮아지기 때문이다.

- 목부에서 방사계를 구성하는 것은 방사유세포다.
- 활엽수(broadleaf tree)의 목부 방사계(xylem rays 또는 wood rays)는 목부와 수피의 방사 방향으로 연속되어 있다. 목부 방사계는 물질 이동과 저장, 나무의 기계적 지지 등을 담당하며, 나이테를 가로지르는 형태로 나무 줄기에 퍼져 있다.

레진은 수목이 외부 상처를 입었을 때 분비되어 상처를 덮고, 미생물 및 해충의 침입을 방지하는 데 도움을 주며 물리적 장벽을 형성하여 식물의 내부를 보호한다. 또 레진은 천연항균물질을 포함하고 있어, 식물에 해로운 균류나 세균의 성장을 억제한다.

오답풀이

① 납(wax)은 잎, 줄기 등 식물의 표면에서 수분의 증발을 억제한다.
③ 목전질(suberin)은 흔히 코르크층에서 관찰되고, 뿌리의 내피층에서 수분과 이온의 이동을 조절한다. 엽록체와 미토콘드리아에는 존재하지 않는다.
④ 불포화지방산(unsaturated fatty acid)은 추운 지방의 식물이 따뜻한 지방의 식물보다 함량이 많다.

오답풀이

ㄹ. 붕소(B)는 새로운 세포의 발달과 생장에 필수적인 원소다. 엽록소 합성에 필수적인 원소는 마그네슘과 철분이고 H_2O의 광분해를 촉진하는 것은 망간(Mn)과 염소(Cl)다.
ㅁ. 화분관의 생장을 촉진하는 것은 붕소(B)다. 핵산의 합성에 관여하는 것은 질소(N)와 인산(P)이며 아연(Zn)은 엽록소 파괴를 방지하고, 단백질과 당분(CH_2O)의 합성을 돕는다.

④ ABA(아브시스산)는 주로 스트레스와 관련된 활동에 관여한다. 식물생장을 촉진하는 호르몬은 옥신, 지베렐린, 사이토키닌이다.

보충

색소체는 색소를 가지고 있는 세포기관이다. 색소를 포함하지 않는 색소체를 백색체라고 하며, 엽록소를 색소체로 가지는 기관을 엽록체라고 부른다.

MEMO

산림환경 및 산림생태

1 상중하 | ②

문제의 지문에서 제시된 '수관이 울폐됨', '피압된 치수는 고사함', '수목갱신은 제한되거나 정지함'의 현상들은 모두 수간 배제(수관 경쟁기) 단계의 핵심적인 특징이다. 이 단계에서는 나무들 사이의 경쟁이 가장 치열하여 밀도가 높고, 경쟁에서 뒤처진 개체들이 자연적으로 제거되는 '자연간벌' 현상이 두드러지게 나타난다.

🗐 보충

Oliver(1981)는 교란 이후 산림이 발달하는 과정을 네 단계로 구분하였다.
• 임분 시작(Stand Initiation): 교란 이후 새로운 개체들이 정착하고 자라나기 시작하는 단계
• 수간 배제(Stem Exclusion) : 숲의 나무들이 자라면서 수관이 서로 중첩되어 울폐된다. 이 시기는 빛과 양분을 얻기 위한 경쟁이 매우 치열해져, 경쟁에서 밀린 어린 나무들(치수)은 죽게 된다. 또한, 새로운 나무의 생장은 거의 불가능하거나 매우 제한적이다.
• 하층 재진입(Understory Reinitiation) : 숲을 이루던 나무들이 점차 죽거나 쓰러지면서 숲 안에 빈 공간(간극)이 생기기 시작하는 단계. 이 공간을 통해 빛이 들어오면서 하층 식생이나 새로운 어린 나무들이 다시 자라나기 시작한다.
• 노령림(Old Growth) : 오래된 큰 나무들이 많아지고, 숲의 구조가 매우 복잡하고 다양해지는 단계. 크고 작은 나무들이 여러 층을 이루며, 지속적으로 새로운 나무들이 생장한다.

2 상중하 | ④

• 생물상이 없는 곳에서 외부요인에 의해 유발되는 천이를 1차천이라고 하고, 교란 이후에 진행되는 천이를 2차천이라고 한다.
• 자발적 천이는 군집 내부의 생물학적 요인(biotic factors)에 의해 스스로 환경이 변화하고, 이 변화된 환경이 다시 다른 종의 정착과 기존 종의 도태를 유도하며 진행되는 천이를 말한다. 자발적 천이에서는 생물 자체가 천이의 주된 동력이 된다.
• 타발적 천이는 환경적 요인에 의해 진행되는 천이를 말한다. 2차천이는 일종의 타발적 천이에 속한다고 볼 수 있다.

TIP

천이는 유발 주체에 따라 자발적 천이와 타발적 천이로 나누고, 진행 방향에 따라서 진행천이와 퇴행천이로 나눌 수 있다.

3 상중하 | ④

④ 건조하고 척박한 지역에서는 일반적으로 S/R율(shoot/root ratio)이 감소하는 경향이 있다. 건조하고 척박한 지역에서는 뿌리(r)의 무게가 증가한다. 분모가 커지는 것은 숫자가 작아지는 것이므로 증가가 아니라 감소가 되어야 한다.

4 상중하 | ③

• 엽록체는 엽록소를 함유한 그라나와 엽록소가 없는 스트로마로 구분된다.
• 그라나는 명반응이 일어나는 곳이고, 스트로마는 암반응이 일어나는 곳이다.
• 명반응은 엽록체 내부의 틸라코이드 막에 존재하는 광계(photosystem)라는 복합체에서 일어난다.
• 하나의 광계에는 약 200~300개의 엽록소 분자와 보조색소분자들이 함께 모여 빛을 흡수한다.
• 명반응은 물을 분해하여 NADPH를 생산하고, ADP를 ATP로 만드는 반응이다.
• 명반응 과정에서 산소가 발생하므로 식물이 배출하는 산소는 이산화탄소의 산물이 아니라 물이 분해된 결과물이다.

5 상중하 | ②

② 공변세포의 삼투압을 조절하면서 기공 개폐에 관여하는 것
→ 칼륨

① 엽록소의 구성성분이며, ATP의 기능 활성화에 관여한다. 마그네슘은 엽록소 분자의 핵심구성요소이며, ATP합성과 각종 효소의 기능을 활성화하는 데 중요한 역할을 한다.

③ 핵산과 인지질을 구성하며, 에너지 생산과 전달에 관여한다. 인은 DNA, RNA와 같은 핵산과 세포막을 구성하는 인지질의 필수 성분이다. 세포의 에너지원인 ATP(아데노신 삼인산)의 핵심 구성 요소로 에너지 생산 및 전달에 이용된다.

④ 질소고정효소의 구성성분이며, 산화환원반응에 관여하고 몰리브덴은 콩과식물의 질소고정효소를 구성하는 성분이다. 다양한 산화환원 반응에도 관여하지만, 식물체 내에서는 미량요소에 속한다.

보충

• 식물체 건중량의 약 1%를 차지한다. → 대량 또는 다량원소
C, H, O, N, P, K, Na, Ca, Mg, S
• 결핍되면 잎에 검은 반점이 생기고 주변에 황화현상이 나타난다.
  → K : 결핍 시 잎 가장자리 황화작용, 심하면 검은색 또는 갈색 반점, 괴사 증상
  → Mg : 잎맥은 녹색으로 남고, 잎맥 사이 엽육은 마그네슘 결핍으로 엽록소가 파괴되어 노랗게 변색, 진행되면 갈색이나 검은색 괴사 반점이 나타나기도 함
     – 잎 주변에 황화현상이라는 단서는 칼륨(K)에 해당한다.
• 체내 이동이 용이하여 결핍증이 성숙잎에서 먼저 관찰된다.
  → 체내 이동이 용이한 대량원소(건중량의 약 1%)는 칼륨과 마그네슘, 암모늄(NH_4^+) 등이다.

6 상중하 | ①

직경생장은 2차 생장으로 목부조직에 의해 이루어진다.

길이생장은 1차 생장으로 줄기 끝과 뿌리 끝의 정단분열조직에 의해 이루어진다.

② 체내 옥신이 많고 지베렐린이 적으면 목부를 우선적으로 생산한다. 지베렐린이 상대적으로 많으면 사부를 우선적으로 생산한다.

③ 관다발 형성층의 수층분열은 형성층 자체의 세포 수를 증가시킨다. 병층분열은 세포의 긴 축을 중심으로 안쪽에는 2차목부, 바깥쪽에는 2차사부를 생산하여 직경을 직접적으로 굵게 만든다. → 병층분열 이후에 수층분열로 목부와 사부의 세포수가 늘어난다.

④ 봄철 관다발 형성층의 활동은 밑동보다 나무 꼭대기에서 먼저 시작된다. 옥신(auxin)은 주로 줄기 끝(생장점)과 어린 잎에서 생성되며, 식물체 내에서 아래쪽으로 이동한다. 봄철에 옥신이 생성되기 시작하면, 이 옥신이 위에서 아래로 이동하면서 관다발 형성층의 활동을 순차적으로 활성화시키므로, 형성층의 활동은 나무 꼭대기에서 먼저 시작되어 점차 밑동으로 진행된다.

7 상중하 | ②

교란의 정도에 따라 퇴행천이와 산림쇠퇴가 발생할 수 있으며, 2차천이가 진행된다.

① 전통적 관점에서 1차천이는 자발천이이고 2차천이는 타발천이로 볼 수 있다.

③ 천이가 진행됨에 따라 개체군의 생활사 전략 유형은 r-선택에서 K-선택으로 변한다.

④ 극상에 가까워지는 숲에서는 $\dfrac{광합성량}{호흡량}$의 비율이 1에 가까워 지며, $\dfrac{생산량}{생체량}$의 비율은 감소한다.

보충

전략	개체군의 특징	환경의 특징
K-선발	늦은 성장, 큰 몸집, 반복 번식, 환경수용력에 가까운 개체수 유지	안정된 극상 환경에 유리
r-선발	빠른 생장, 높은 번식률, 작은 몸집, 대규모 치사율	변화되는 교란 환경에 유리

8 상중하 | ③

③ 소나무는 발화온도와 발염온도가 다른 수종보다 낮아 산불이 수관화로 번지는 경우가 많다.

보충

소나무림은 산불 등의 교란에 약하고, 건조한 지역에서 순림을 형성한다.

9 상중하 | ③

천이 성숙단계에서는 유기물 총량이 최대가 되고, 양료순환이 개방적에서 폐쇄적으로 된다.

※ 천이 단계별 생태계 특성

생태계 속성	발달단계	성숙단계
총생산/군집호흡(P/R율)	>1 또는 <1	1에 접근
총생산/현존 생체량(P/B율)	높다	낮다
생체량/단위에너지(B/E율)	낮다	높다
순군집 생산	높다	낮다
먹이사슬	직선적, 단순	망상, 복잡 (분해자)
유기물 총량	적다	많다
무기양료	생물체 외	생물체 내
종 다양성-풍부도	낮다	높다
종 다양성-균재도	낮다	높다
생화학적 다양성	낮다	높다
수직 및 수평적 구조	체계화 불충분	체계화 충분
생태적지위의 범위	넓다	좁다
생물체의 크기	작다	크다
생활환	짧고 단순함	길고 복잡함
양분순환	개방적	폐쇄적
생물체와 환경 간의 양분 교환속도	빠르다	느리다
양분 재생에서 부니질의 역할	중요하지 않음	중요함
교란에 대한 저항성	낮음	높음
생산	양적	질적
공생	미발달	발달

10 상중하 | ②

콩과식물과 공생하는 질소고정균은 리조비움속이다. 소나무와 공생하는 균근은 외생균근이다.

11 상중하 | ④

토양이 없는 상태에서 교란없이 진행된 천이를 1차천이라고 하고, 교란 후 토양이 있는 상태에서 진행되는 천이를 2차천이라고 한다.

산림천이는 토양이 없는 상태에서 시작되는 건생천이와 물에서 시작하는 습생천이가 있다. 교란이란 천이의 진행을 방해하는 사건을 말한다.

12 상중하 | ①

② 노루귀의 꽃 색깔이 푸른 보라색, 붉은 보라색, 흰색 등으로 다양하게 나타난다. → 노루귀 개체군 내의 유전자 다양성을 의미한다.
③ 유전정보의 총칭으로 지구상에 생존하는 생물 개체의 세포 속에 들어 있는 유전자를 모두 포함한다. → 생물 다양성과 관련이 없는 지문이다.
④ 에너지와 물질의 순환, 그리고 시스템의 재생력 등 생태계의 평형 유지 기능을 하나의 통합된 개념으로 본다. → 생태학의 대상이 되는 분야들에 대한 설명이다. 생물 다양성 유지도 생태학의 대상이다.

7급 시험에는 산림생태의 원리를 묻는 문제의 출제 비중이 대체로 높다.

13 상중하 | ④

돌연변이는 개체의 유전체에 발생하는 불규칙한 변화를 말한다. 개체 하나의 변화이기 때문에 집단의 유전적 조성에 미치는 영향은 크지 않다.

※ 돌연변이가 집단의 유전적 조성에 미치는 영향
• 진화와 다양성 촉진 : 돌연변이가 유전적 부동을 통해 개체군의 생존에 유용한 특정을 제공하는 경우
• 환경적응 : 환경변화가 개체군의 생존에 영향을 미치는 경우, 돌연변이적 유전적 변화를 통해 살아남은 개체는 번식을 통해 확산될 수 있다.
• 병적인 변화 유발 : 질병을 발생시키는 유전자가 유전적 부동을 통해 개체군의 유전적 조성에 영향을 미친 경우
• 집단 유전자의 안정성 : 너무 높은 돌연변이율은 개체군의 생존에 부정적인 효과를 초래할 수 있고, 적응력을 낮출 수 있지만, 지속적이고 낮은 돌연변이는 개체군 유전자의 다양성을 유지하여 장기적인 생존력을 향상시킬 수 있다.

14 상중하 | ②

분해상수(k)는 분해의 속도를 나타낸다.

$$\frac{\text{유기물의 변화량}}{\text{시간의 변화량}} = \text{분해상수}(k), \quad -k[A] = \frac{d[A]}{dt}$$

위의 분해상수 식에서 시간은 분모에 속하므로 반비례하는 것을 알 수 있다.

오답풀이

① 분해속도가 빠른 경우에는 양분은 대부분 산림토양에서 빠져나가고 없다.

③ 식생으로부터 낙엽에 의해 유입되는 유기물의 총량이 낙엽층의 유기물 총량으로 바뀌는 기간을 '유기물'의 체류기간이라고 한다.

④ 일반적으로 위도가 낮은 열대지역 산림에서는 한대지역 산림보다 분해상수(k)가 크다. - 분해상수가 크다는 것은 분해가 빨리된다는 것을 의미한다.

TIP

잘 출제되지 않던 산림생태학에서 출제되었으며, 그 중에서 일반화학에서 사용되는 분해상수라는 개념을 통해 유기물이 분해되는 양에 대한 정량적인 해석을 하는 부분이 출제되었다. 평소에 관련 학문이나 논문을 읽지 않은 수험자는 풀기 어려운 문제가 출제되었다. 이런 문제를 풀기 위해서는 평소 수험서뿐 아니라 관련 분야에 대한 서적을 읽을 필요가 있지만 합격을 위해 어느 정도는 희생을 해야 할 부분에 속한다. 공무원 시험은 만점을 맞기 위해서가 아니라 합격선을 넘기 위해서 한다. 결국 이 문제는 다른 수험생에게도 어려운 문제일 것이므로 선택은 수험자의 몫이다.

15 상중하 | ①

지중화는 땅속에 공급되는 산소의 양이 부족하기 때문에 서서히, 오랜 시간, 오래 진행된다.

16 상중하 | ④

[생태계를 이해하고, 생태계의 기능과 건강정도를 평가하는 데 관련된 주요 속성]

• 생물 다양성(Biodiversity)
 → 생태계 내의 다양한 생물종의 존재와 다양성을 의미한다.
 → 생물종의 다양성, 유전 다양성 및 서로 다른 서식지와 서식지 유형의 다양성을 포함한다.
 → 다양한 생물종은 서로 다른 역할을 하며, 생태계의 안정성과 기능을 유지하는 데 중요하다.

• 구조(Structure)
 → 생태계의 구조는 생물종 간의 상호작용, 상대적인 풍경 특성, 생물종 분포 및 생태적 역할을 나타낸다.
 → 식물과 동물의 상호작용 및 상대적인 분포가 생태계 구조를 평가하는 중요한 요소다.

• 기능(Function)
 → 생태계의 기능은 생물종 및 생태계의 활동과 그 과정을 포함한다.
 → 생태계 기능에는 생물자원 생산, 물질 순환, 에너지 흐름, 분해 및 물질 대사 등이 있다.

• 상호작용(Interactions)
 → 생태계 내에서 생물종 간의 상호작용은 중요한 역할을 한다.
 → 포식자와 피식자 간의 상호작용, 경쟁, 공생 및 상생 등이 있다.
 → 생태계 내의 상호작용은 생태계의 동력과 안정성에 영향을 미친다.

• 동태(Dynamics)
 → 생태계의 동태는 생태계와 개체군의 시간에 따른 변화를 나타낸다.
 → 생태계 동태는 좁은 의미에서 개체군의 계절적 변화, 생물종 이동, 인간 활동의 영향 등을 의미한다.

• 안정성(Stability)
 → 생태계는 변화와 충격에 잘 대응하고 유지되어야 한다.
 → 안정성은 다양성, 상호작용 및 생태계 내의 의존성에 영향을 받는다.

• 에너지 및 물질 순환(Energy and Matter Cycling)
 → 생태계에서 에너지 고품위에서 저품위로 바뀌며, 물질을 통해 순환한다.
 → 생태계의 물질 순환은 물질 대사와 에너지 흐름을 통해 이루어진다.

• 서비스 제공(Ecosystem Services)
 → 생태계는 인간과 자연에 다양한 서비스를 제공한다.
 → 생태계서비스에는 식량 공급, 물과 대기의 정화, 기후 조절, 관광 및 레크리에이션 등이 포함된다.

17 상중하 | ①

산림 순생산 = 생산량 - 소비량

• 교란 직후에 만들어진 어린 숲은 씨앗이나 그루터기의 양분을 사용하므로, 생산량보다 소비량이 크다. NEP < 0

• 식물이 성장하며 광합성을 통해 생산한 양분을 바이오매스에 축적하므로, 소비량보다 생산량이 많다. NEP > 0

- 바이오매스의 축적량이 증가하면 극상 전단계에서 소비량이 생산량보다 많아지는 때가 있다. NEP<0
- 극상에 이르면 생산량과 호흡에 사용하는 양, 즉 소비량이 균형을 이루게 된다. NEP=0

🗨️ 보충

NEP(순생산) = P(생산량) − R(호흡량) − B(총생물량, 바이오매스량)

TIP

시험에는 NEP, P와 R의 비율, P와 R의 크기 등으로 다양하게 출제된다.

---

18 상중하 | ②

② β 다양성은 지역의 종 다양성과 국지적 다양성의 비율이다. 넓은 지역을 대상으로 한다고 하였으므로 옳지 않은 지문이다.

🗨️ 보충

공간적 척도와 개체군의 밀도 및 분포를 고려하여 제시된 생물다양성의 개념{1972 휘테커(R. H. Whittaker)}
- 알파 다양성(alpha diversity)
  → 서식처 내 국지적 척도에서의 종 다양성
  → 국지적 다양성(local diversity)
- 베타 다양성(beta diversity)
  → 서식처 간 종 다양성의 차이
  → 지역 종 다양성(regional species diversity)과 국지적 다양성 사이의 비율
- 감마 다양성(gamma diversity)
  → 감마 다양성은 알파 다양성과 베타 다양성에 의해서 결정된다.
  → 하나의 지리적 경관 내에 모든 군집에 걸쳐 나타나는 전체 종 다양성
출처: [네이버 지식백과] 종 다양성 [species diversity] (동물학백과)

---

19 상중하 | ④

[생태계의 에너지 흐름 요약]
- 광합성 과정에서 고정된 에너지를 1차 생산이라 한다.
- 총1차생산력(gross primary productivity, GPP)은 독립영양 생물에 의한 총광합성량이며, 광합성으로 동화된 에너지의 총량이다.
- 순1차생산력(net primary productivity, NPP)은 동화된 에너지 중 호흡하고 남은 유기물이다. 에너지가 저장되는 속도와 관계가 크다.
- 순1차생산력(NPP)=총1차생산력(GPP)−독립영양생물의 호흡(R)

---

20 상중하 | ③

(가) 대체는 생태계의 구조는 원래의 생태계보다 단순하지만, 기능은 원래의 생태계와 가깝게 회복된다. → 이상적인 복원
(나) 복원은 원래의 생태계에 가깝게 훼손된 생태계의 기능과 구조를 모두 회복하는 것이다. → 많은 비용으로 현실적으로는 불가능
(다) 복구는 원래의 생태계보다 기능과 구조가 모두 떨어진다. → 현실적인 복원
(라) 방치는 훼손된 상태 그대로 두는 것이다. 생태계 기능과 구조가 모두 떨어질 수도 있고, 회복될 수도 있으나 그 속도가 느리다.

TIP

대체와 복구가 헷갈릴 수 있으나, 대체는 생체량만 늘려주는 것, 즉 나무와 풀을 심는 것으로 생각하면 쉽다.

---

21 상중하 | ③

한 식물체가 합성한 화학물질을 주변에 배출하여 자신은 아무런 영향을 받지 않은 채 다른 식물에 해를 끼치는 것은 타감작용에 대한 설명이다.

---

22 상중하 | ②

Cinnamomum camphora(녹나무)는 난대림에 서식하는 수종이다.

오답풀이

① *Betula schmidtii* : 박달나무
③ *Juglans mandshurica* : 가래나무
④ *Ulmus laciniata* : 난티나무

---

23 상중하 | ④

- 한 식물체가 합성한 화학물질을 주변에 배출하여 자신은 아무런 영향을 받지 않은 채 다른 식물에 해를 끼치는 것은 타감작용에 대한 설명이다.
- 타감작용은 식물끼리 다른 식물종을 경쟁배제하는 대표적인 사례다.

보충

타감물질을 분비하는 쪽은 양분과 공간경쟁에서 유리한 위치를 차지하고, 그 때문에 피해를 입는 쪽은 불리하기 때문에 편해작용으로 분류하기는 애매하지만, 주어진 단어 중 가장 정답에 가깝다. 편리공생은 한 생물은 이익을 얻고, 다른 생물은 별다른 이익도 해도 입지 않는 상호작용이다. 한쪽이 이득을 보지만 다른 한쪽은 영향을 받지 않는 관계를 편리공생이라고 한다.

24 상중하 | ①

① 지구생태계 중 가장 큰 탄소저장고는 바다(sea)다.
→ 바다는 지구의 전체 탄소의 약 38,000억 톤을 저장하고 있으며, 탄소 저장량의 약 93%에 해당한다.

보충

※ 탄소저장소의 종류
• 바다 : 해양 생태계에서 플랑크톤과 같은 생물체가 이산화탄소를 흡수하여 유기탄소로 전환한다. 해양의 심층수와 바닥에 저장된 탄소는 오랜 시간 동안 대기와의 상호작용 없이 존재할 수 있다.
• 산림 : 나무와 식물은 광합성을 통해 대기 중의 이산화탄소를 흡수하여 생장하며, 이 과정에서 탄소를 고정한다. 전 세계의 산림은 약 3,000억 톤의 탄소를 저장하고 있다.
• 토양 : 토양은 식물의 뿌리와 미생물 활동을 통해 탄소를 저장하며, 약 2,500억 톤의 탄소를 저장하고 있다.
• 지구의 지각 : 석탄, 석유, 천연가스와 같은 화석 연료는 수억 년에 걸쳐 형성된 탄소 저장고다.

25 상중하 | ④

발달 단계는 순1차 생산이 빠르게 증가하고, 양료순환이 개방적이다.

오답풀이

① 발달 단계에서는 총생산/현존생체량이 성숙 단계의 것보다 크다.
② 발달 단계에서는 양분순환이 개방적이고, 성숙 단계에서는 폐쇄적으로 바뀐다.
③ 극상 단계에 진입하면 가용 유입에너지에 의해서 유지되는 생체량이 증가한다.
→ 천이 초기 단계에서는 식물과 생물들이 에너지를 효율적으로 활용하지 못하는 경우가 있다.
→ 극상 단계에 도달하면, 생물체 사이의 에너지 흐름이 더 효율적이고 안정적으로 된다.
→ 그래서 유입에너지가 늘어나면 생체량이 증가하게 된다.

26 상중하 | ①

㉠ 종A에게 유리하고 종B와 무관한 편리공생이다.
㉡ 종A에게 유리하고 종B와 불리한 타감작용이다.
㉢ 작동될 때 종A와 종B에게 모두 유리(+)한 상리공생은 멈추게 되면 모두에게 불리(−)한 것이 된다.

27 상중하 | ④

• 체류시간(residence time, t_r)은 임상에 있는 유기물이 평균적으로 얼마나 오래 체류하는지를 나타낸다.
• 체류시간은 유기물의 총량과 연간 입력량의 비율로 구할 수 있다.

$$t_r = \frac{X(\text{유기물의 총량})}{I(\text{연간 투입되는 유기물량})}$$

오답풀이

① 낙엽의 분해상수(k)는 온대낙엽수림보다 열대림이 높다.
② 낙엽의 리그닌 : 탄소(셀룰로스, 헤미셀룰로스 등)의 비율이 높을수록 분해속도는 빨라진다.
③ 낙엽이 분해되어 무게가 50% 감소하는 데 걸리는 시간 (반감기)은 $t_\frac{1}{2} = \frac{\ln(2)}{k}$ 로 계산할 수 있다.

TIP

분해상수 $k=0.2$라면 낙엽이 임상에 평균 5년 머문다는 것이고, 분해상수 k가 0.1이라면 낙엽이 임상에 평균 10년 머문다는 것이다. 또 출제될 가능성이 큰 문제이므로 반드시 이해하여야 할 부분이다.

28 상중하 | ③

• 서식지 지위(habitat niche) : 식물종이 서식지의 토양, 햇빛 등 자원과 공간을 다른 생물과 어떻게 사용하여 생존하는지 설명하는 가설
• 생태적 지위는 서식처 지위(공간 지위 or 서식지 지위)와 먹이 지위로 구분할 수 있다. 생태적 지위(ecological niche)는 개체군이 먹이와 공간 자원을 어떻게 나누어 사용하는지를 설명하기 위한 개념이다. 환경적인 요인은 서식지 지위로 구분하며, 문제의 지문은 서식지 지위에 해당하는 설명이다.

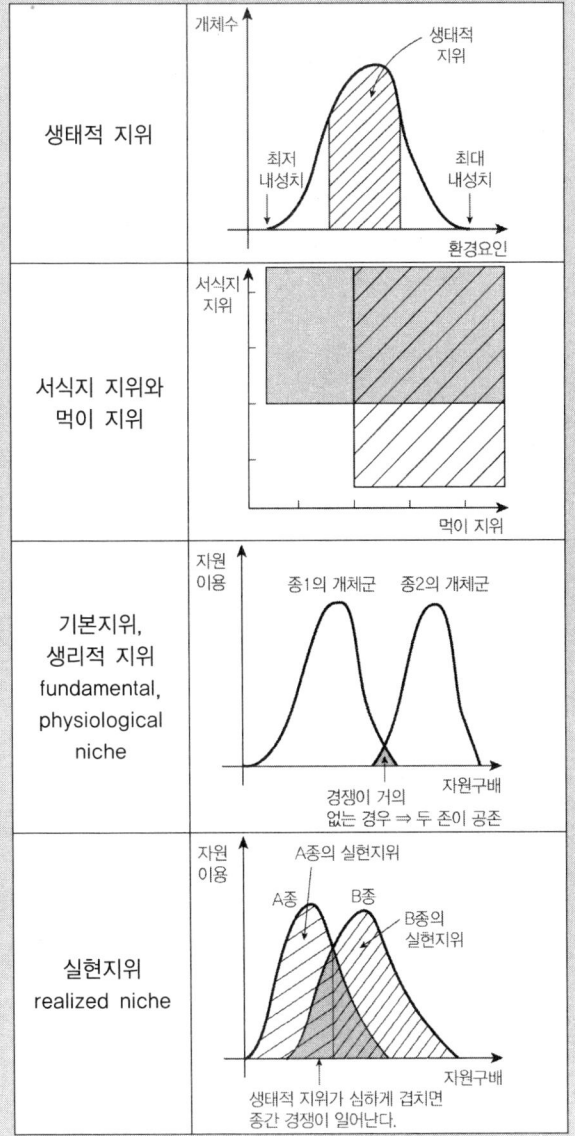
29 상중하 | ②

② *Quercus salicina* 참가시나무 난대림
Juniperus chinensis 향나무 온대림
Picea jezoensis 가문비나무 한대림

오답풀이

① *Camellia japonica* 동백 난대림
Picea koraiensis 종비나무 한대림
Abies holophylla 전나무 한대림

③ *Carpinus laxiflora* 서어나무 온대림
Cinnamomum camphora 녹나무 난대림
Pinus koraiensis 잣나무 한대림

④ *Castanopsis sieboldii* 구실잣밤나무 난대림
Quercus mongolica 신갈나무 온대림
Cephalotaxus koreana 개비자나무

30 상중하 | ②

② *Pinus densiflora* 소나무는 건조한 남사면의 우점수종이다.

오답풀이

① *Fraxinus mandshurica* 들메나무
③ *Ulmus laciniata* 난티나무
④ *Juglans mandshurica* 가래나무

MEMO

임목육종

---

1 상중**하** | ②

현사시나무(*Populus alba* × *P. glandulosa*)는 사시나무(*Populus tremula var. davidiana*)와 은백양(*Populus alba*)의 교잡종이다. 서로 다른 두 수종을 교배하여 육성한 대표적인 교잡수종이다. 병충해 저항성과 생장 속도가 빨라 조림에 많이 이용된다. 현신규 박사가 교잡육종으로 개발한 수종이다.
교잡육종은 서로 다른 두 개체(종, 품종 등)를 교배하여 새로운 특성을 가진 자손을 얻는 육종 방법이다.

오답풀이

① 편백 : 편백(*Chamaecyparis obtusa*)은 일본 원산의 상록 침엽수로, 자연적으로 분포하는 수종이다.
③ 백합나무 : 백합나무(*Liriodendron tulipifera*)는 북아메리카 원산의 낙엽 활엽수로, 자연적으로 분포하는 수종이다.
④ 테다소나무 : 테다소나무(*Pinus taeda*)는 북아메리카 남동부가 원산지인 소나무과 수목으로 자연적으로 분포한다.

---

2 상중**하** | ②

② 같은 클론을 이웃하여 식재하면 유전적 다양성이 낮아져 다양한 문제가 발생하므로 이웃하여 식재하는 것은 바람직하지 않다.
• 유전적으로 동일한 클론끼리는 자가불화합성 때문에 수분이 잘 일어나지 않아 종자 생산이 줄어들 수 있다.
• 유전적 다양성이 낮으면 병충해와 환경 스트레스에 대한 저항력이 약해지고, 한 가지 질병으로 전체 수목이 영향을 받는다.

오답풀이

① 채종원 주위의 방풍림은 다른 수종으로 조성하는 것이 좋다.
③ 외부 화분과의 수정을 피하기 위해 동종 임분과 먼 거리에 위치해야 한다.
④ 채종원은 유전자가 같은 클론으로 조성하기도 한다.

---

3 상중**하** | ①

• 현사시나무는 은백양(*Populus alba*)과 수원사시나무(*Populus davidiana*)를 교배하여 만들어진 인공 교잡종이다.
• 현신규 박사가 은백양의 내구성과 수원사시나무의 생장 속도를 결합하여 만들어 낸 수종이다.

오답풀이

② 리기테다소나무는 생장이 빠른 테다소나무와 내한성이 강한 리기다소나무의 교잡종이다.
③ 교잡육종의 목표 중 하나가 잡종강세의 유도다.
④ 교잡육종은 서로 다른 두 개체를 교배시켜 그들의 유전적 특성을 결합하여 새로운 품종을 만드는 것이다. 종 간 교잡은 물론 품종 간의 교잡도 포함한다.

---

4 상중**하** | ①

① 수형목은 먼저 표현형을 보고 선발한 후 차대검정을 거친다. 유전형을 바탕으로 선발하면 비용이 너무 많이 들고, 유전형으로는 필요한 수종의 특징을 골라내기 어렵다.

---

5 상중**하** | ③

③ 현지 내 보전이 현지 외 보전보다 종 내 다양성을 보전하는 데 효과적이다.

보충

구분	현지 보전 (In situ conservation)	현지 외 보전 (Ex situ conservation)
정의	생물종을 그들의 자연 서식지에서 보전하는 방법. 생태계의 균형을 유지하며, 자연적 진화를 가능하게 함	생물종을 자연 서식지 밖에서 보전하는 방법. 식물원, 동물원, 종자은행 등을 통해 관리됨

장점	생태계 전체를 보전하므로 생물종이 자연 상태에서 진화하고 적응할 수 있음	멸종 위기종을 신속하게 보호할 수 있음
	인간의 개입이 최소화된 상태에서 자연적인 상호작용과 생태적 균형을 유지할 수 있음	외부 환경 요인으로부터 보호가 가능함
	특정 지역의 생물종 다양성을 효과적으로 보전할 수 있음	연구 및 교육의 목적으로 활용할 수 있는 자료 제공
단점	환경 변화나 자연재해로 인해 보전이 어려울 수 있음	자연 서식지에서 종이 진화하거나 적응할 기회를 제한함
	인위적인 관리를 통해 완전한 보호를 보장하기 어려움	인공적인 환경에서 관리가 필요하므로 높은 비용이 소요될 수 있음
	외래종 침입, 서식지 파괴 등으로부터의 위험에 취약함	종간 상호작용 및 생태적 균형이 유지되지 않음

TIP

그냥 읽고 지나가면 현지 외 보전과 현지 내 보전 중 어느 것이 종 다양성 보전에 유리한지 헷갈린다.
이런 것은 반드시 구분해야 한다. 안그러면 시험장에서 헷갈려서 틀릴 수도 있다.
시험장에서 나오면서 이런 이야기를 하는 것을 종종 듣는다.
"아 나 아는 건데.. 틀렸어."
확실하게 구분하지 못하는 것은 아는 것이 아니다. 헷갈리는 것은 아는 것이 아니다. 반드시 헷갈리지 않게 하자.
** 꿈틀 꿈틀 지네(현지내)는 다리가 존나(종내) 다양해!!! **

---

6 상중**하** | ③

③ 수형목으로 조성된 1세대 채종원에서 유전자가 불량한 것을 간벌한 후의 것을 1.5세대 채종원이라 한다. → 정답

오답풀이

① 풍매종자로 양성된 수형목의 차대로 만들어진 것을 실생묘 채종원(seedling seed archard〈SSO〉), 접목묘로 만들어진 것이면 영양계 채종원(클론채종원, clonal seed orchard 〈CSO〉)이라고 한다.
② 수형목으로 채종원을 만든 후 차대검정을 하고, 불량한 것을 간벌하여 만든 채종원을 1.5세대 채종원이라고 한다.
④ 종자결실 촉진을 위해서는 생장환경 중 온도가 약간 더 높고 온화한 기후를 가져야 하므로 수형목의 선발 위치보다 낮은 고도에 조성한다.

---

7 상중**하** | ②

② 우리나라에 대량으로 식재된 백합나무는 미국이 원산지다.

---

8 상중**하** | ①

품종이 다른 두 종을 교배하여 우수한 형질을 가지도록 만드는 교잡육종의 방법 중 하나가 잡종강세다.

보충

※ 육종 방법
• 교잡육종 : 품종이 다른 두 종을 교배에 의해 우수한 형질을 가지도록 만드는 것
• 도입육종 : 외국에서 자라는 형질이 우수한 나무를 도입하여 식재하는 것, 외래수종은 자연 분포지를 벗어나 식재되는 수종 [Wright, 1976]
• 배수체육종 : 약품 처리를 통해 염색체의 수를 두 배로 만들어서 뛰어난 돌연변이를 얻는 육종방법
• 돌연변이육종 : 돌연변이 현상을 이용하여 새로운 유전변이를 유도함으로써 육종적 가치가 높은 개체를 만드는 방법
• 선발육종 : 형질이 우수한 나무를 가진 임분에서 우수한 나무를 뽑아서 키우는 것

---

9 상중**하** | ①

채종림은 자연적으로 자라는 우수 임분을 선발하기도 하지만, 인공적으로 조성하기도 한다.

오답풀이

② 채종원 조성을 위해 선발된 우량한 형질의 수목을 정영목(Elite tree)이라고 한다.
  → 미래목은 수확을 위해 집중해서 보육을 하는 나무다.
  → 채종림에서 선발된 우수한 나무는 수형목이라고 한다.
③ 채종원은 외부 화분과의 수정을 막아야 하므로 동종 임분이 가까운 거리에 있으면 안된다.
④ 채종원에서는 다른 클론 간에 교배기회는 고르게 되도록 하고, 같은 클론 간의 교배빈도는 되도록 적게 할 수 있도록 차단한다.

보충

채종림은 사유림인 경우가 많아 지정 조건을 침엽수, 활엽수 각각법으로 정하고 있다.

지수선발 흐름도
수형목 선발(채종림 지정) → 차대검정 → 정영목 지정(채종
원 조성)

1. 수형목 선발 plus tree	3. 차대검정 (우수형질 확인)	4. 채종원 조성 Seed orchard
2. 채종림 지정 Seed production stand		5. 정영목 식재 elite tree

10 상중하 ┃②

• 조림에 적합한 나무는 줄기(수간)는 굵고, 가지는 가늘고, 수관의 폭은 좁아야 한다.
• 수형목이 많은 임분은 채종림으로 지정할 수 있다.

11 상중하 ┃③

흉고직경은 양적형질, 연속변이형에 속하므로 다수의 유전자에 의해 결정된다.

오답풀이

① 꽃의 색은 불연속적이며, 질적형질이다.
 → 불연속변이는 꽃 색깔이 붉은 것과 흰 것으로 나뉘는 것처럼 형질구분이 집단 간에 뚜렷하다.
② 수고는 양적형질로 다수의 유전자에 의해 발현된다.
 → 수량, 품질 등은 양적형질에 속하며 연속변이를 하고, 꽃 종자색 등은 질적형질에 속하며 불연속 변이를 한다.
④ 양적형질은 보통 정규분포(종모양)를 나타낸다.

보충

유전변이는 유전적 원인에 의해 나타나는 개체들 사이의 형질의 차이를 의미한다.

	질적형질	양적형질
변이	불연속 변이	연속 변이
유전자형의 변이	유전자형 間 변이가 유전자형 內 변이보다 큼	
유전	질적유전(Qualitative inheritance)	양적유전(Quantitative inheritance)
관여 유전자	단순유전(monogenic), 작용가가 큰 소수 유전자	다인자유전(polygenic), 다수 유전자 관여

유전 분석	Mendel식 유전 분석	유전적 모수 추정(genetic parameter) – 통계유전학적 분석법 적용
표현형	구분이 뚜렷함	
환경 영향	영향이 크지 않음	영향을 많이 받음

• 생태종 : 특정지역에 적응해서 분화된 종, 교잡친화성이 낮아 유전자 교환이 어렵다.
 → 아시아 벼의 생태종 : 인디카, 열대자포니카, 온대자포니카
• 생태형 : 생태종 내에서 재배 유형이 다른 것, 교잡친화성이 높아 유전자 교환이 잘 일어난다.
 → 인디카벼 : 여름벼, 가을벼, 겨울벼
 → 보리와 밀 : 춘파형, 추파형

질적 형질	소수유전자가 지배하고 표현형의 구별이 분명하여 유전자 효과가 잘 드러나는 형질	색깔, 꽃모양 등
양적 형질	여러 개의 유전자(polygene)가 관여하여, 표현형이 연속변이하여 각 유전자의 기능이 잘 드러나지 않는 형질	개수, 길이, 무게, 생산성 등(수고, 흉고직경, 목재밀도 등)
연속 변이	질적형질이 유전적 영향을 받아 변동되는 것이 불연속적으로 나타나는 것으로 질적변이라고도 한다.	
불연속 변이	양적형질이 환경의 영향을 받아 변동되는 것이 계속적으로 나타나는 것으로 양적변이라고도 한다.	

12 상중하 ┃①

평형집단은 유전적 부동이 일어나지 않을 정도로 충분히 커야 한다.

보충

하디–바인베르크의 법칙(Hardy–Weinberg rule)은 영국의 수학자 G. H. 하디(G. H. Hardy)와 독일의 유전학자 빌헬름 바인베르크(Wilhelm Weinberg)가 각각 발견한 유전 법칙이다. 이상적인 집단인 멘델 집단에서 시간이 흘러도 대립유전자 빈도와 유전자형 빈도가 변하지 않는 것을 설명하는 원리로 실제 생태계에서 이론 그대로 성립하는 경우는 찾아보기 어렵다.

※ 표준적인 집단인 멘델집단의 조건
• 교배는 무작위로 이루어짐
 → 특정 개체군에 특별히 매력적인 수컷, 암컷의 개념이 존재하는 상황은 상정되지 않으며, 오직 '무작위 교배'만이 상정된다.
• 개체군이 충분히 큼
 → 집단이 작으면 유전적 부동에 취약해져서 대립 유전자 빈도가 변할 가능성이 커진다.

- 돌연변이가 없음
  → 돌연변이 자체는 대립 유전자 빈도에 거의 영향을 주지 않는다. 하지만 집단이 작을수록 유전적 부동이 일어나 환경에 불리한 돌연변이라도 유전자 풀에 고정되어, 유전자 빈도가 변화될 가능성이 커진다. 또한 돌연변이로 인한 새로운 형질이 기존 형질에 비해 적응도가 높을 경우에도 대립 유전자 빈도는 변화한다.
- 이주 및 이입을 통한 유전자 흐름이 없음
  → 대립 유전자 빈도가 다른 집단 사이에서 교배가 일어나면, 유전자의 빈도가 필연적으로 바뀐다.
- 자연선택이 작용하지 않음
  → 특정 형질이 살아남기 쉬운 외부 환경을 상정하지 않는다. 유전자형에 따라 생존과 생식에 유불리가 없어야 한다.

※ 나비목 곤충에서 발견되는 하디–바인베르크평형

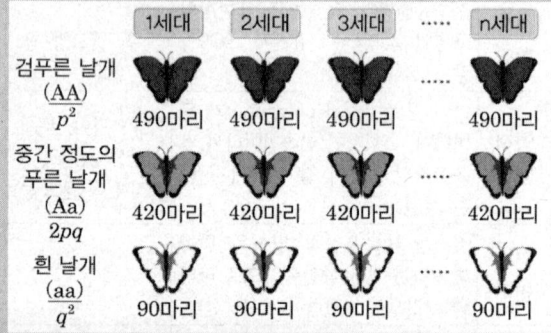

※ 하디–바인베르크 방정식

위의 전제 조건들을 만족하는 이상 집단(멘델집단)에서 아래 수식들이 성립
- Allele Frequency Equation : $p + q = 1$
  대립 유전자 A 빈도(A allele frequency) : p
  대립 유전자 a 빈도(a allele frequency) : q
  세대를 거듭해도 $p + q = 1$로 일정
- Genotype Frequency Equation: $p^2 + 2pq + q^2 = 1$
  AA 유전자형의 빈도(AA genotype) : p^2
  Aa 유전자형의 빈도(Aa genotype) : $2pq$
  aa 유전자형의 빈도(aa genotype) : q^2
  세대를 거듭해도 $p^2 + 2pq + q^2 = 1$로 일정

13 상중**하** | ④

④ 수형목은 줄기가 곧고, 굵으며, 가지는 가늘고, 지하고는 높아야 한다.

수목학

10 수목학

본문 : 97p

1 상중**하** | ④

④ 수분포텐셜은 잎이 가장 낮고(−1.3MPa), 줄기가 중간
(−0.7~−1.1)이고, 뿌리가 가장 높다(−0.3~−0.5).

TIP

물은 높은 곳에서 낮은 곳으로 흐른다. 에너지도 마찬가지다.

2 상중**하** | ①

Taxus cuspidata(주목)는 주목목 주목과 주목속에 속하는 식물
이다.

주목목	주목과	주목속	주목	*Taxus cuspidata*
		비나자무속	비자나무	*Torreya nucifera*
	개비자과	개비자속	개비자나무	*Cephalotaxus koreana*

① *Taxus cuspidata*(주목)
② *Cedrus deodara*(개잎갈나무, 히말라야 시다)
③ *Abies koreana*(전나무)
④ *Tsuga sieboldii*(솔송나무)

과	속		종	종소명
소나무과 **235소 상전하가	소나무속 Pinus [뾰족] 소나무류 잎2~3개 잣나무류 앞3~5개	2엽송	소나무	*densiflora*
			해송	*thunbergii*
			반송	*for. multicaulis*
			강송	*for. erecta*
		3엽송	리기다	*P rigida*
			테다	*teada*
			방크스	*banksiana*
			백송	*bungeana*
			잣나무	*koraiensis*
		5엽송	섬잣나무	*parviflora*
			스트로브잣나무	*strobus*

잎갈나무속 Larix[무르다]	낙엽송(일본)	*kaempferi*
	잎갈나무(만주)	*gmelinii*
개잎갈나무속 Cedrus	개잎갈나무	*deodara*
가문비나무속 Picea[검다] 구과가 아래로 달림	가문비나무	*jezoensis*
	독일가문비	*abies*
	종비나무	*koraiensis*
	솔송나무	*Tsuga sieboldii*
전나무속 Abies[희다] 구과가 위로 달림	전나무	*holophylla*
	분비나무	*nephrolepis*
	구상나무	*koreana*

3 상중**하** | ③

양성화는 하나의 꽃에 암술과 수술이 함께 있다. 소나무와 같은
나자식물은 양성화가 없으므로 ③이 정답이다.

보충

분류	정의	예시
완전화	한 꽃에 암술, 수술, 꽃 받침, 꽃잎 모두 가진다.	벚나무, 자귀나무
불완전화	꽃에 위의 네 가지 중 어느 하나가 빠졌다.	버드나무류, 자작나무류
양성화	암술과 수술이 한 꽃에 있다.	벚나무, 자귀나무
단성화	암술과 수술 중 어느 한 가지만 가진다.	버드나무류, 자작나무류
잡성화	양성화와 단성화가 한 그루에 달린다.	물푸레나무, 단풍나무
1가화	암꽃과 수꽃이 한 나무 에 달린다.	참나무류, 오리나무류
2가화	암꽃과 수꽃이 각각 다 른 나무에 달린다.	버드나무류, 포플러류

① 온대 북부 – *Abies holophylla* → 전나무, 적합
② 온대 중부 – *Machilus thunbergii* → 녹나무, 난대림 수종이므로 부적합
③ 온대 남부 – *Pinus densiflora* → 소나무, 적합
④ 난대 – *Chamaecyparis obtusa* → 편백나무, 적합

① *Pinus densiflora S. et Z.* 소나무 → 2개
② *Pinus koraiensis S. et Z.* 잣나무 → 5개
③ *Pinus rigida Mill.* 리기다소나무 → 3개
④ *Pinus thunbergii Parl.* 해송 → 2개

	신갈나무	떡갈나무
각두	도토리를 반 정도 싸고, 포린은 포개짐	각두가 도토리를 깊게 싸고, 포린은 길고 뒤로 젖혀짐
엽병의 털	없음	있음
잎 뒷면의 털	없음	있음
암꽃(웅화), 수꽃	암꽃차례는 곧추서고, 수꽃차례는 아래로 늘어진다.	

구분	1회 홀수 우상복엽 (기수우상복엽)	1회 짝수 우상복엽 (우수우상복엽)	2회 짝수 우상복엽	2회 홀수 우상복엽
모양				
수종	물푸레, 들메, 쇠물푸레, 물들메, 아까시나무, 회화나무, 소태나무, 합다리나무 등	멀구슬나무 (홀수 2~3회 깃모양겹잎)		

Salix 속과, *Populus* 속은 모두 자웅이주다
① *Quercus acutissima* 상수리나무(자웅동주)
② *Alnus japonica* 오리나무(자웅동주)
③ *Juglans mandshurica* 가래나무(자웅동주)
④ *Salix caprea* 호랑버들(자웅이주)

🗨 보충

1가화 (자웅동주)	한 그루에 암꽃과 수꽃이 달리는 꽃	참나무류, 오리나무류 밤나무, 호두나무류
2가화 (자웅이주)	암꽃과 수꽃이 각각 다른 나무에 달리는 꽃	버드나무류, 포플러류 은행나무, 주목

Mallotus japonicus(예덕나무)는 남부 해안가에 주로 서식하지만 상록수가 아니라 낙엽활엽 소관목이다. 높이는 10m 이내이다.

① *Pinus densiflora* 소나무, *Betula pendula* 은자작나무
② *Ligustrum japonicum* 광나무, *Mallotus japonicus* 예덕나무
③ *Alnus firma* 오리나무, *Robinia pseudoacacia* 아까시나무
④ *Cinnamomum camphora* 녹나무, *Eurya japonica* 사스레피나무

• 제시된 수종은 모두 낙엽성 참나무(*Quercus spp.*)에 속한다. 잎이 긴 타원형인 참나무는 상수리(*Q. acutissima*)와 굴참나무(*Q. variabilis*)가 속한다.
• 잎 뒷면에 별 모양의 털(성모)이 난 것은 굴참나무다. 상수리는 성모가 없다.

11 상중하 | ③

③ *Quercus salicina* : 참가시나무는 상록교목이며, 잎 가장자
리에 톱니가 있다.

오답풀이

① *Quercus phillyreoides* : 졸가시나무는 상록관목이다.
② *Quercus dentata* : 떡갈나무는 낙엽교목이며, 잎 가장가
리가 둥근 이모양(*dentata*)이다.
④ *Quercus acutissima* : 상수리나무는 낙엽교목이며, 잎
가장자리에 침모양의 거치가 있다.

12 상중하 | ④

모두 진달래속(*Rhododendron spp.*)에 속하는 수종으로 철쭉의
잎은 둥근 모양이다.
진달래와 산철쭉은 길쭉한 달걀모양의 잎을 가지고 있다.
(가) 진달래(*Rhododendron mucronulatum*) : 길쭉한 달걀모
양의 가장자리가 밋밋한 잎. 잎맥이 약간 옆으로 퍼져있고
끝이 선명하지 않다.
(나) 산철쭉(*Rhododendron yedoense*) : 길쭉한 달걀모양의
가장자리가 밋밋한 잎. 잎맥이 선명하고 길다.
(다) 철쭉(*Rhododendron schlippenbachii*) : 넓은 난형의 가
장자리가 밋밋한 잎

TIP

진달래와 산철쭉은 서식지역과 꽃 모양으로 구분할 수 있고
평상시에 산이나 들에서 꾸준히 살펴보면 차이를 확실히 알
수 있다.
수목학 문제들은 대부분 평소에 관심을 가지지 않는다면 풀기
힘든 문제들이다.

13 상중하 | ①

지문은 함박꽃나무에 대한 설명으로 5~6월에 흰꽃이 잎보다 먼
저 나온다.

오답풀이

② 태산목은 상록교목이므로 정답에서 제외한다.
③ 목련은 3~4월에 흰꽃이 잎보다 먼저 핀다. 개화시기가
다르고, 어린 가지에 털이 없으므로 답이 아니다.
④ 백합나무는 5~6월에 녹황색꽃이 피는 낙엽교목이므로 답
이 아니다.

📑 보충

• 함박꽃나무(*Magnolia sieboldii*)는 음수이며, 잎보다 꽃이 먼저
나온다. 1년생 가지와 동아에 복모를 가지고 있다.
• 무궁화처럼 매일 몇 송이씩 꽃이 피고, 꽃의 향기가 좋아 관상용으
로 심는다.

14 상중하 | ②

참느릅나무 9월 황갈색 잡성화 10월 시과 성숙

오답풀이

① 난티나무 4~5월 개화 5~6월 시과 성숙
③ 느릅나무 3월 잎보다 꽃이 먼저 핌, 5~6월 시과 성숙
④ 비술나무 3~4월 잎 나기 전 양성화 개화, 5~6월 열매
성숙

TIP

• *Ulmus lanciniata* 난티나무
• *Ulmus parviflora* 참느릅나무
• *Ulmus davidiana* 느릅나무
• *Ulmus pumila* 비술나무
→ 중부이북엔 비술나무(개느릅, 떡느릅), 중부이남엔 참느릅
나무 분포

15 상중하 | ①

① 소나무는 아황산 등 공해에 감수성이 큰 수종이다.

16 상중하 | ③

③ 화두를 진압하면 산불이 신속히 진화되긴 하지만, 산불의 규
모가 큰 경우 화두에서부터 진화를 하면 인명피해 등 안전관
리에 문제가 생길 수 있다.

17 상중하 | ③

• 제시된 수종은 모두 상록 침엽교목이다.
• 주목과 비자나무가 음수에 속한다.
• 종의가 종자를 완전히 둘러싼 것은 비자나무다.

📝 보충

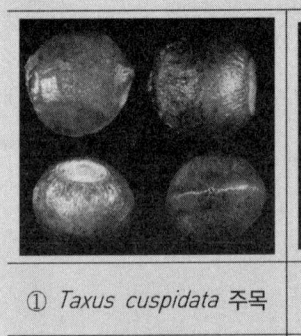

① *Taxus cuspidata* 주목

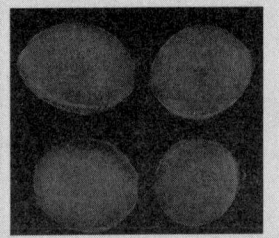

② *Cephalotaxus harringtonia* 개비자나무

③ *Torreya nucifera* 비자나무

④ *Thuja koraiensis* 눈측백나무

TIP

주목과(검색표)
- 잎 뒷면에 황녹색의 2줄 기공조선, 종의는 종자의 일부만을 둘러싼다 → 주목속
- 잎 뒷면에 흰색의 2줄 기공조선, 종의가 종자를 완전히 둘러싼다 → 비자나무속

18 상중하 | ③

- 단정화서는 유한화서에 속한다.
- 화서[花序] : 꽃대에 피어있는 방식 또는 꽃이 피는 순서

유한화서	위에서 아래, 중앙에서 가장자리	단정화서	꽃자루 끝에 꽃 1개(목련), 취산화서의 일종으로 볼 수 있음
		취산화서	꽃대의 끝에 꽃 1개, 아래 꽃대가 갈라져 꽃 핌
무한화서	아래에서 위, 가장자리에서 중앙	총상화서	길게 자란 꽃대에 꽃자루가 있는 꽃이 달림
		수상화서	길게 자란 꽃대에 꽃자루가 없는 꽃이 달림
		원추화서	단일화서가 여러 개로 갈라져 전체적으로 원뿔모양인 복합화서

	미상화서	가늘고 긴 꽃대에 꽃자루 없는 단성화들이 아래로 늘어져서 달림
	산방화서	여러 개의 분지점에서 나온 자루가 없는 꽃들이 비슷한 높이에 달리는 화서
	산형화서	꽃자루가 있는 꽃들이 비슷한 높이에서 달리는 화서

📝 보충

	단정화서 (목련)	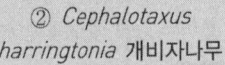	취산화서의 일종으로 볼 수 있음
유한화서	취산화서 (=집산화서) 모인우산꽃차례 사철나무 작살나무 덜꿩나무	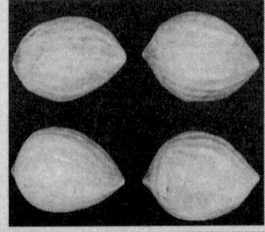 단집산화서 복집산화서	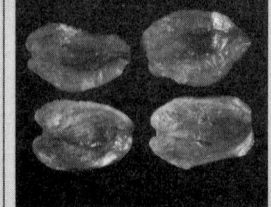
무한화서	총상화서 (귀룽나무) 물푸레나무		
	원추화서 (붉나무, 남천, 광나무)		
	미상화서 (자작나무, 참나무류의 수꽃화서) 황철나무		
	산방화서 (벗나무)		
	산형화서 =우산모양꽃차례 (산벗나무)		

19 상중하 | ②

*Pinus koraiensis*는 잣나무다.
ㄴ. 잎의 관속이 2개이다. → 소나무류의 특징이다.
ㄹ. 솔방울 끝이 두껍고 가시가 있다. → 소나무류의 특징이다.
　잣나무는 끝이 얇고 가시가 없다.

📋 보충

※ 소나무류와 잣나무류의 구분

구분	잎		아린	실편	목재	가지
	수	관속				
잣나무류	3~5	1	곧 떨어짐	끝이 얇고 가시가 없음	연하고 춘재와 추재의 전환이 점진적이다.	잎이 달렸던 자리가 밋밋하다.
소나무류	2~3	2	끝까지 남음	끝이 두껍게 되고 가시가 있음	굳고 춘재와 추재의 전환이 급하다.	잎이 달렸던 자리가 도드라진다.

---

20 상중하 | ①

① 수관이 좁고 줄기가 곧게 자라는 금강송은 소나무의 품종이다.
　　Pinus densiflora for. erecta(금강송의 학명)
　속명 + 종명 + 변·품종 + 명명자
Spiraea pruntifolia var. simpliciflora(조팝나무 학명)
var.(변종, *variety*)
for.(품종, *forma*)

---

21 상중하 | ②

지문은 ② *Phellodendron amurense*(황벽나무)에 대한 설명이다.

오답풀이

① *Gleditsia japonica* 주엽나무
③ *Ailanthus altissima* 가중나무
④ *Fraxinus mandshurica* 들메나무

TIP

• 속명의 *Phello*는 코르크를 의미하며 *dendron*은 나무라는 뜻을 가졌다.
• 종명의 *amurense*는 러시아의 아무르강 부근의 지역이다. 제시된 수종 중 코르크층이 발달한 것은 황벽나무뿐이다.

---

22 상중하 | ①

사진은 팽나무(① *Celtis sinensis*)의 잎과 열매다.

오답풀이

② *Aphananthe aspera* 푸조나무
③ *Ulmus laciniata* 난티나무
④ *Hemiptelea davidii* 시무나무

---

23 상중하 | ②

열매가 성숙하는 데 2년 정도 소요되는 것은 굴참나무와 상수리나무에 해당한다. 잎 뒷면이 흰색에 가깝고, 성모가 밀생하는 것은 굴참나무의 특징이다.

① *Quercus serrata* 졸참나무
② *Quercus variabilis* 굴참나무
③ *Quercus dentata* 떡갈나무
④ *Quercus mongolica* 신갈나무

MEMO

CHAPTER

11

보호학

11 보호학

본문 : 105p

1 상중**하** | ①

• 산불 발생 후 소생력은 맹아력에 의해 좌우되므로 맹아력이 약한 소나무보다 참나무가 강하다.
• 산불 발생 후 척박한 환경에 대한 적응력은 소나무가 참나무류보다 자라기에 유리하다.

2 상중**하** | ①

오답풀이

② 향상(enhancement) : 환경 피해를 완화하기 위한 행위
'향상' 또는 '개선(enhancement/improvement)'은 생태계의 특정 기능이나 특성을 증진시키는 행위를 말한다. 환경 피해 또는 영향(impact)을 완화(mitigation)하는 행위는 예상되는 환경영향을 줄이는 것이다.
③ 개조(remediation) : 최소 과거 50년 동안 산림이 없는 지역에 산림을 조성하는 것
'개조(remediation)'는 오염되거나 훼손된 환경을 정화하거나 안정화시켜 유해성을 제거하는 것이다. 주로 토양과 수질오염 문제 해결에 사용되는 용어이다. 최소 과거 50년 동안 산림이 없는 지역에 산림을 조성하는 것은 신규조림(afforestation) 혹은 재조림(reforestation)이다. 생태공학에서는 생태계 조성(creation)이라고 한다.
④ 복원(restoration) : 환경의 피해를 멈추거나 교정하여 생태계를 좋게 만드는 행위
환경의 피해를 멈추거나 교정하여 생태계를 좋게 만드는 행위는 개조(remediation)에 해당한다. 복원은 생태계의 기능과 구조를 피해가 발생하기 전 수준으로 되돌리는 것이며, 현실적으로는 거의 불가능하다.

3 상중**하** | ③

잣나무넓적잎벌은 잎을 먹는 식엽성 해충으로 유충은 잎 기부에 실을 토해 집을 짓고 그 속에서 잎을 절단하며 섭식한다.

오답풀이

① 솔껍질깍지벌레 → 흡즙성
소나무와 곰솔의 가지에서 주로 겨울에 수액을 빨아먹는다(흡즙한다).
② 솔수염하늘소 → 천공성
솔수염하늘소는 성충이 소나무재선충을 매개하는 주요 해충이다. 성충은 소나무 신초 등을 후식(後食, 성숙 섭식)하는 과정에서 재선충을 전반시키고, 유충은 수피 아래에서 형성층과 목질부를 식해(食害, 갉아먹음)한다. 그러므로 흡즙보다는 천공성 해충으로 보아야 한다. 최소한 흡즙성은 아니다.
④ 박쥐나방 → 천공성
박쥐나방유충은 활엽수와 초본식물의 줄기나 가지 중심부로 들어가 갱도를 뚫으면서 목질부를 식해하는 천공성해충이다. 이로 인해 줄기가 부러지거나 나무가 고사한다.

4 상중**하** | ①

① 가지에 나타나는 마름 증상 → 외관의 변화이므로 병징이다.

5 상중**하** | ①

참나무 시들음병의 매개충이 광릉긴나무좀이고, 병원균은 담자균류인 *Raffaelea quercus-mongolicae*이다.

6 상중하 | ③

대기오염은 눈에 띄는 증상을 보일 수도 있지만, 대체로 오래 눈에 띄지 않는 장기적 산림쇠퇴현상을 초래한다.

오답풀이

① 산불이 발생하면 토양의 투수성이 증가하여 토양 침식이 심해진다.
　→ 산불이 발생하면 토양표면의 경화, 잔해물과 오염물질의 증가, 유기물 소실로 수분보유능력 감소 등으로 토양의 투수성이 감소한다.
② 산성비는 pH 5.6 이하의 빗물을 말하며, 토양 미생물의 유기물 분해 활동이 촉진된다.
　→ 산성비는 토양 미생물 중 특히 박테리아의 활동을 약화시킨다.
④ 지구온난화가 산림생태에 미치는 영향은 특히 열대림에서 가장 심할 것으로 예측된다.
　→ 열대림은 온도와 강수량이 일정하여 지구온난화가 진행되어도 이 지역의 생태계 구조는 유지될 가능성이 높다.
　　온대림과 한대림은 특정 온도대에 적응된 곳으로 온난화에 의한 환경변화는 이 지역 생물의 서식지를 축소시키고, 생물 다양성을 감소시킬 수 있다. 특히 서식한계지역에 서식하는 식물들이 위험에 노출된다.

7 상중하 | ④

④ 솔잎혹파리의 유충은 솔잎의 기부에 충영을 만들고 흡즙한다. 솔잎혹파리의 유충은 구더기다. 구더기는 천공에 적합한 입의 구조를 가지고 있지 않다.

보충

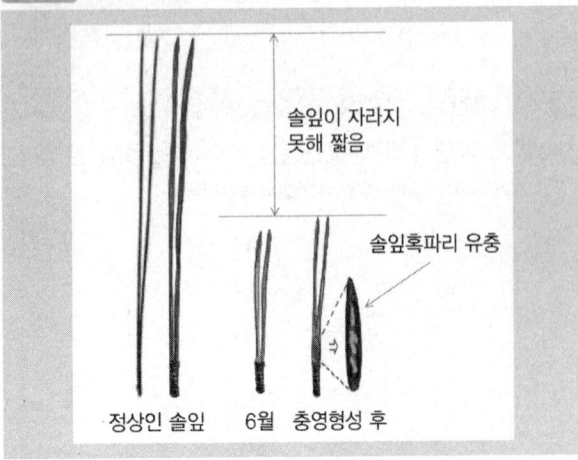

정상인 솔잎 　6월 　충영형성 후

솔잎이 자라지 못해 짧음

솔잎혹파리 유충

※ 진단방법

솔잎 기부의 벌레혹을 확인한다.
• 6월 하순부터 부화유충이 솔잎 기부에 벌레혹(충영)을 형성하여 부풀기 시작한다.
• 벌레혹이 부풀고 내부조직이 파괴되면 솔잎의 생장도 정지한다.
• 피해를 받은 잎은 보통 솔잎의 길이의 1/2배 이하로 짧다.
• 벌레혹은 수관상부에 많이 형성된다.
　㉮ 수관상부가 엉성하다면 솔잎혹파리를 의심할 수 있다.
　㉯ 피해가 심할 때는 정단부의 새 가지가 거의 다 고사한다.

피해도〈경〉	피해도〈중〉	피해도〈심〉
충영형성률 19% 이하	충영형성률 20~49%	충영형성률 50% 이상
외관상 피해 없음, 초록초록	임분 멀리서 보면 갈변, 갈색	임분 회백색(최초 발생 후 5~8년)

※ 충영형성률 = (충영형성 잎의 수/총잎의 수)×100

---

8 상중하 | ④

④ 잡초와 잡목이 많고 임분이 과밀화되면 수목의 활력도가 떨어지고 병해에 대한 저항성이 떨어진다.

---

9 상중하 | ①

① 벚나무와 아까시나무는 내화력이 약한 수종이다.

보충

※ 수종별 내화성

구분	강한 수종	약한 수종
침엽수	은행나무, 낙엽송, 분비나무, 가문비나무, 개비자나무, 대왕송	소나무, 해송, 삼나무, 편백
상록 활엽수	아왜나무, 굴거리나무, 후피향나무, 붓순, 황벽나무, 동백나무, 사철나무, 회양목	녹나무, 구실잣밤나무
낙엽 활엽수	피나무, 고로쇠나무, 고광나무, 가중나무, 난티나무, 참나무, 사시나무, 음나무	아까시나무, 벚나무, 능수버들, 벽오동나무, 참중나무, 조릿대

---

10 상중하 | ②

② 근사미로도 불리는 글라신액제는 뿌리에서 줄기가 나오는 주입기로 주두부에 약제를 주입한다.

11 상중하 | ③

• 수목 바이러스의 병징이 확실하게 나타나는 시기는 일반적으로 봄에서 여름 사이이다.
• 식물이 새로운 잎과 줄기를 형성하는 시기(봄에서 여름)에 바이러스가 영향을 미쳐 병징이 더 두드러지게 나타난다.

12 상중하 | ②

산불 후의 토양에서 질소고정이 억제되지는 않는다.

📝 **보충**

• 산불이 일어난 후에 질소고정 미생물은 토양의 질소함량을 증가시키고 수목의 성장에 도움이 된다.
• 산불이 일어난 후 토양미생물이 죽은 식물 잔해를 분해하고 영양분을 재순환시키는 과정은 토양의 비옥도를 높이고, 새로운 식물 생장을 촉진한다.

13 상중하 | ②

오답풀이

ㄴ. 매개충인 솔수염하늘소와 북방수염하늘소는 천공성 해충이다.
ㄹ. 소나무재선충의 3기(3령) 유충이 매개충을 통해 소나무에 침입한다.

📝 **보충**

• 소나무재선충의 유충은 분산형과 증식형이 있으며, 2령충까지는 같다.
• 분산형은 3기와 4기 유충이 있고, 증식형도 3기와 4기 유충으로 구분된다.
• 솔수염하늘소의 몸속에 들어있는 것은 증식형 3, 4기 유충이다.
• 증식형 3,4기 유충은 매개충이 신초를 가해할 때 소나무에 침입한 후 성충이 되어 산란을 한다.

14 상중하 | ③

산불은 양분의 용탈이 발생하고, 산림토양의 구조가 파괴됨으로써 토양의 이화학적 성질을 악화시킨다.

📝 **보충**

※ 산불피해지 토양의 변화
• 산불 직후 토양의 산도(pH)는 일시적으로 증가한다. 유기물이 연소되고 칼슘, 마그네슘, 칼륨 같은 알칼리성 성분이 주로 재 속에 남아있기 때문이다.
• 산불 후 토양침식과 지표유수는 증가한다. 일시적인 수분반발성이 생겨 수분침투성이 감소하기 때문이다.
• 토양의 보수력이 낮아진다. 유기물층이 불에 의해 연소되어 없어졌기 때문이다.
• 생물종 다양성이 현저하게 감소한다. 산불의 영향으로 토양생물과 지상의 수목, 동물이 사라졌기 때문이다.

15 상중하 | ④

• 세력권은 서식지 근처의 지역으로 다른 개체들과 공유하지 않고 경쟁관계의 다른 개체들을 제거하려고 한다.
• 행동권은 세력권을 포함한, 이동통로 피난처 등으로 다른 개체들과 일부 지역을 공유한다.

📝 **보충**

야생동물의 서식지 구성 필수요소는 물, 먹이, 공간(cover)이 해당하며 야생동물은 일반적으로 척추를 가진 생물을 의미한다.
• 물(water)
대부분의 동물은 몸의 수분을 충전하기 위해 지표수를 이용한다. 생명유지를 하기 위해서는 기본적으로 물이 필요하다. 조류 중 철새의 서식지 조성에는 수면의 면적이 중요한 요소가 된다.
• 먹이(food)
야생동물 서식지의 가장 중요한 구성요소이며, 먹이는 개체의 생명을 유지하고, 성장하게 한다.
• 공간(cover)
포식자, 혹독한 날씨 등을 피하거나 번식에 유리한 공간을 필요로 한다. 야생동물은 번식, 먹이활동, 잠자리, 피난처 역할을 할 공간을 필요로 한다.

TIP

잘 출제가 되지 않는 범위에 속하지만 출제범위에 보호학이 있으면 다시 출제될 가능성이 있다. 산림보호학 전공 교수님 중에는 병리학이나 곤충을 전공하신 분이 많지만, 야생동물을 전공하신 분도 있다. 과거 2010년~2012년 사이의 산림기사 보호학에서 비슷한 유형의 문제가 출제되었고 서식지 조성은 생태학에서 주로 다루지만, 시험에서는 산림보호학에서 주로 출제된다.

16 상중하 | ④

병원체가 관찰되는 것은 표징에 속한다. 혹, 변색, 총생, 마름 등 외관의 변화는 병징에 속한다.

> **보충**
>
> 바이러스와 파이토플라즈마에 감염된 것은 표징을 관찰하기 어려운데 바이러스와 파이토플라즈마는 전자현미경을 통해 관찰할 수 있기 때문이다. 병에 감염되어도 황화(변색), 총생 등 외관의 변화는 병징에 속한다.

> **TIP**
>
> 병징은 외관 변화, 표징은 병원체 → 반복해서 세 번 정도 읽으면 헷갈리지 않습니다.

17 상중하 | ②

균류의 침입은 균류의 종자에 해당하는 포자의 발아라는 과정이 필요하다. 포자의 발아에는 높은 습도조건이 유리하다.

> **보충**
>
> 아밀라리아뿌리썩음병은 활엽수와 침엽수에 모두 걸리는 수목병이다. 뿌리 부위에 우유 또는 크림색의 균사가 표징이다. 대기 중의 아황산(SO_2)이 수목의 활력도를 떨어뜨리고, 약해진 나무에 균이 침입하게 되므로 아황산과 관계가 있다고 볼 수 있다.

> **TIP**
>
> 3번과 4번 지문은 수목병리학을 상세하게 공부하지 않으면 헷갈리기 쉬운 지문이다. 나무의사시험의 실시로 병리학 문제가 과거에 비해 많이 정교해 졌다.

18 상중하 | ①

산불의 3요소는 임내가연물, 열, 산소다. 경사는 3요소에 해당하지 않는다.

> **TIP**
>
> pH가 증가한다는 것은 산성에서 중성으로 바뀐다는 것이다. 그냥 무심코 읽다가는 틀릴 수 있다. pH는 1~14 범위이며 증가한다는 것은 숫자가 커지는 것이다.

19 상중하 | ④

- 병원균의 발아에 높은 지중온도가 필요한 것은 리지나뿌리썩음병이다.
- 리지나뿌리썩음병의 표징은 파상땅해파리버섯이다.
- 이름은 버섯이지만 자낭균의 균사체이므로 엄밀한 의미의 버섯(자실체)은 아니다.

> **보충**
>
> - 아밀라리아뿌리썩음병은 침엽수와 활엽수 모두에 걸리며, 뽕나무버섯이라는 식용가능한 자실체가 표징이다. 파이토프토라뿌리썩음병은 과습한 묘상에서 묘목에 주로 발병한다.
> - 자줏빛날개무늬병은 묘목의 잘록병균, 근두암종병균 등과 함께 토양에 서식하는 병원균이다.

20 상중하 | ②

기생자는 알이나 애벌레에 기생하여 해충의 개체수를 줄이고 포식자는 해충을 잡아 먹어서 개체수를 조절한다.

> **보충**
>
> ①, ④번 지문은 문장만 보면 맞는 지문이지만 생물학적 방제가 아니라 조림적(경종적) 방제에 해당한다.
> 질문의 포인트는 생물학적 방제 및 관리방안이다.

> **TIP**
>
> 덤벙대면 틀리기 쉬운 문제다. 질문의 포인트를 확인하고, 지문을 반드시 다 읽어보자.

21 상중하 | ①

솔껍질깍지벌레는 성충 암컷과 약충이 모두 소나무와 해송의 어린 가지를 흡즙한다. 솔껍질깍지벌레는 천적을 피하기 위해 여름에 하면을 취한다. 매미나방과 오리나무잎벌레는 식엽성 해충, 박쥐나방은 천공성 해충이다.

> **보충**
>
> | 가해 형태 | 해충명 | 비고 |
> |---|---|---|
> | 천공성 | 솔수염하늘소, 북방수염하늘소, 알락하늘소, 작은별긴하늘소, 미끈이하늘소, 소나무좀, 버들바구미, 광릉긴나무좀, 박쥐나방 등 | 바구미, 좀, 하늘소류 |

식엽성	솔나방, 미국흰불나방, 오리나무잎벌레, 잣나무넓적잎벌, 어스렝이나방, 매미나방(집시나방), 대벌레, 천막벌레나방(텐트나방), 낙엽송잎벌, 참나무재주나방, 호두나무잎벌레, 솔노랑잎벌 등	나방류, 대벌레, 잎벌류
흡즙성	솔껍질깍지벌레, 버즘나무방패벌레, 느티나무벼룩바구미 등	
종실가해	밤바구미, 복숭아명나방, 솔알락명나방, 도토리거위벌레 등	
충영형성	솔잎혹파리, 밤나무혹벌, 아까시잎혹파리 등	

흡즙성	솔껍질깍지벌레, 버즘나무방패벌레, 느티나무벼룩바구미 등	
종실가해	밤바구미, 복숭아명나방, 솔알락명나방, 도토리거위벌레 등	
충영형성	솔잎혹파리, 밤나무혹벌, 아까시잎혹파리 등	

22 상**중**하 | ③

- 외부증상만으로는 정확히 알 수 없다. 예를 들면 급격한 수분 부족으로 수목 전체가 고사하는 경우 비슷한 증상을 보일 수 있다.
- 목질부를 포함한 수피를 채취해서 재선충의 존재여부를 확인해야 한다.

24 상**중**하 | ①

지문은 오리나무잎벌레에 대한 설명이다.

오답풀이

- 벌과 나방류는 성충이 나뭇잎을 가해할 수 없는 입틀을 가지고 있다.
- 대벌레는 성충과 유충이 모두 나뭇잎을 식해하지만, 체장이 7~10cm로 오리나무잎벌레보다 훨씬 길다.

23 상**중**하 | ①

박쥐나방의 애벌레는 어린 나무의 줄기를 천공하며 식해한다.

오답풀이

② 솔나방, 매미나방 → 식엽성
③ 솔잎혹파리 → 흡즙성
④ 솔껍질깍지벌레, 미국선녀벌레 → 흡즙성

보충

※ 대벌레 [출처 국립수목원 국가생물종 지식정보]

가해 형태	해충명	비고
천공성	솔수염하늘소, 북방수염하늘소, 알락하늘소, 작은별긴하늘소, 미끈이하늘소, 소나무좀, 버들바구미, 광릉긴나무좀, 박쥐나방 등	바구미, 좀, 하늘소류
식엽성	솔나방, 미국흰불나방, 오리나무잎벌레, 잣나무넓적잎벌, 어스렝이나방, 매미나방(집시나방), 대벌레, 천막벌레나방(텐트나방), 낙엽송잎벌, 참나무재주나방, 호두나무잎벌레, 솔노랑잎벌 등	나방류, 대벌레, 잎벌류

25 상**중**하 | ②

아왜나무, 황벽나무, 고로쇠나무, 굴참나무는 내화성이 강한 나무

[수종별 내화성]

구분	강한 수종	약한 수종
침엽수	은행나무, 낙엽송, 분비나무, 가문비나무, 개비자나무, 대왕송	소나무, 해송, 삼나무, 편백
상록활엽수	아왜나무, 굴거리나무, 후피향나무, 붓순, 황벽나무, 동백나무, 사철나무, 회양목	녹나무, 구실잣밤나무
낙엽활엽수	피나무, 고로쇠나무, 고광나무, 가중나무, 난티나무, 참나무(류), 사시나무, 음나무	아까시나무, 벚나무, 능수버들, 벽오동나무, 참중나무, 조릿대

보충

- 활엽수는 대체로 내화성이 강하지만 약한 나무가 있다. 녹나무, 벚나무, 아까시나무가 시험에 자주 나온다.
- 침엽수는 내화성이 대체로 약하지만 강한 나무가 있다. 은행나무, 낙엽송, 대왕송이 시험에 자주 나온다.

[대기오염에 의한 수목의 병징(Smith, 1990)]

오염물질	병징	
	활엽수	침엽수
아황산가스 (SO₂)	잎의 끝부분과 잎맥 사이 조직괴사, 물에 젖은 듯한 모양(엽육조직 피해)	물에 젖은 듯한 모양, 적갈색 변색
질소산화물 (NO)	초기 : 흩어진 회녹색 반점. 잎의 가장자리 괴사, 엽맥 사이 조직 괴사(엽육 조직 피해)	초기 : 잎끝의 자홍색 적갈색 변색, 잎의 기부까지 확대. 고사부위와 건강부위의 경계선이 뚜렷
오존 (O₃)	잎 표면에 주근깨같은 반점 형성, 책상조직이 먼저 붕괴, 반점이 합쳐져서 표면이 백색화	잎끝의 괴사, 황화현상의 반점, 왜성황화된 잎
peroxy acetyl nitrate (PAN)	잎 뒷면에 광택이 나면서 후에 청동색으로 변한다. 고농도에서 잎 표면도 피해(엽육조직 피해)	잘 알려져 있지 않다.
불소 (F)	초기 : 잎끝의 황화, 잎 가장자리로 확대, 중륵을 따라 안으로 확대. 황화조직의 고사	잎끝의 고사, 고사부위와 건강부위의 경계선 뚜렷
중금속 (heavy metals)	엽맥 사이조직의 황화현상, 잎끝과 가장자리의 고사, 조기 낙엽, 잎의 왜성화, 어린 잎에서 먼저 발병	잎의 신장억제, 유엽 끝의 황화현상, 잎기부로 고사 확대

오답풀이

① 잎 뒷면에 광택이 나며 청동색으로 변색 → PAN의 피해 증상
③ 주근깨 같은 반점이 나타나며 책상조직이 붕괴 → SO₂의 피해증상
④ 잎끝이 고사하고, 고사 부위와 건강한 부위의 경계선이 뚜렷함 → 침엽수의 불소(F) 피해 증상

보충

※ 대기오염물질의 피해를 입은 잎의 변화

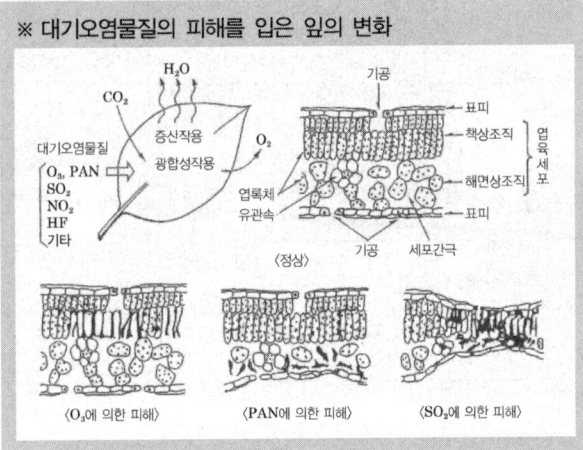

〈O₃에 의한 피해〉　〈PAN에 의한 피해〉　〈SO₂에 의한 피해〉

오답풀이

① 헥사지논 : 선택성이고 비호르몬형의 비접촉성 제초제이다. → 광합성 저해, 입제로 사용되며 소나무, 해송, 전나무에는 약해가 없으나 낙엽송, 잣나무, 편백, 화백에는 약해가 있다. 초봄이나 늦가을에 토양수분이 많을 때 사용한다.
② 시마진 : 선택성의 흡수이행형 제초제, 뿌리로 흡수되므로 토양에 살포한다. → 광합성 저해, 광엽잡초에 효과가 크다.
③ 메틸브로마이드 : 충제로 휘발성이 강하며, 검역용이나 사과해충 방제에 이용한다. → 훈증작업자가 중독피해를 입으며 오존층파괴 규제물질로 유럽, 호주, 미국 등에서는 사용이 금지된 물질이다.

버들바구미는 천공성 해충이다.

보충

가해 형태	해충명	비고
천공성	솔수염하늘소, 북방수염하늘소, 알락하늘소, 작은별긴하늘소, 미끈이하늘소, 소나무좀, 버들바구미, 광릉긴나무좀, 박쥐나방 등	바구미, 좀, 하늘소류

식엽성	솔나방, 미국흰불나방, 오리나무 잎벌레, 잣나무넓적잎벌, 어스렝이나방, 매미나방(집시나방), 대벌레, 천막벌레나방(텐트나방), 낙엽송잎벌, 참나무재주나방, 호두나무잎벌레, 솔노랑잎벌 등	나방류, 대벌레, 잎벌류	
흡즙성	솔껍질깍지벌레, 버즘나무방패벌레, 느티나무벼룩바구미 등		
종실가해	밤바구미, 복숭아명나방, 솔알락명나방, 도토리거위벌레 등		
충영형성	솔잎혹파리, 밤나무혹벌, 아까시잎혹파리 등		

29 상중**하**　　　　　　　　　| ②

② 임관이 울폐되면 하층식생이 자랄 수 없어 종 다양성이 감소된다.

30 상중**하**　　　　　　　　　| ③

소나무재선충은 부산에서 최초로 발견되었고, 매개충은 솔수염하늘소와 북방수염하늘소가 있다. 매개충을 통해서 침입하는 재선충은 증식형 3령, 4령 유충이다.

31 상중**하**　　　　　　　　　| ④

④ 기체상 오염물질 중 가장 독성이 강한 것은 불소다. 체내에 축적되는 대기오염물질은 중금속류다.

[대기오염에 의한 수목의 병징(Smith, 1990)]

오염물질	병징	
	활엽수	침엽수
아황산 가스 (SO_2)	잎의 끝부분과 잎맥 사이 조직괴사, 물에 젖은 듯한 모양(엽육조직 피해)	물에 젖은 듯한 모양, 적갈색 변색
질소 산화물 (NO)	초기 : 흩어진 회녹색 반점, 잎의 가장자리 괴사, 엽맥 사이 조직 괴사(엽육 조직 피해)	초기 : 잎끝의 자홍색 적갈색 변색, 잎의 기부까지 확대, 고사부위와 건강부위의 경계선이 뚜렷
오존 (O_3)	잎 표면에 주근깨 같은 반점 형성, 책상조직이 먼저 붕괴, 반점이 합쳐져서 표면이 백색화	잎끝의 괴사, 황화현상의 반점, 왜성황화된 잎

peroxy acetyl nitrate (PAN)	잎 뒷면에 광택이 나면서 후에 청동색으로 변함, 고농도에서 잎 표면도 피해 (엽육조직 피해)	잘 알려져 있지 않음
불소 (F)	초기 : 잎끝의 황화, 잎 가장자리로 확대, 중륵을 따라 안으로 확대, 황화조직의 고사	잎끝의 고사, 고사부위와 건강부위의 경계선 뚜렷
중금속 (heavy metals)	엽맥 사이 조직의 황화현상, 잎끝과 가장자리의 고사, 조기 낙엽, 잎의 왜성화, 어린 잎에서 먼저 발병	잎의 신장억제, 유엽 끝의 황화현상, 잎기부로 고사 확대

32 상중**하**　　　　　　　　　| ①

- 궤양병에 대한 설명이다. 목질부후병도 곰팡이가 원인이지만 주로 사물기생균이므로 정답은 궤양병이 된다.
- 녹병은 주로 목질부를 고사시킨다. 목질청변도 곰팡이가 원인이지만 주로 변재부를 변색시킨다.

[궤양병]
- 궤양병(수피썩음병 ; cankers)이란 가지와 줄기에서 피와 그 안쪽 형성층이 죽는 것을 말한다.
- 궤양병을 일으키는 주요 병원체는 곰팡이지만, 서리나 열해 기계적 손상으로 피에 상처가 난 곳에 곰팡이 균이 침입하여 생기기도 한다.
- 궤양병을 일으키는 균으로는 자낭균이 가장 많으나 큰 줄기에서 담자균도 이 병을 일으킨다.
- 호두나무·단풍나무·느릅나무 등과 같은 활엽수류의 줄기에 발생하는 Neetria 궤양병(Nectria ga lligena)은 수목의 생육시기인 봄~가을철에는 부생균 내지는 휴면상태로 존재하다가, 생육 정지기인 늦가을~이른 봄에 새로운 형성층 부위를 침입하여 병을 진전시키는 과정을 매년 되풀이함으로써 환부에 둥근 겹고리 모양(輪救)의 병징을 나타낸다.
- 궤양병(수피썩음병 ; cankers)이란 가지와 줄기에서 피와 그 안쪽 형성층이 죽는 것을 말한다.

33 상중**하**　　　　　　　　　| ③

③ 만상은 늦게 내린 서리에 의한 피해로 해석되지만, 눈과 줄기가 자라기 시작한 후 저온으로 인한 피해를 포함한다.
눈과 줄기가 자라기 시작한 후에 생긴 피해이기 때문에 싹 트기 시작한 어린 눈과 줄기의 끝부분에서 피해가 나타난다.

고로쇠는 엽신이 5개다. 단풍나무의 엽신은 7개, 복자기나무는 세 개의 잎이 따로 난다.

④ 산불이 타고 남은 재는 알칼리성이므로 초기에 pH가 증가한다.

오답풀이

① 임목 줄기의 피해는 지표에 가까울수록, 바람이 불어가는 방향에서, 경사면의 위쪽에서 심해지는 경향이 있다.
② 산불 피해 후 임분유지효과는 내화력이 강한 참나무림에 의해 산림군집이 유지되는 현상이다.
③ 산불피해지의 토양침식, 수질오염, 산사태 등 2차 피해를 예방하기 위해서는 내화수림대 조성 등 복구가 빠른 인공복원을 한다.

3~5월에 수관 하부의 묵은 잎이 적갈색으로 변하면서 떨어지는 것은 소나무류 잎떨림병의 병징이다. 소나무류 잎떨림병은 주로 수관 하부에 발생하므로 풀베기, 가지치기로 방제한다. *Lophodermium maximum*은 잣나무 잎떨림병의 병원균으로 히말라야의 고원지대가 원산지다.

MEMO

MEMO

조림(학) 단원별 기출문제집